公共管理案例
研究方法 | CASE RESEARCH IN
PUBLIC MANAGEMENT

[美] 戴维·E. 麦克纳布（David E. McNabb）/ 著

郭春甫　张岌/译

社会科学文献出版社
SOCIAL SCIENCES ACADEMIC PRESS (CHINA)

© 2010 David E.McNABB

Authorized translation from English the language edition published by Routledge, a member of Taylor & Francis Group.

本书原版由 Taylor & Francis 出版集团旗下, Routledge 出版公司出版, 并经其授权翻译出版。版权所有，侵权必究。

Social Sciences Academic Press（China）is authorized to publish and distribute exclusively the Chinese (Simplified Characters) language edition. This edition is authorized for sale throughout Mainland of China. No part of the publication may be reproduced or distributed by any means, or stored in a database or retrieval system, without the prior written permission of the publisher.

本书中文简体翻译版授权由社会科学文献出版社独家出版并在限在中国大陆地区销售，未经出版者书面许可，不得以任何方式复制或发行本书的任何部分。

Copies of this book sold without a Taylor & Francis sticker on the cover are unauthorized and illegal.

本书贴有 Taylor & Francis 公司防伪标签，无标签者不得销售。

国家级一流本科专业建设点"政治学与行政学"、"行政管理"、重庆市研究生教育优质课程"公共管理研究方法"资助

本书献给我的老朋友和导师甘达·金博士

目 录

导 言 ·· 1

第一编 案例研究的内容和方式

第一章 什么是案例研究？ ·· 3
第二章 何时进行案例研究以及如何筛选案例 ················ 16
第三章 案例研究设计的范围 ······································ 25
第四章 单案例研究设计 ·· 39
第五章 多案例研究设计 ·· 53
第六章 单案例和多案例研究入门 ······························· 62
第七章 荟萃分析研究设计和过程 ······························· 74
第八章 收集和分析案例数据 ······································ 84
第九章 文本分析法 ·· 98
第十章 案例研究报告 ··· 111

第二编 公共管理的案例研究

第十一章 公共政策和管理的案例分析 ························ 131
第十二章 绩效管理的案例研究 ·································· 143
第十三章 可持续政府的案例研究 ······························· 158
第十四章 技术管理的案例研究 ·································· 169
第十五章 国家安全问题的案例研究 ··························· 181
第十六章 应急和灾害管理的案例研究 ························ 193
第十七章 社会和卫生服务的案例研究 ························ 207

第十八章 公共基础设施的案例研究 …………………………… 220
第十九章 公共交通的案例研究 ………………………………… 233
第二十章 政府工作的案例研究 ………………………………… 249

参考文献 …………………………………………………………… 265

索　引 ……………………………………………………………… 282

译后记 ……………………………………………………………… 293

导　言

> 案例研究的实质是为了阐明一个或一组决策，并解释为何要采取这些决策、如何实施以及结果如何。
>
> ——萨莉·A. 基德（Sally A. Kydd, 1999）

人们曾经坚信公共行政能为解决日益复杂的全球治理问题做出重大贡献，但这一坚定信念已然受到学者和实践工作者的质疑。一个原因就是，公共管理历来专注于国内治理问题，这意味着，它处理了从最小的组织，如消除害草或蚊蝇的特定部门，到大型国家机构（如国防部）和全球组织（如北约或联合国）所产生的管理问题。

公共行政研究的基本目标是使地方政府和中央政府治理更高效。相关文献清晰地支持了这一观点。然而，治理全球化的本质使得公共行政学科有必要扩展其研究焦点，包括更多地关注跨越国界、需要跨境合作与协调的挑战和问题（Brinkerhoff, 2002）。案例研究方法可能非常适合对这些情况进行研究和分析。

案例研究应用于公共组织和管理研究的历史悠久。但是，对于社会和行政科学（包括公共行政和政治学）的部分研究人员而言，案例研究方法一直是被嘲弄的对象。案例研究方法被误认为不适合作严肃的研究，或者直接被无视，或者经常被认为"不是真正的科学"。这或许因为并非每个人都了解案例研究是什么，它适合做什么，以及它不是什么。耶林（Gerring, 2004, 341）在其文章中将案例研究方法描述为"一种奇怪的方法论集合中的边缘方法"，但是，很明显，它正在公共管理和政治学研究中蓬勃兴起。

本书的编写目的是帮助案例研究方法摆脱被误置的边缘地带，并带它进入公共管理研究方法的主流阵营。本书希望，通过反复的论述和案例分析，可以帮助研究人员和公共部门管理员理解这种日益重要的研究方法是什么、为什么以及应该怎样做。应国瑞（Yin，1994）和其他研究者认为案例研究方法不是研究方法，而是一种研究策略。与他们的观点不同，我在本书中采用了方法模型，这一做法我在其他方法论研究中也使用过。

一 应用性的案例研究

对于本书到底是关于公共组织中管理主题的案例研究，还是关于公共项目管理的案例研究，这两个不同定位可能会引发一些混淆。我特意尽量选择应用层面而非理论层面的案例。在我看来，在政府工作的行政人员和管理人员，无论男女，都在同时做这两项工作。因此，本书中公共管理和公共行政这两个术语可以互换使用。

蓝志勇和安德斯（Lan and Anders，2000）评述了20世纪90年代3年来在8种公共行政专业学术期刊上发表的600多篇论文。他们发现，大多数研究聚焦联邦、州或地方政府机构中的管理议题，尤其强调主管领导关心的问题。这意味着大多数公共行政研究已经被应用于实践而非仅仅停留在理论层面。应用研究的目的是帮助公共部门管理人员去解决政策和项目实施中的实际问题。公共管理研究倾向于把重点放在改进政府组织管理实践的方法上，因此，案例方法特别适合公共行政和管理的相关研究。

20世纪肇始，研究者关注的典型管理问题包括人力资源、财政和预算、政策、计划、绩效评估以及其他类似问题，仅有不到2%的文献关注了政府伦理议题。除了上述管理议题外，主要研究主题还包括当代国际问题、政府及全球治理，以及少量的研究方法等。

文献检索发现，虽然没有一种方法能在论文中占主导地位，但仍有微弱多数（59%）的作者更偏爱定性而不是定量方法，而案例研究方法是所有定性方法中最受欢迎的方法，在使用案例研究方法的研究者看来，单案例研究和多案例研究并没有不同。除了案例研究方法之外，其他定性方法还包括民族志、文献研究、报告叙事。

二 案例研究：定性还是定量？

早先案例方法引发争议的原因之一在于，长期以来，许多研究人员被告知，基于行为主义研究原则的定量研究是唯一适合进行分析和研究的方法。在应用定量研究的过程中，研究人员在收集数据之前，需要先建立假设，并随着分析过程的推进而不断修订假设；他们将假设中提出的关键概念设定为变量，是为了检验假设。实际上，在可测量的、被定义的变量之间寻找因果关系恰恰是定量研究的标志。

另外，案例研究人员则寻求更好地**理解**发生在群体和组织中的社会情境互动及其过程的所感所听。因此，案例研究的目标是描述什么事情正在发生、为什么会发生以及在组织中是怎样发生的。案例研究是定性研究，从事定性研究的人员从他们收集到的数据中形成概念、洞见和理解，而不是收集数据来评估预先设想的模型、假设或理论（Taylor and Bogdan, 1998；Bryman and Burgess, 1999）。

案例研究很少对收集到的数据进行统计分析。这是因为案例研究往往最能够就一个有意思的议题在单个或者少数分析单位上产生深度的知识。尽管有些案例研究确实包含了解释性和因果数据分析技术，但是，在案例研究设计中应用统计分析不合常理。

当研究中包含多个案例（或应用多案例方法）时，研究人员通常会比较不同但相似的司法管辖区的项目、政策或者应用的成例。然后，研究人员报告案例的差异性和相似性，通常还会就这些差异对其他类似组织的影响提出建议。另外，调查研究涉及对大样本中的某些现象（如态度、观点、信念或想法的接纳程度）进行测量，以便根据研究发现来预测未来的事件和行为，其目的是通过将推论统计分析应用于测量从感兴趣的总体中抽取的受试者来确定因果关系，其中受试者可以是单个个体、群体或组织。

通常案例研究人员很少或没有预设假设来处理研究主题，案例研究人员反而期望脱离案例收集的数据来发展解释。尽管行为主义研究者通常受到一套严格的规则和流程的指导，但案例研究人员更有可能在没有确切因果关系的组织背景中去调查情境或事件。案例研究人员愿意灵活地处理他们的研究情境，这使他们能够跟随数据的指引。

三 本书写作目标

本书最初源于几十年来作者给美国和欧洲几所大学的公共和私营部

门管理专业的研究生、本科生上课时讲授的研究方法课程。那个时代流行的研究哲学是强调遵循行为主义原则的定量方法。直到最近，定性方法才在这些学科的调查和专业文献中获得了广泛的认可。大多数研究方法的教科书仍旧注重使用定量研究设计。然而，这种情况正在迅速改变，因为现在许多研究方法的教科书都包括定性和定量方法的讨论。本书编写的宗旨是打造一本详细的指南，推动案例研究方法成为公共部门与非营利组织管理中的主流研究方法。

本书分为两编，每编分为十章。第一编聚焦案例研究的内容和方式，较少关注研究主题。第二编评估了联邦、州和地方政府的多样化的案例。这些案例是从公共行政文献和政府文件汇编中选出，主要考虑到它们侧重于公共管理中某些值得关注的领域。这些案例都不是服务于教学的案例。它们旨在作为其他研究者如何使用该主题案例研究方法的示例。它们是**方法示例**，而非**主题示例**。出于相同的考虑，本书还列入了少量的国际案例研究。这些案例之所以被筛选进来，主要是因为它们代表了该方法在公共管理研究中实际应用的模型。

四　致谢

首先，我要感谢夏普出版社（M. E. Sharpe）的执行编辑哈瑞·M. 布里格斯（Harry M. Briggs）以及夏普出版社诸多编辑的大力支持和帮助，我欠了他们很多"人情债"。夏普出版社整个团队在本书计划和写作阶段以及早期出版的图书中都持续提供了令人愉快的支持。我全心全意地感谢大家！我尤其亏欠总编辑安吉拉·皮里奥拉斯（Angela Piliouras），她在本书和先前夏普出版社出版的图书中一直是我的擎天之柱，她应该得到比我所能给予的更多的感谢。

我也想对书中评述或提及的案例作者抱以十分的信任和感谢。我提前为对您的作品进行评述时可能会出现的任何错误，以及某些时候我可能强调非您所中意的要素深表歉意。我收录您作品的目的纯粹出于指导和支持。此外，如果我没有提供其他读者可能会觉得更有代表性的案例方法，那仅仅是因为我挑选了令我感兴趣的案例。幸运的是，对我们而言，有成百上千个案例研究的好范例可供选择。正如斯特雷布（Streib）、斯洛特金（Slotkin）和里维拉（Rivera）等专业研究者在2001年《公共行政评论》发表的文章中所提出的那样，在使用偏好方面，如今的案例方法仅次于调查方法。

我还要感谢三位同事，华盛顿州奥林匹亚市常青州立学院MPA项目的谢丽尔·S.金（Cheryl S. King）、拉里·杰里（Larry Geri）和唐·班兹（Don Bantz）教授，我欠他们一笔永远无法完全偿还的债务：他们让我开始接受公共行政教育。对此，我将始终心存感激！

最后，我必须再次感谢我的家人：珍妮特（Janet）、梅根（Meghan）、迈克尔（Michael）和萨拉（Sara）。你们的鼓励和支持帮助我度过了许多艰难的时刻！

第一编　案例研究的内容和方式

本书第一编是一本完整的操作手册，供准备进行案例研究项目的公共管理专业学者和工作人员使用。本编共包括十章。第一章从案例研究过程的详细论述开始。第二章解释了基于不同目的而应该使用不同案例研究，并描述了为满足这些研究要求而形成的研究设计类型。

第三章对案例研究的分类方式进行了概述。第四章详细讨论了单案例设计。第五章则对多案例设计进行了详细探讨。第六章是有关单案例、多案例研究项目入门的分步指南。第七章描述了案例研究的荟萃分析，对荟萃分析过程进行概述。

第八章和第九章详细介绍了研究人员如何在案例研究中进行原始数据分析以及如何在案例研究中使用文本数据。本编的最后一章是简要指南，用以帮助读者撰写和出版案例研究的结果。

第一章 什么是案例研究？

  案例研究由细致的调查构成，通过收集一段时间内一个或多个组织，或者组织中的群体的数据，着眼于对所研究的现象背景和过程进行分析。这种现象并非孤立于情境（例如，实验室研究）而恰恰出于兴趣，因为它与情境相关。

  ——琼·F. 哈特利（Jean F. Hartley, 1994）

  由于遵循社会科学和行政科学研究建立的模式，公共管理案例研究已被证明是一种识别和传播有关政府组织中公共管理者成功与失败相关知识的有效方法。案例研究涉及对一个或多个组织及组织中群体的详尽调查（Stokes and Perry, 2007）。然后，研究人员报告与所检验现象相关的内容或过程的分析结果（Hartley, 1994）。而且，现在许多公共管理研究生课程都经常使用案例研究分析中的教学和学习方法，来帮助公共管理专业学生能够在现实生活情境中解决问题和做出决策。这导致案例研究方法逐渐成为传统行为主义研究方法的重要替代方法。

一 案例研究的历史

  案例研究自 20 世纪中叶出现以来，一直是公共行政中最受欢迎的研究方法之一。惠兰（Whelan, 1989）将案例方法的早期应用追溯到 1948 年，当时哈佛大学成立了一个计划委员会，开发将案例方法应用于公共行政研究的指南。在哈罗德·斯坦（Harold Stein）的领导下，最初的哈佛计划被更名为大学间案例计划（Inter-University Case Program, IUCP）。IUCP 仅在首次会议召开后一年，即 1949 年，发布了一个包含 26 个案例的文本，在该案例手册的引言中，公共行政案例被描述为"由单个或公共行政人员群体构建或形成的一项或一组相关决策的事件叙述"（Stein，1952，xxvii）。

在哈佛大学发展这种方法的同时，许多如今看来仍然经典的案例研究也开始发表。菲利普·塞尔兹尼克（Philip Selznick）的《田纳西河流域管理局和基层结构》（TVA and Grass Roots）在1949年出版；赫伯特·考夫曼（Herbert Kaufman）对林务部门进行研究的专著《护林员》（The Forest Ranger）出版于1960年。第三个经典的案例研究是迈克尔·利普斯基（Michael Lipsky，1980）对城市官僚主义的研究。他撰写的《街头官僚》使得案例方法成为公认的一种有效而重要的研究方法。

这些影响力较大的案例研究通过应用此方法被学科专业文献小范围地接受从而反映出来。例如，耶格尔（Yeager，1989）在他对公共行政研究方法的详细回顾中发现，四十多年来，在每期《公共行政评论》（Public Administration Review，PAR）中都出现了一个或多个案例研究。如果说它们持续出现在该学科的主流出版物《公共行政评论》及其他公共行政期刊上是有迹可循的话，那么今天的案例研究与20世纪80年代末耶格尔检视该领域时一样受欢迎。如今，《公共行政评论》已接受案例方法是一种主流研究方法。

案例研究方法普及的关键在于其极大的灵活性（Masoner，1988）。案例研究可以作为公共行政人员不应该做什么以及应该做什么的示例。虽然案例研究的主要目的是向从事公共管理事务的人员传授其他公共管理人员的决策、问题和计划，案例报告还可以帮助管理人员了解相关领域的最新发展和思想。此外，已发布的国际案例研究意味着政府管理者能够从全球各地政府机构、地区和各级政府的管理和行政经验中学习，从而避免了去白费力气做重复的工作。

二 案例研究的意义

许多作者对**案例**、**案例调查**、**案例研究**和**案例研究方法**的定义进行了界定。案例是对特别有趣的组织或现象的描述。因此，一个案例可能是在政府、非营利机构或组织中应用特定公共管理工具的故事。专栏1.1中显示了更多的定义。

在本书中，案例研究被认为是一种研究方法，它应用定性或描述性的数据收集和分析技术，使一个或多个研究人员能够增加学科知识基础。基于此，案例研究被界定为：出于某种特定的、通常是指导性的目的而使用案例研究方法来进行的研究。

专栏1.1 定义案例研究

案例研究可以应用的定义性实例：

- 当研究对样本中的一个或几个主题进行定性研究时，使用案例方法。
- 当研究涉及田野观察数据收集的民族志时，它可能是案例研究。
- 当研究是追踪多个单位的过程时，是案例研究。
- 当进行研究以深入描述单个组织或单位的属性情况时，它是案例研究。
- 当研究人员研究一种现象、事件或示例（例如绩效评估）时，案例方法是最合适的方法。

资料来源：耶林（Gerring，2004）。

案例研究方法也是一种教育学方法，可以教导学生学习概念模型和理论应用。

三 公共行政研究案例

耶格尔将案例研究的应用追溯到了哈罗德·斯坦。哈罗德·斯坦在1952年发表的一篇文章，使得他成为首次将这种方法作为公共行政研究方法的推广者之一。基于对哈罗德·斯坦相关研究的认可，耶格尔（Yeager，1989，685）为公共行政案例提供了一个定义：

> 公共行政案例是导致单个或公共行政人员群体做出一个或一组相关决策的事件叙述。

1985年，工商管理学者T.V.博诺玛（T.V. Bonoma）在《市场研究杂志》(*Journal of Marketing Research*)上发表了一篇文章,文中提出了耶格尔所指的另一种定义。相较于关注公共管理的案例而言,博诺玛的定义更多地聚焦于一般管理层面的案例:

> 案例是一种管理情境的描述,这种管理情境基于访谈、档案、自然主义观察和其他数据并被构造为受到管理行为发生的情境及其现时的限制的影响。这些是所有案例所共有的特征(Bonoma, 1985, 199)。

哈里·埃克斯泰因(Harry Eckstein, 2002)在技术上将案例定义为"一种以便我们只报告和解释对任何相关变量的单一测量的现象"。**测量**这一术语指的是一种概念,既包括讨论中的案例也包括不予讨论的案例的描述。这并不意味着测量就是定量分析的专属,就是中心趋势、关联、相关性、方差或其他。

许多研究人员认为,应国瑞(Robert K. Yin)的《案例研究调查》的几个版本是案例研究方法学的重要著作。应国瑞(1994)指出,在他一系列重要著作的第一版中,案例的显著特征是它试图检验(1)现象和它的情境之间的界限不清楚时,(2)现实生活中的一个现象。应国瑞在1994年出版的该书第二版中补充说,案例研究是"一项经验性调查",其中(1)在现实环境中调查当代现象,尤其是在"现象与环境之间的界限不明确"的情况下(见该书第13页)。

吉勒姆(Gillham, 2000, 1)扩展了应国瑞(1994)的概念,并补充指出,所研究的案例具有四个基本原则。

1. 它是在现实世界中发生的人类活动的一个单位。
2. 一个案例只能在其所嵌入的活动情境中进行研究和理解。
3. 情境存在于案例分析时(因此支持案例"快照"的想法)。
4. 案例及其情境以这样一种方式合并,很难确定两者之间的清晰边界。

耶林(2004)认识到,提出这些定义的研究者在讨论案例研究时会有不同的想法,他发现,所有定义都有缺陷。取而代之的是,他将案例研究定义为**"对单个单位进行集中研究,以理解更大的(相似)单位类别"**(原文献中即为强调)。他进一步将单位定义为"在单一时间点或在限定时间范围内观察到的空间局限性现象,例如单一民族国家、革命、政党、选举或人"。

四 教学案例

有人可能会认为,所有案例研究都是以指导为根本目的而进行。但是,在实践中,教学案例通常被视为**案例研究**的一个单独种类。教学案例被设计为案例研究教学方法中的重要工具。这是工商管理研究生课程以及越来越多的公共管理课程中的主要教学方法。此处将对教学案例进行更详细的描述,但在后面的章节中将仅作简要介绍。

教学案例往往是对一个组织以及该组织中现有的或得到很好解决或未得到妥当解决的管理问题或状况的详细描述。通常,学生被要求分析案例,以便识别和区分管理问题的症状,并根据学生对案例的解释和现行管理概念提出替代解决方案。这些案例可能是分析师基于对组织的评价而编写,对学生的指导价值很少甚至没有。它们还可能包括一些指导原则,例如对竞争理论的简要描述或有关案例本身的问题列表,或作为学生进行材料分析的指南。

在数量众多的教学案例系列中,有许多不同的亚种。从最基本的角度来看,所有案例都属于三大类型中的一种:问题案例、决策案例和评估案例。然而,伦德伯格等学者(Lundberg et al.,2001)将这三大类进一步分为九个不同的子类。

1. **冰山案例**:顾名思义,冰山案例要求学生应用概念模型来分析所描述组织的深层次问题。学习目标是建立问题识别技能、信息收集技能、评估技能以及形成对模型和理论的相关性与应用的理解。

2. **事件案例**:这类案例通常是包含在章节结尾处的较短案例。事件案例提供的组织信息很少。事件案例通常描述特定的事件或应用,旨在引起对章节中介绍的一个或多个概念的讨论。

3. **说明性案例**:这类案例的范围与专业文献中的案例相似。它们都倾向于遵循一种公认的结构格式。说明性案例的目的是向读者(学生或从业人员)提供在现实生活中发生的管理实践的详细描述。如果在课堂中使用,它们的目的是将现实带入讨论中,并说明现有应用如何符合或不符合其理想的理论模式化形象。本书中描述的大多数情况都属于此类。

4. **头脑案例**:类似于人际关系案例,头脑案例旨在说明参与者对某种情境或某个决定的互动、想法和感受。他们的基本目标是通过允许学生"走进参与者的脑袋",向学生展示理论或现实生活中管理活动的人性化方面。这些案例通常结构松散,这可以让学生发挥自己的想象力并做出广泛的假设。

5. **对话案例**:与头脑案例相似,对话案例侧重于两个或更多人的人际关系。个体的反应通常被描述为参与者之间的对话。这类案例通常要求学生扮演其中一位参与者,并描述参与者会在对话后做什么或说些什么。这类案例也可能关注诸如假设、刻板印象、多样性、信念、价值观、领导风格等人际关系概念。

6. **应用案例**:与说明性案例相似,应用案例描述了一种组织情境,意即在该组织中,已经应用了管理技术或理论。在这种情况下,应用案例所提供的大量信息以一种比说明性案例结构化少得多的格式呈现。学生分析案例情境以确定应用技术或理论的有效性,并确定一个或多个替代性应用是否更合适或更有效。

7. **数据案例**:这类案例更适合在课堂中使用,而不是作为从业人员的指南。这类案例以非结构化或非正式的方式呈现大量信息,要求学生对材料进行分类以识别相关事实。数据案例还是一个很好的工具,可用于教授如何组织数据并将其分类为相关组。使用数据案例的另一个目的是教学生如何辨别问题和症状之间的差异。

8. **问题案例**:这类案例具有双重目的,既可用于教学,也可用于说明实际应用,问题案例旨在向读者展示公共管理人员在职业生涯中面临的困境。因此,它们经常被用来说明道德困境。

9. **预测案例**:预测案例通常用于研究生管理教育,这类案例常常分为两部分或更多部分编写。学生需要根据第一部分中的信息来预测预期的结果,然后将他们的首次评估与案例第二部分或后续部分中提供的信息进行比较。他们的预测应该基于在课堂中早先讨论的概念模型,而这些模型可以帮助学生评估其预测的准确性。

有关编写、分析和使用教学案例的更多信息,请参见以下相关著作:巴恩斯、克里斯坦森和汉森(Barnes, Christensen and Hansen, 1994);伦德伯格等学者(Lundberg et al., 2001);艾莱特(Ellet, 2007);以及夏皮罗(Shapiro, 2007)。

五 不是案例研究的"案例研究"

案例研究是指特定类型的研究设计。但是，案例研究可以是探索性研究、调查研究、实验研究、行动研究或任何其他研究方法的产物。在案例研究中，如何收集和分析数据并不局限于任何单一的研究方法。案例研究通常是对单个组织、一个单位、一个或多个个体组成的群体或某种现象（例如新的管理任务）进行相应调查的报告，或是对少数数量的此类单位或现象进行相应调查的报告。

如果案例和管理任务相关，例如一种新的绩效衡量方法，案例研究人员会研究一个单位内的现象或比较它在少数几个单位之间的应用。在公共管理和企业管理等管理学学科中，通过个案研究考察一种现象的目的，往往是为其他可能希望应用同样方法的新人提供指导。

通常情况下，"案例研究"的标签会附在研究报告上，因为该研究关注于单个机构或子单位，但该报告实际上描述的是一个研究项目，在该项目中，数据是以不同于传统案例方法论的方式收集的。一个常见的例子是调查研究报告。在调查研究中，一个研究单位的个体样本被要求对问卷上的固定问题作出回应。这类研究的典型目的是进行调查时测量被调查者对某个感兴趣的话题的主观态度或观点。

此类研究的一个例子是对美国环境保护署区域办事处的联邦雇员的调查（Soni, 2000）。该调查描述了一项调研活动，以确定在他们组织中的雇员在工作场所对多样性的重视程度以及他们对多样性管理活动的支持程度。样本包括 160 名主管和 350 名非主管雇员。调查使用分层随机抽样方法来确保白人男性、白人女性、少数种族男性和少数种族女性的代表性。调查工具在同意/不同意分布中使用了李克特量表。作者得出的结论是，针对哪些因素可能影响员工对组织多样性的支持，该研究确实得出了一些见解。为了不影响研究或发现，该文描述了什么内容应该更适合被视为定量调查研究设计而不是被视为案例研究设计。

类似研究（也并非传统意义上的案例研究）在总务管理局一个区域办公室的五个独立部门的雇员中开展（McNabb and Sepic, 1995）。在该研究中，调查问卷被用来衡量员工对拟议的全面质量管理计划实施的态度。该研究没有深入调查组织，也没有超越"组织是否准备好进行变革"这个单一问题以检验员工的态度或观点。

六　公共行政实例

有关此问题的其他说明，参见2008年《公共行政评论》杂志。该杂志2008年1月/2月刊发的三篇文章涉及案例研究方法的部分特征：沙克特（Schachter）的《莉莲·博罗内：编织网络以振兴纽约和新泽西州的港口贸易》；汉德利（Handley）的《加强政府间拨款制度：联邦与地方关系的长期经验教训》；以及普拉格（Prager）的《合同城市回归：最终的新公共管理模范城市佛罗里达州韦斯顿》。

沙克特（2008）的文章是一个管理者有趣且具启发性的人生故事报告，重点介绍了获得世界上最大的港口管理机构之一——纽约与新泽西港务局首席管理职位的首位女性的职业道路。尽管本文的确为建构情境网络的重要性提供了一些建议，但这不是案例研究，这是一个个体的生命史。不过，这也无法剥夺文章所描述故事的重要性或相关性。（在没有详细描述的情况下）这个故事强调了在许多组织中不公平地限制了女性晋升空间的"玻璃天花板"障碍。然而，这个人生故事的目的，并不是要成为其他女性或少数族裔公共部门管理人员在遇到相同或相似问题时要遵循的行动指南。

汉德利（2008）关于联邦政府与地方政府之间关系的重要论文更接近一个真正的案例研究。这个案例聚焦于社区发展整体资助项目，描述了从1974年项目开始到撰写成文之时的过程，主要是关于联邦援助计划执行特点的历史报告。

四个主要挑战

汉德利的这篇文章指出了与联邦援助相关的四个主要挑战：（1）分权政治；（2）较小的政府部门无力维持从国家计划中受益的必要能力；（3）项目问责问题；（4）项目适应性限制性问题。汉德利（2008）进而得出结论，这些挑战通常导致政府间合作开展的资助计划达不到最佳效果，并且如果不作任何改变，这些困难很可能会继续存在。

在这三篇研究文章中，普拉格（2008）关于私有化和外包的论文可能最接近经典案例研究模型。该文首先简要比较了两种外包模式。第一种是加利福尼亚州莱克伍德市的部分外包模式，第二种是佛罗里达州韦斯顿市几乎完全外包的模式。本文研究的重点是韦斯顿市的项目。

韦斯顿市位于迈阿密以北30多英里处，人口近6.2万，占地25.8平方英里。除了少数可以由其三名雇员提供的城市服务外，韦斯顿市将其他公共服务都外包出去，这样的城市在世界上屈指可数。

普拉格（2008）指出，尽管原则上韦斯顿市几乎将所有工作都承包出去，但是莱克伍德市却没有这样做。本案例探讨了韦斯顿模型，以确定导致该城市采用该模型的环境是否独特，或者是否可以将该模型作为适用于其他地方的市政管理模型。

该案例对以下两个问题作了回答，以帮助其他城市考虑采用韦斯顿模式所形成的经验。第一，韦斯顿的经验是否表明较小的城市可以避免与外包服务相关的陷阱？普拉格的答案是，也许是，但是考虑采用这种方法的人应该首先考虑其他替代模型。第二，韦斯顿模型是否适用于其他地方？普拉格（2008）总结说，是的，但是要实现它并非易事。韦斯顿的经历可能最适合那些公职人员无须担责或劳动力有组织的城市。

韦斯顿模式是否成为新公共管理浪潮的预兆？普拉格（2008）的回答是有限肯定的。符合韦斯顿条件的城市——没有政府雇员的历史，有政府支持（例如，已经有向居民提供服务历史的县和州），并且富裕——可以通过仔细观察韦斯顿模型而做得很好。这也是比较案例研究模型的一个很好的例子。

七　案例研究的焦点

以上我们探讨了什么是案例、什么不是案例，以及如何在案例研究中使用不同的数据收集方法。与案例研究本质有关的最重要的问题可能是确定研究重点，即被检验的主题或问题。案例研究通常是对一个或几个典型个体、家庭、事件、决策、过程、程序、机构、组织、团体甚至整个社区或任何其他社会现象的集中深入研究（Lang and Heiss, 1994；Arneson, 1993；Lan and Anders, 2000）。因此，它们虽然在范围上趋于狭窄，但是较为深入。

在讨论案例方法作为组织沟通研究的三种定性方法之一时，阿尼森（Arneson, 1993）认为，当组织存在一些值得注意的成功或失败时，这一切口很小但深入的案例研究方法是可以遵循的适当的研究方法。他补充说，在评估针对个体化结果时，定性案例研究是一种合适的方法。

八 案例研究中的因果关系问题

案例是对一个或几个特定实体的描述性研究，因此，当研究目标是对因果关系作出推论时，仅仅是最低限度合适。案例研究不应被视为典型或有代表性，也不应被视为具有外部效度。因为每个案例研究都是独特的，所以必须将其视为一个描述，而不是一个更大集合的典型。但是，案例研究主题可能被选择和描述为识别前因与事件或结论之间的**理论**关系的一种方式（Roberts，2005）。

（一）作为解释性研究的案例研究

同样重要的是，尽管如前所述，收集案例数据的方法中，案例报告通常同时包含定性和定量方法的要素，但是案例研究方法主要被视为定性或解释性的研究方法（Roberts，2005；Gillham，2000；Pennings, Keman and Kleinnijenhuis，1999）。因此，所有证据都可以为案例研究人员提供依据，就像可以使用许多不同的数据收集方法一样。

案例研究通常强调非统计的、民族志的研究技术，以产生对一个现象的更多理解。在案例研究中收集的数据可以是由研究者收集的文字、符号、图片或其他非数字记录、材料或文物的集合。收集这些数据是为了描述事件、程序、活动和其他涉及人类行为某些方面的情境。对我们来说，这就是公共组织中管理者和工作者的行为，以及在治理行为中做出的决定。这为各级政府及其合作伙伴、协作者和关系网络参与者的所有活动的案例研究敞开了大门。

（二）社会科学研究中的因果关系

根据劳伦斯·莫尔（Lawrence Mohr，1992）的研究，社会科学的案例研究有两个目的。第一，它想解释或描述在可观察到的情境下发生的行为。第二，调查结果应该广泛相关，也就是说，它们应该足够有效，可以在类似但未被观察的情况下应用。这种类型的有效性是必要的，以证实研究是"对知识的真正贡献，而不是一点流言蜚语"。单案例研究，即使是对情境的深入和详细的检验，多年来被认为在实现其中一个或两个目标方面不如大样本定量研究。然而，莫尔强烈反对这一假设，他补充说，社会科学研究中的大多数方法都有弱点，案例方法既不弱于也不强于任何其他研究方法。

莫尔（1992）相信，案例研究作为研究设计可感知的局限既是肤浅的也是夸大的。他认为，社会科学中没有一种设计能够同时实现高度确定性和可靠性两个研究目标，意识到这一点极为重要。相反，所有的研究设计都有严重的局限性。他相信，案例方法作为实现这两个目标的工具具有很大的潜力，因此，**原则上**不应被视为劣于任何大样本的描述性研究。他强调"原则上"，是因为很大程度上取决于案例研究设计的使用是否良好，以及它是否很好地适合特定研究中的问题要求。

莫尔（1992）通过声称社会科学中存在多种类型的因果关系：物理因果关系和逻辑因果关系，来解决案例研究是否能够或者是否应该用来解释因果关系的问题。物理因果关系是通过力与运动之间的反应来解释，例如撞球在被母球击打后会移动：A 导致 B。物理因果关系研究的重点是找出力与运动之间，以及原因和响应性行为之间的关系。莫尔指出，物理因果推理在社会科学中很普遍，识别物理因果关系的案例研究通常是适当和有效的。

（三）逻辑因果关系

逻辑因果关系遵循一个条件响应模型：比如，一个球被扔到一个厚厚的百叶窗上，在球击中百叶窗之前，有人打开了百叶窗。这个球会从百叶窗上弹下来，不会造成任何损坏，但它会撞击并打碎百叶窗后面的玻璃。在这个模型中，打开百叶窗在逻辑上"导致"玻璃破裂。因此，为了使事件 A（运动中的球）"导致"事件 B（破碎的窗口）发生，必须发生条件 C（干预性地打开百叶窗的行为）。由于意外行为 C 的不可预知效应，案例研究不太可能建立 A－B 关联。莫尔（1992，28）得出的结论是："真正对案例研究的批评……这不是一个很难建立因果关系的设计，而是一个很难通过逻辑因果推理建立因果关系的设计。"

尽管承认案例方法在政治学以及公共管理中具有作用，但加斯杰特·塞孔（Jasjeet Sekhon）认为该方法的推论作用不太乐观（以下内容强调塞孔的观点）：

案例研究在政治学（及其姊妹学科：公共行政/公共管理）的发展中具有自己的作用。它们允许发现因果机制和新现象，并有助于引起人们对意想不到的结果的注意。他们应该补充统计数据。然而，不幸的是，案例研究方法常常假设感兴趣的变量之间存在确定性关系。忽视统计推论的教训通常会导致严重的推论错误，而其中一些错误是很容易避免的。（Sekhon，2004，281）

（四）案例与因果推理

案例研究很少作为将小样本结果外推到大样本或总体的手段。事实上，一般情况下，对案例研究的主要批评是，由于它通常倾向于描述，所以常常不适用于作出因果推论。赫森和巴洛（Hersen and Barlow, 1976）对这一批评提出了异议，他们认为，一些单案例设计被设计为受控实验，从中可以做出一些有限的因果推论。

尽管大多数案例研究方法的作者得出结论，认为案例研究方法并不适对其他类似的主题案例进行推理或建立因果关系，但其他许多作者却得出了相反的结论。那些反对者断言，虽然仅在某些情况下，案例方法才适合推断因果关系（Bullpied，2000；Gerring，2004；Mohr，1992；Pennings，Keman and Kleinnijenhuis，1999）。但是，在某些应用中，单案例研究（1）是基于零假设检验的实证主义传统；（2）它强调对案例分析过程中发现的数据进行可视化分析，然后以表格和图表的形式予以呈现；（3）它依赖于对案例可复制性的验证。然而，耶林指出，从案例研究中得出的结论是探索性和描述性的，而不是因果性和概率性的。

（五）因果关系问题的答案？

彭宁斯、科曼和克莱因尼恩休斯（Pennings, Keman and Kleinnijenhuis，1999）在政治学案例研究的因果关系讨论中结合了定性和定量方法。他们的方法类似于莫尔讨论的逻辑因果模型。他们确定了因果推理研究中的两种数据分析方法：案例导向研究和变量导向研究。案例导向研究是探索性研究，而变量导向研究是假设检验模型。案例导向研究的目的是使用尽可能多的合适变量全面了解一个或几个案例。变量导向研究的目的是使用尽可能多的案例来理解变量。

案例导向研究首选的数据分析方法是深度分析和解释性、描述性叙事方法。但是，在变量导向研究中，首选的分析方法包括诸如频率分布、判别分析、方差分析（ANOVA）和回归分析之类的定量分析技术。技术的选择取决于测量级别（定类、定序或定距）。多案例研究可能涉及描述性方法或统计分析方法。

多案例设计中，在较少案例数量下建立因果关系时，用于解释事件或现象发生的变量被视为二分变量，其中（1）表示条件或事件的存在，而（0）表示条件或事件的不存在。这个现象可以是导致这一事件和情境的条件或先决条件。

按照这种分类方式，定性和定量方法都可以用于案例导向研究。然而，彭宁斯、科曼和克莱因尼恩休斯（1999）比较青睐查尔斯·拉金（Charles Ragin）于1987年开发的基于定量技术的定性比较分析（qualitative comparative analysis，QCA）。在该模型中，因果关系是通过分析大多数研究案例中一个或多个变量的存在与否进行推断。

小　结

案例研究自20世纪中叶出现以来，已成为公共管理、政治学和行政学研究的一种广泛接受的替代方法。案例研究最初是作为研究人类或小群体的工具，在生命科学中发展起来的。因此，当研究目标是就特定感兴趣的现象而对一个或几个类似组织进行深入分析时，该方法具有特殊的价值。

案例研究有几个目的。首先，案例研究有助于公共管理人员了解其他行政人员和管理人员如何接受和应用新的管理技术、政策和实践。其次，相关研究为案例中的个体和管理者提供反馈、专业分析和建议。这两个应用是本书的重点。最后，在公共管理、政治学以及公共和非营利组织管理等高等教育计划中应用教学案例，以帮助师生建立知识体系并发展管理决策技能。本章已对此方法进行了简要介绍，不再进行详细的检验。

第二章　何时进行案例研究以及
　　　　如何筛选案例

> 案例研究中最重要（也是最困难的）的阶段……是对案例的选择，当然，案例可以从总体中随机抽取，以消除选择误差的危险。然而，随机抽样往往不可能，因为案例的范围是未知的或无法获得的。
> ——朱丽叶·卡尔博和瑞安·K. 比斯利（Juliet Kaarbo and Ryan K. Beasley, 1999）

本章探讨了研究设计中的两个基本问题。第一部分试图回答为什么研究人员一开始选择做案例研究。第二部分聚焦于什么可能是案例研究的最重要的问题，也即如何选择一个或多个案例进行研究。当研究者想深入探究，或者想获得比调查、实验研究设计结果更好的深描事实时，通常选择案例方法。

案例选择的问题可以从两个不同的角度进行探讨：（1）如何在单案例设计中选择案例；（2）在多案例设计中，如何选择两个或多个案例。荟萃分析案例研究的案例选择在第七章中介绍。

前人已经提出了许多不同的方法和多组规则或步骤来进行案例研究。本章介绍其中两个。第一种方法描述了进行单个代表性案例研究时应遵循的一系列步骤；第二种是多案例研究中通常遵循的一系列更详细的步骤。本章首先讨论研究者如何为他们的研究选择主题——这是所有案例研究的共同活动。

一　研究人员为何选择案例研究方法

被选中的公共管理案例研究主题应具有代表性，因为它们表现出了组织内部或组织中由个人组成的群体之间的一些潜在问题，或者因为它们代表了某个问题的成功解决方案。参与此案例研究的研究人员和个体往往希望通过发表成功经历的故事，为他人提供效仿的模式。

公共管理研究人员使用案例研究的时间如此之长，方式如此之多，因此案例研究出现如此多的不同研究目的也就不足为奇了。然而，大多数作者都同意朗和海斯（Lang and Heiss）的观点，即所有案例研究都基于一个基本原则：

> 案例研究的基本原则是它有过程和互动……除非它们在实体内部相互作用和起作用，否则我们就无法有效地进行研究。因此，如果我们了解这些过程如何在一个个体或组织中相互作用，我们将了解更多信息……因素本身，也许我们可以将这些（我们所学到的）应用于其他类似类型的个体或组织。（1994，86）

专栏 2.1　解决案例研究问题

荷兰研究人员 B. J. 奥斯特曼（B. J. Oosterman）选择了一个单案例的研究设计，以提醒人们注意并行工程对组织成功的重要性。在他的研究设计描述中，他强调了在选择案例研究设计时必须解决的一些问题。首先，他警告说，"案例研究的批评者认为，单案例研究不能提供任何理由来实现研究结果的可靠性或普适性。另有部分学者认为，案例研究使研究结果产生了偏差，或者只是作为一种探索工具而有用。"

然而，奥斯特曼指出："其他学者强调了案例研究的巨大潜力，并引入了一些程序，为建立'好的'研究提供了机会。总的来说，如果案例设计合理，研究者对研究的现象和背景有明确的认识，那么案例研究的结果就不能不加以考虑。"

奥斯特曼最后提出以下建议：

- 进行案例研究需要大量、周到的准备和细致的方法。
- 必须有一个明确的研究设计，要将收集的数据与最初的研究问题联系起来。
- 案例研究设计应具有很强的理论基础；理论的正确使用将使得数据收集更加聚焦和更好地关注重点，从而有助于研究设计。

资料来源：奥斯特曼（2001，7）。

其他研究者描述了各种不同的方案，使得案例研究方法成为特别合适的研究方法。例如，贝利（Bailey，1994）为公共行政案例研究确立了诸多不同的设计原则：（1）它们可以是描述性、解释性或批判性的；（2）它们可以以解决行政问题的想法，或以形成理论为目的来进行；（3）它们可以完全以实践者导向为中心；（4）它们可以是"深奥的学术研究"。但是，为了获得最大价值，贝利得出结论，无论进行案例研究的基本目的是什么，理想的案例研究对从业者和学者都具有价值。

范·埃弗拉（Van Evera，1997）更专注于确定案例研究的目的，他确定了五个可以使用的目的：（1）建立一个或多个理论，（2）检验现有的一个或多个理论，（3）确定导致或促成现象的一个或多个先前条件（先决条件），（4）确定这些促成条件的重要性，（5）相对于其他潜在实例，确定案例的根本性质（见图2-1）。以下各节将更详细地讨论这些目的。

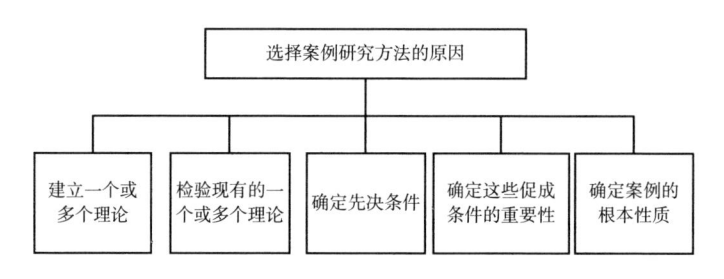

图2-1 选择案例研究方法的原因

（一）从案例中发展理论

通过构建一个理论作为对未来事件预测的基础，是许多行政学和社会科学领域相关研究得以发表的重要原因（Eisenhardt，1999；George and Bennett，2005）。在回顾了使用案例研究方法来检验城市规划和规划者的文章后，菲施勒（Fischler，2000）指出，案例研究特别适合于探索个体行为和集体制度的相互作用，以及发现和解释机构和结构之间的相互影响。

在菲施勒使用的方法中，从案例研究中发展理论需要经过四个阶段：（1）形成研究问题和假设，（2）选择案例和定义分析单位，（3）数据收集和呈现，（4）分析结果和建立后续理论。例如，在一个或多个案例研究中产生的知识内容可以服务并贡献于政府规划实践的理论。通过使用这种方式，他得出结论，案例是理论发展"最重要的工具"。

最后，菲施勒（2000，194）建议，案例研究仍然是一种重要的研究方法，"因此，探索创新实践者和创新组织行为和经验的案例研究，无论是公共的、私人的还是非营利性质的，都应放在我们议程的重要位置。"

发展新的思想、概念和理论需要研究者首先对**既存**理论有一个透彻的理解基础。这可以来自对该主题文献的全面回顾，也可以来自公共管理领域的广泛实践经验。资料可能源于对专家进行的个人访谈，也可能来自大量的国内外专业或职业文献，或者来自当前和过去的教科书，还有可能来自其他已出版的材料，如报纸、百科全书、年鉴，以及未发表的论文、其他学者的观点，或者来自专门为互联网准备并仅存在于互联网上的材料。

（二）检验既存理论

案例研究可用于检验现有理论和发展新理论（Van Evera, 1997; George and Bennett, 2005）。下列几个不同的目标可以作为理论检验的基础：加强或驳斥对现有理论的支持，为理论聚焦或扩展理论条件，建立两个或多个理论中最适合的解释，或者解释一个类别或观察到的情境或环境。接下来将详细讨论一些案例研究报告，从中展示研究者如何为特定的目标选择案例。

本巴萨特、戈德斯坦和米德（Benbasat, Goldstein and Mead, 1987）做了信息系统应用相关的研究，发现案例方法特别适合在理论研究的早期和形成阶段进行问题研究。由于技术的持续快速的变化与创新，研究人员经常滞后于拟议变更或者评估理论和发展新体系。在这些情境中，研究者通过研究这些体系以及相似体系的使用者所实施的创新来进行学习。通过研究，形成领域内发展的理论和比较其他实践者在做什么的报告，研究者能够检验既存的理论和现实变迁之间的拟合程度。

联邦应急管理局（FEMA）在2001年9月11日后被纳入新成立的国土安全部，对它纳入国土安全部之前的案例研究，就是一个案例如何被用来检验现有理论的一个例子（Ward et al., 2000）。在这个案例中，研究者描述了1980年至1992年以及1992年至2000年联邦应急管理局的运转。联邦应急管理局的案例研究评估了当时和现在的理论，即在一个组织中采用信息技术将导致组织内部和外部管理结构的重大变化。

如果这种变化真的发生了，那么这种变化应该是一种理性人可能视之为积极的或有益的变化，这种变化应该在以下几个方面发生：工作和工作过程的性质、组织的等级和权力分配、内部和外部控制结构。另外，如果组织研究的结果是正确的，那么联邦应急管理局在组织内的工作流程可能会发生表面上的变化，但仍然保持现有的权力和控制管理体系。鉴于联邦应急管理局有问题的历史……这种表面的变化会导致一个"明智"的人得出结论，即本组织已经取得了中立或消极的结果。(Ward et al., 2000, 1020)

联邦应急管理局于1979年根据吉米·卡特（Jimmy Carter）总统的行政命令成立（FEMA, 2008）。该机构最初由国会设立，旨在协调自然灾害后的恢复工作，后来卡特总统扩大了该机构，以管理冷战时期的民防准备和应急响应活动。在罗纳德·里根（Ronald Reagan）总统的领导下，联邦应急管理局的主要工作重点是在苏联发动核攻击后确保美国政府的连续性。当时政府信息技术的所有采购和安装均由信息资源管理办公室控制。

信息资源管理办公室强调政府的连续性，因此并未发展或支持采用灵活的方法来构建全部的机构系统。鉴于潜在的（战争）更具破坏性，信息资源管理办公室并未投资信息技术以应对自然灾害。相反，它根据国防部网络标准开发了硬件和软件。在没有内部协调或指导的情况下，联邦应急管理局的各个部门开发了自己的信息技术解决方案来满足它们的个体需求。这造成许多信息系统内的孤岛，导致相互之间无法通信。到1992年，联邦应急管理局的部门中已有100多个不同的系统。

这些问题在1992年8月24日集中爆发，当时联邦应急管理局无法应对佛罗里达州南部安德鲁飓风造成的后果。超过25万人受到安德鲁飓风的影响。根据沃德等人（2000）的说法，联邦应急管理局对灾难的反应是"很丢脸"，本部门"对自然灾害（最）糟糕的回应"。由于没有自己的信息资源管理办公室提供IT支持，现场工作人员不得不在本地市场上购买300台个人计算机。即使这样，还必须制定培训计划来培训联邦应急管理局的人员进行使用。

1989年冷战结束后，联邦应急管理局的资金从用于民防和连续性计划的支出中解放出来，更多地重视自然灾害恢复计划。鉴于联邦应急管理局无法有效应对自然灾害（例如安德鲁飓风），这强化了该机构的重组计划，并转移了包括提高对自然灾害救济的信息技术支持等在内的工作重心。

比尔·克林顿（Bill Clinton）总统于1992年上任后不久就任命了一位新主管。1993年6月，在犹他州盐湖城建立了灾难管理信息系统。新系统将笔记本电脑、微波和卫星数据链接起来。随后又进行了其他系统开发，所以在克林顿总统任期结束时，联邦应急管理局认为它已经建立了一个网络，能够"为受影响地区的小型企业和学校等地点提供有关天气预报的所有信息。"

在21世纪的前十年中，该机构应对灾难的能力受到"9·11"事件和卡特里娜飓风影响这两次考验，这些事件暴露出联邦应急管理局在通信协调、灾害预防和应急响应方面的轻微失败。

（三）识别先决条件

识别先决条件的案例研究类似于医学检查，就像医生或专家团队对疾病进行诊断以制定治疗方案。案例研究通常是由从业者撰写，在案例中，他们描述了自己处理一些问题的经验和他们所采用的解决方案，或者是一些技术和管理过程的应用。案例可以关注成功或失败的解决方案，提供一系列步骤供其他管理者遵循或避免。

一个详细描述无家可归、药物滥用和贫困状况与程度的案例研究实例是福克斯和罗思（Fox and Roth, 1989）报道的费城无家可归家庭及其子女的案例。作者描述了20世纪80年代后半叶这座城市存在的悲惨社会状况。他们还确定，联邦、州和地方政府对社会服务支出的大幅削减是费城贫困和无家可归者数量增加的主要原因。

他们的研究结论是，为解决日益严重的全国无家可归问题，需要采取一系列广泛的政策层面的措施。第一，联邦政府必须为低收入者的住房、毒品和酒精问题提供更多支持。第二，必须解决该市滥用药物的问题。第三，鉴于无家可归家庭面临多重问题，减少无家可归家庭的数量需要提供永久性住房和全方位的服务。第四，"立即和集中干预无家可归儿童在发育迟缓、教育延误和心理创伤方面所面临的严重问题——所有无家可归儿童生活可追踪——这些问题必须解决"

(Fox and Roth, 1989, 149)。

这个案例研究是悲剧性社会问题的精彩描述。然而，它没有在理论构建或检验上提供更多的方法，也没有提出具体的可以适用于其他公共管理者处理相同问题的建议。相反，它勾勒出了社会服务政策几个预期转变。

（四）确定影响条件的重要性

通过研究从业者在管理和组织结构中使用新技术和创新的经验，案例研究人员可以找到管理和组织问题的**方式**及**原因**。这些方式及原因都蕴含在真实世界中的组织和管理者行动结果的案例研究中。通过回顾案例，识别做出管理决策情境的前因，研究人员可以将其与组织中的情境进行比较。通过审视已有的类似案例研究，管理人员可以察觉这些案例提供的早期解决方案中存在的错误，从而避免处理同类问题时再去纠正已被发现的错误。

（五）确立案例相较其他例子的重要性

查找适合这种设计的案例研究的一个好选择是国际商业机器公司（IBM）研究中心为政府商务赞助的研究报告集。这些案例清单和副本可在该中心的网站上找到：www.businessofgovernment.org。

以下三个案例可以说明如何将所选案例与其他案例进行重要性比较：（1）奥康奈尔（O'Connell，2001）的情报引导警务模式（CompStat）案例，供纽约市警察局使用绩效数据；（2）汉德森（Henderson，2003）的案例描述了情报引导警务模型如何演变为城市统计项目（CitiStat）的方法，城市统计项目方法由马里兰州巴尔的摩市市长实施，用于管理巴尔的摩市的市政系统绩效［贝恩（Behn，2007）根据巴尔的摩市的城市统计项目方法后续案例，建立了一套供其他市长使用的指南］；（3）在类似的案例中，将城市统计方法转换为学校统计（SchoolStat）模型并在宾夕法尼亚州的费城学区实施（Patusky，Botwinikand Shelley，2007）。

每一个例子都说明了这些创新方法作为公共管理者实施绩效管理体系和计划模式的重要性。费城学校模型是这一系列关于"统计"（Stat）绩效管理方法案例中最新的一个。费城模型是纽约市警察局情报引导警务模式和巴尔的摩城市统计项目的改编版，应用于公立学校。该项目的主要目标是将数据驱动的统计实践纳入一个综合管理系统，集中管理工作，以实现可衡量的结果。

这些绩效管理系统有两个主要组成部分：统计实践以及与集团高级管理人员的定期会议，用来测量绩效并共同规划改进策略。统计实践这一术语是指使用统计数据来分析过去的绩效并形成未来的绩效目标和策略。这样看来，它类似于在传统的全面质量管理和持续过程或产品改进计划中使用统计数据。这些数据在每月的会议上展示和讨论，管理人员在会上解释是否能够实现目标，并制定新的战略和战术。

二 研究人员如何以及为什么选择他们研究的案例

在单案例设计中，选择要研究的案例通常很简单。研究人员研究了他们最熟悉的案例，或者他们有机会接触并承诺提供有趣且有益的研究经验的案例。然而，为多案例研究选择案例的要求则要高得多。在这种情况下，所有案例都必须满足针对同一议题、事物或其他研究问题的要求。这一要求在比较案例研究设计中尤为重要。

多案例设计选择成功的关键是首先要明确研究目标。举例来说，研究目标包括研究是否涉及理论复证，检验或发展新的理论；解决问题；或对问题和现象有更深入的了解。如果所选择的案例不能帮助实现所选择的目标，则不应将其包括在内（Georgeand Bennett，2005）。

卡尔波和比斯利（Kaarbo and Beasley，1999）确定了案例选择的三项任务：选择可比较的案例，选择因研究议题或问题而异的案例（因变量），以及选择能够反映总体各个亚组的案例，以找出替代解释。

（一）选择可比较的案例

选择可比较的案例的关键原因是，在没有可比性的情况下，研究者就无法知道案例的差异是由研究变量造成的，还是其他因素影响了变量间的变化。案例不必在研究问题以外的变量上具有可比性；研究者无须关心无关紧要的差异。卡尔波和比斯利（Kaarbo and Beasley，1999）警告说，应该选择案例来控制假设关系的替代原因，而不是为了控制非理论衍生属性的可比性。

（二）选择差异化案例

在决定什么案例被选择时，因变量值的差异是第二个重要标准。没有这种变化，研究者将无法对正在研究的现象做出推断。解释变量可能存在于案例中，但与现象无关。为了确保存在这种差异，研究者有两种选择：根据解释变量值的差异选择案例，或根据因变量差异选择案例。

例如，因变量可能是公民参与地方政府计划议题。解释变量可能是人口统计学变量，例如年龄、性别或种族，社会经济变量，四通八达的交通网络，等等。根据因变量的变化选择案例，使研究者有机会在数据收集完成阶段对此变量发表评论。

（三）选择亚组间差异化案例

选择具有不同亚组差异化案例的优势在于，研究者可以选择带有其他解释的案例。选择亚组差异化的案例在将选择范围限制为满足可比案例标准上，具有更大的扩展维度。最后，在选择可比较的案例时，研究人员应牢记以下警告：

> 在选择可比较的案例时，研究者正在认识到该假设的局限性，认为它仅适用于在一定数量的理论推导维度上具有可比性的案例。在跨亚组选择案例时，研究者有目的地将假设研究扩展到从替代解决方案衍生的变量上。（Kaarbo and Beasley, 1999, 383）

小 结

案例研究可以用于五个目的：(1) 建立一种或多种理论，(2) 检验已经存在的一种或多种理论，(3) 识别导致或促成令人感兴趣的现象的先决条件或条件，(4) 确定这些条件的重要性，(5) 确立案例相对于其他潜在例子的根本性质。

可以使用三种不同的标准来选择案例：(1) 基于案例与研究现象或议题的可比性；(2) 基于研究现象中显示的差异性案例；(3) 做出最终选择，以至于所有亚组都出现在所研究的最后一组案例中。

第三章 案例研究设计的范围

　　案例研究是一项混杂的活动,涵盖了各种研究方法和技术,其数量可以从精心匹配的单案例研究到多达十多个案例,研究它们参与组织功能的时间长度和层次各不相同,并具有不同类型的数据范围(包括定量和定性设计)。由此可以得出结论,案例研究作为研究策略,不可避免地会很难。

——琼·F. 哈特利(Jean F. Hartley,1994)

案例研究方法侧重于深入研究一个或最多几个案例。尽管定量方法也适用并且应用于这种方法,但通常认为此方法属于定性研究。深入的研究模型是由人类学者、社会学者和组织行为研究人员等历经数十年的案例分析,得以开发和完善的。

　　对单位、组织或过程进行深度分析的能力被认为是案例研究方法的主要优势之一。深度分析有助于从案例研究中获得更多的理解。这源于高质量和大量的细节、描述的丰富性、解释和理解的完整性,以及最终解释的统一性(Gerring,2004)。但是,重点在于,不要过分强调案例研究方法中丰富描述和深度分析能力的重要性(Hartley,1994)。

一　案例研究的类别

　　可以将定性案例研究分为三大类研究策略:**解释**、**诠释**和**批判**(见图3-1)。虽然这三种类型在案例研究中都存在,但案例研究更适合解释性和诠释性研究。因此,在本章中对这两种研究策略进行了较为详细的讨论,首先展开解释性模型的讨论。

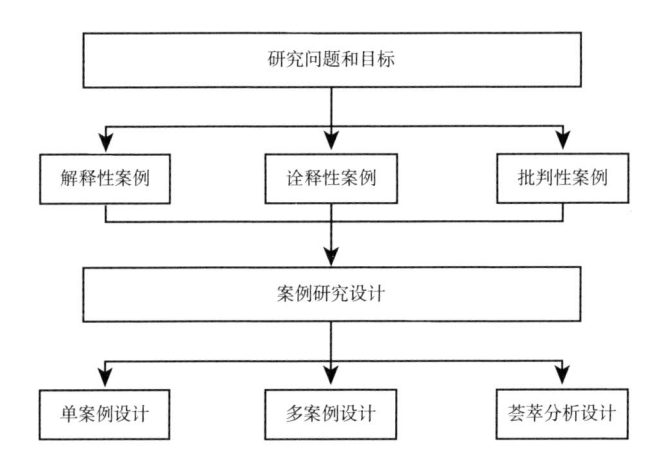

```
                    ┌─────────────────┐
                    │  研究问题和目标  │
                    └─────────────────┘
                             │
            ┌────────────────┼────────────────┐
            ▼                ▼                ▼
      ┌──────────┐     ┌──────────┐     ┌──────────┐
      │ 解释性案例 │     │ 诠释性案例 │     │ 批判性案例 │
      └──────────┘     └──────────┘     └──────────┘
                             │
                    ┌─────────────────┐
                    │   案例研究设计   │
                    └─────────────────┘
                             │
            ┌────────────────┼────────────────┐
            ▼                ▼                ▼
      ┌──────────┐     ┌──────────┐     ┌──────────┐
      │ 单案例设计 │     │ 多案例设计 │     │ 荟萃分析设计│
      └──────────┘     └──────────┘     └──────────┘
```

图 3-1 公共管理中的案例研究设计

二 解释性案例研究

解释性研究是为了发展对某些社会现象的因果解释（Schwandt,1997）。在这些研究中，研究人员（1）确定一个特定的社会事件、情形或后果，例如市中心的犯罪，其重要性足以被调查；（2）着手确定社会、经济、气候、实践，或其他社会环境中的特征或事件，可能被解释为利益后果的潜在**原因**。

解释性案例研究的主要目标之一是建立可用于解释现象的理论。然后，该理论可用于在相同或相似情况下预测未来的行为或事件。预测未来结果的能力使行政管理人员可以对事件进行控制。因此，解释性研究的最终目标是控制自然和社会事件（White，1999）。解释性研究是最容易理解和应用的方法，并且通常仅出于这个原因而被使用（见专栏3.1）。

除了解释性研究的控制方面之外，许多人还认为该策略是在一个领域或学科中积累知识的最快方法。可能出于这种原因，在公共行政研究中仍可经常见到解释性研究。解释性研究在定性研究中的作用与探索性研究在定量研究中的作用大致相同。它用于收集有关某个主题的基本信息、促成因素以及它可能对各种结果产生的影响。此类研究有时是对后续研究的初步准备。

> **专栏 3.1　何时使用解释性设计**
>
> 关于何时使用解释性研究设计的说明可在《社会学指南》(Sociology Guide)上在线获得，网址为：http://www.sociologyguide.com/research-methods&statistics/research-design.php。该说明强调"当研究的目的是探索一个新的领域、一个尚未被研究过的领域时，研究设计就被称为解释性的。这种情况下的研究目的是要熟悉未知的领域。"
>
> 解释性研究设计用于构架研究问题，以便进行精确调查。当研究领域未知时，解释性设计形式通常是更广泛的研究计划的第一步——在这种情况下，解释性设计通常被称为探索性设计。在初始研究建立参数并提出变量后，接下来会使用其他类型的研究设计，这通常会导致一种"探索—描述—因果递进"的研究设计。但是，在案例研究中，很少使用因果设计。
>
> 在进行解释性案例研究时，研究人员并不会专注非特定领域并选择几个方面进行考虑（描述性研究设计可能就是这种情况），他们在收集数据时不拘一格，经常收集各种各样的数据。按照《社会学指南》的指引，通过观察方法收集数据时，研究人员"能够看到参与者的整个生活情境。"《社会学指南》的作者还指出，解释性研究与"原始经验主义"不同，也就是说，它们不涉及"与社会学理论无关的事实收集，解释性研究始终带有一系列指导研究人员寻找事实的概念。"
>
> 资料来源：《社会学指南》(Sociology Guide, 2006)。

（一）解释性案例研究举例

一个可以被视为解释性案例的例子是研究政府对纽约市世界贸易中心灾难性破坏的反应。艾米克、科恩和霍兰（Eimicke, Cohen and Horan, 2002）将数千名城市工作者、选举和任命的官员以及其他公共服务人员的反应描述为"最好的政府和公共服务"。作为纽约市居民，该案例的作者能够评估政府间的回应以及灾难发生时现场市政官员的快速反应。他们将许多组织成功的原因描述为时任市长鲁道夫·朱利安尼（Rudolph Giuliani）所推动的对安全准备的重视，以及政府管理人员在现场做出艰难决定的敏捷性：

最引人注目的是政府应对紧急情况的技巧和强度：哈德逊港务管理局官员快速反应，他们派了一列火车送乘客返回新泽西州，然后空车开往曼哈顿，以方便疏散（从而拯救了3000多名潜在受害者）。他们还作出决定，推动世贸中心（the World Trade Center）附近的地方学校撤离，但其余城市的学生仍然在上课，特别注意确保所有的孩子在一天结束时都能被成年人接到。他们还决定关闭桥梁、港口和机场，当然还有市长在袭击发生后头几个小时和几周内的鼓舞人心的个人领导能力。（Eimicke, Cohen and Horan, 2002, 29）

该案例的作者总结了对恐怖袭击后的事件分析，并提出了如下的教训，其他城市可能会从灾难发生后的市、州和联邦机构进行合作的过程中吸取教训。

● 提前规划突发事件响应机制至关重要。

● 即使威胁似乎遥不可及，参与应急响应的组织、响应程序和资源必须保留并可获得。因为意外事件可能随时发生。

● 应急通信系统中保留更大的冗余度绝对至关重要（许多系统在突发事件响应期间出现故障或过载）。移动电话和硬连线通信应具有两个级别的冗余。

● 应急响应人员需要预判通信故障并进行分散决策。此类故障的应急储备计划至关重要。

● 在危机中，没有什么可以代替鼓舞人心的领导力。

● 最后，从2001年"9·11"事件以及随后的事件中可以吸取的最深刻的教训是，公共服务的精神仍然存在，而且对社会一如既往的重要。在这场悲剧性突发事件中，数以百计的公务员因履行职责而失去生命，这反映了政府工作人员的忠诚和奉献精神。

（二）有关其他主题的解释性案例

州和地方政府必须学习如何在繁荣或萧条的周期性循环中发挥作用。惠勒（Wheeler, 1993）的以下论述为他研究州和地方政府创新的一本专著建立了分析框架，这本书在至少十五年前已经有初版。但是，它清楚地描述了21世纪第一个十年行将结束时，大多数州和地方政府所处的位置：

在华盛顿联邦预算危机以及随后的许多联邦计划被取消或缩减之后，解决许多当代问题的重担将由州和地方政府承担。他们将被要求对社会项目的发展和实施承担更多责任。(Wheeler，1993，1)

惠勒描述了有关公民问题的各种创新解决方案是如何在州和地方政府层面演变的。他收录了公共部门服务领域的诸多案例研究，例如教育、医疗卫生和药物滥用、环境管理、住房和经济发展。为了说明研究的重点，以下详细介绍了有关医疗卫生和药物滥用的案例：
- 儿童医疗项目
- 医疗卫生普及项目
- 满足低收入妇女的产科需求
- 预防虐待儿童项目

每一个案例都遵循相同的格式：(1) 简要描述使公共服务项目成为必要的事件和环境；(2) 从信息收集和会议计划开始详细描述项目；(3) 计划设计者在实施该方案时遇到和克服障碍，(4) 项目未来计划，(5) 说明在其他地方如何复制该项目，(6) 从项目实施中吸取的关键经验教训。在一些案例的结尾还包括一些注释和事后思考。

三　诠释性案例研究

并非所有人类事件或行为都可以通过解释性研究中的因果解释来予以定义。如果要了解人类行为，还需要更多的见解，更不用说解释了；只有在定性研究目标的三个策略中遵循第二种策略——诠释性研究——才能实现理解。

诠释性研究可帮助行政管理人员了解人们在社会环境中的行为。对一个失败的工作改善计划进行解释性案例研究，可以了解其为什么不起作用，这可能会识别出个人动机和工作设计是它失败的主要原因。一个诠释性的案例研究将超越这一解释。为了做到这一点，研究人员可能会在员工的工作环境中进行交流，询问他们对改善计划有什么看法；它对他们有什么意义；以及它如何强化他们原有的态度、观点和行为，或与其产生冲突。通过这种方式，诠释性案例研究试图发现该计划的意义，在这种情况下，它是如何与员工先前的规范、规则、价值观和组织文化中的社会实践因素进行匹配（White，1999）。因此，案例研究者试图通过诠释方法来实现"某种现象意义的分类说明或解释"（Schwandt，1997，73）。

诠释性案例研究要求研究者超越简单的描述或解释现象。研究人员也力图为读者阐释这种现象。这需要解释它意味着什么以及它是什么。当研究基于人类从他们赋予社会现象（例如语言、意识、共享经验、出版物、工具和其他人工制品）的意义中学习现实的假设时，研究可以被归类为诠释性的。

这项任务十分困难，因为诠释性理论的基本原则是社会现象在不断变化。因此，人们赋予它的意义也处于不断变化之中。同时，诠释性案例研究总是充满在情境之中。因为事情总是在变化，所以进行诠释性的案例研究就像在移动靶上进行射击。

情境承载意味着如果没有对主体情境的完整描述，案例就无法被理解。诠释性研究方法的主要目标是提供对人类经验的多层次描述和释义（Meacham，1998）。为了实现这一目标，诠释性研究着眼于人类赋予他们生活中的事件意义，因为它是真实发生而非计划安排。因此，要彻底了解一个事件或一个组织，研究者还必须了解其历史背景。

诠释性研究对政府组织和机构的研究很重要。诠释性研究的基本目标使这种方法特别适用于以下应用：

> 诠释模型的基本目的是深化对社会关系更全面的理解，并发现人类的可能性。最近对组织文化的研究表明，诠释性方法对于正确理解组织中的规范、价值观和信仰体系非常重要。（White and Adams，1994，45）

（一）诠释性案例研究的原则

克莱因和迈耶斯（Klein and Meyers，1999）提出了七项基本原则，以帮助研究人员开展和评估诠释性案例研究：诠释循环、情境性质、相互关系、抽象和概括、对话推理、多重诠释和怀疑。以下各节将讨论这些概念的一些关键要素。

1. 诠释循环

这些原则中，首要也是最基本的就是诠释循环，诠释循环源于文本和文献分析。诠释循环旨在说明学习和理解过程的现象。人们形成对复杂概念的理解，源于构成整体的组成部分各自的意思（如单词），以及这些组成部分相互关联的方式。对较大整体的诠释从对部分的初步了解转变为对整体的理解，然后又回到对部分的更好理解，依此类推。因此，发展理解的过程会成为一个越来越多理解的不断拓展的循环。

2. 情境性质

诠释性研究的第二个原则是所研究的案例现象或组织的情境性质。研究人员的案例研究意图要靠该现象的特定社会和历史背景挖掘而来；在这一嵌入式情境中挖掘的所有模式都在不断变化。因此，所诠释的组织或现象是有特定时间和情境的。

3. 相互关系

研究人员与他们研究的主题之间的相互作用构成了诠释性案例研究七个原则中的第三个原则。该诠释原则在所研究的案例中不是固有的，相反，它根据案例主体和研究人员之间的相互关系发展而来。古梅松（Gummesson，1987）认为这类似于互动，这种互动通常导致研究人员在案例研究项目中转变为"内部顾问"角色。通过与参与者互动，研究人员变成了被研究群体中的一员。

4. 抽象和概括

抽象和概括共同构成了诠释性案例研究的第四个原则。案例研究人员在试图将不连贯的部分排序时，必须处理抽象问题。秩序是通过将现象归类概化并抽象出概念得以实现。任何基于对单案例的主观解释而得出的研究推论必须被视为理论化概括，而不是对更广泛的群体、事件或环境的推论。

5. 对话推理

基于与案例主体对话的推理是诠释性研究的第五个原则。在这个推理过程中，案例研究人员要识别出所有案例研究计划带来的偏见和误差，然后将这些信息与案例数据收集过程中实际出现的信息进行权衡。对话推理原则迫使案例研究者首先定义指导研究的基本假设和研究所依据的研究范式。通过与参与者进行对话，研究者根据生发的知识来定义和重新定义假设以及研究问题。

6. 多重诠释

多重诠释原则要求研究人员积极地将他们对这一现象的历史和情境诠释与所有其他可用的诠释进行比较，并为他们提供原因。多重诠释原则还要求将研究人员的先入之见、偏见与竞争性解释（包括所研究组织的参与者的解释）进行比较。即使在研究过程中并未出现相互矛盾的诠释，研究者也应该对其进行探究并记录过程。这样，研究人员才能强化从分析中得出的结论和解释。

7. 怀疑

诠释性研究的最终原则是怀疑，它要求研究者不接受表面的解释。为了避免做出错误的诠释，研究者必须以适度的怀疑态度来检查个体的先入之见、结论、定义和衍生含义。

（二）一个诠释性案例

"机场管理局的'特别之处'是什么？"是巴科和克里斯蒂娜（Bacot and Christine）在2006年进行的一项诠释性案例研究的标题。在这个案例中，作者首先确定了机场管理局与传统的特别区结构之间的区别，然后提出了机场行政机构的独特治理结构理论。该案例的主题是机场治理结构现象，选择该主题是为了增强对美国机场的特殊治理结构和地位的系统化认知与理解。增进了解的好处包括确定治理结构是否对当地机场的税收和支出实践有任何影响。

美国的机场管理很复杂，这通常是一个地方性政府机构的责任（市或县），美国联邦航空管理局（the U. S. Federal Aviation Administration, FAA）对机场管理有相当大的影响力。美国联邦航空管理局提供了相当多的指导，但不指挥运作。此外，国土安全部和环境保护署都提供业务咨询。

机场通常归地方政府所有。所有权归属包括四个主要部分：县所有权、城市所有权、州机构控制权（如夏威夷和马里兰州）以及真正独立的政府部门所有权。政府部门拥有机场所有权模式下，通常由机场管理局或港口当局对机场进行管理，而不是将机场作为市或县的普通行政组织的一部分，进行管理。

尽管在很多方面都与传统特别区或特定目的政府组织中的治理结构

相似，但机场的治理却在许多实质性方面有所不同。最大的差异是，大多数机场管理机构（占80%）依靠用户收费（或类似方式）来支付它们提供的服务，以及根据收益公债券的容量来进行基本设施建设。特别区提供的服务则取决于其借贷和税收能力。

除了其财政安排和治理上的差异外，机场的权限至少在四个方面与传统的特别区有所不同（Bacot and Christine，2006，244~246）。

1. 行政不是完全独立的；它缺乏地方政府普遍拥有的自主权。

2. 尽管从理论上讲可行，但由于联邦、州和地方政府的控制，机场机构永远不能被视为完全私人的机构。

3. 机场管理局服务区域是区域性的，通常跨越城市/县境，而特定目的政府的服务区域通常限于县或县的一部分。

4. 对机场以及机场管理局的授权取决于联邦和州立法以及当地法令，而特定目的地区则由州立法行动授权。

就为其他政府管理人员和学术研究人员提供教训方面，巴科和克里斯蒂娜（2006）得出结论，机场管理局"不适当地被纳入对特定目的政府的大多数研究中……这样做并没有注意到机场管理局与特定目的政府之间的重大区别。"

四 批判性案例研究

批判性研究是从马克思主义批判社会学和弗洛伊德心理治序传统方法这一路径发展而来（Argyris，Putnamand Smith，1985；Kleinand Meyers，1999），批判性案例研究是公共行政中定性案例研究的第三种方法。尽管这种方法可以成为变革的有力工具，但它在案例研究中并不像解释和诠释方法那样经常使用。

如果案例研究揭露了不利的社会条件，则可以认为它具有批判性。案例研究的目的应该是使社会或群体成员从某些有害条件或不良状况中解放出来，从而消除不利因素。在批判性案例中，社会成员没有被告知如何改变自己的状况，而是帮助他们按照自己可选择的方式界定他们的社会属性并实现人类潜力——一定程度上，男性和女性都被视为可以自由决定自己的意志。总之，他们得到了解放（Kincheloe and McLaren，1984）。

根据怀特（White，1994）的观点，批判性研究的主要目的是帮助人们改变其信念和行为，并将其作为改变过程的一部分，帮助他们了解其尚未发觉的行为方式基础。通过逐渐了解他们**为什么按照这种做事方式**来生活和思考，批判性研究"批评指出了在真与假、善与恶之间的矛盾。它迫使（人们）按照真理和善行行事"（White，1994，46）。批判性案例研究是传递这些消息的方法。

批判性的公共管理案例研究始于一个假设，即关键情境或危机存在于组织、团体或社会的某些方面。研究者从深切的个人经历和对所涉及的人员承诺出发，对这一危机进行研究。因此，认识到危机是该方法的关键概念之一：

> 从（危机）的角度看，社会被看作是社会和政治分化所造成的"撕裂"，从而构成了社会再生产的过程……容易发生当前或启动故障。社会（不是）一个和谐的、自我调节的系统。相反，它必须被看作是一个充满复杂和矛盾可能性的社会行动者的领域，他们将……假定掌握这些可能性，并产生新的社会现实，以表达他们作为授权的、自主的代理人的能力。批判性研究的任务包括确定这些可能性，并提出社会行为者可能采取什么行动，使他们的生活处于有意识的指导之下。（Hansen and Muszyaki，1990，2）

（一）批判性研究中的结构主题

施万特（Schwandt，1997，24~25）确定了许多关键研究的结构主题。在批判性研究方法的文献中，似乎最经常出现的两个主题是：小组成员认知的扭曲和拒绝无私科学家的观念。以第一个主题为基础，批判性研究的目的是以某种方式整合社会理论与应用或实践，以使社会团体的成员意识到其社会或价值体系中的扭曲和其他问题。然后，鼓励群体成员提出改变其社会和价值体系的方法以改善生活质量。

批判性案例研究的第二个关键主题是拒绝接受传统观念，即要求社会科学家保持客观或无私。在这里，社会科学家被替换为一个积极的、以变革为导向的研究者，研究者的态度就是激发团体和个体的变化。布莱勒（Blyler）提出了关键观点的问题：

批判性观点旨在授权和解放。它重新解释了研究者与参与者之间的关系，并将其视为一种协作，其中参与者定义了对他们重要的研究问题，在此，社会行为是期望的目标（Blyler，1998，33）。

在批判性传统中应用案例研究的研究人员，通常会进行以下三项活动：对情境的前因进行研究，对参与者或处于危险中的人群进行教育，以及群体为解决问题依赖自身采取的行动。这种研究方法的基础是批判性理论，其研究的主要目标是实现社会的根本性、解放性变革。

（二）批判性研究案例举例

参与式案例研究[①]是从包括非洲、亚洲和拉丁美洲在内受压迫的第三世界中的社会运动发展而来。它还在北美地区站稳了脚跟，尤其是在针对少数族裔、权利剥夺以及受歧视的相关研究中都可以看到此类案例。

例如，在20世纪70年代早期，一项针对华盛顿州北邦纳维尔镇居民、历经四年的研究是批判性案例研究的重点案例（Comstock and Fox, 1993）。来自华盛顿州奥林匹亚市的常青州立学院的学生和教师们与哥伦比亚河社区的450名居民合作，该社区计划将被拆除，为新的大坝泄洪道和发电厂腾出空间。他们共同努力的结果作为一个案例被记录下来。

在最初与该镇居民的会谈中，美国陆军工程兵团（the U. S. Army Corps of Engineers）拒绝从该镇搬迁，反而提出了愿意为居民搬迁到其他地方出钱的建议。科姆斯托克和福克斯（Comstock and Fox）描述了当地居民在与军队打交道的过程中如何克服了他们成功道路上的一个关键性关卡：

在较早期的斗争中，居民们就发现了军队对社区意义的理解和他们自己的理解之间存在矛盾。对军队来说，社区是个人和实体结构。这一理解忽略了社区价值、土地附属建筑和社会网络的现实。通过对他们社区的细致描述，居民们对作为一个社区整体的团结和

[①] 原文为"Participatory case research"，按照约翰·W. 克雷斯威尔在《研究设计与写作指导》（重庆大学出版社，2007，第6~7页）一书中的观点，辩护/参与主义把研究与政治议程联系在一起，为社会中那些可能被边缘化的个体或群体提供支持，辩护/参与主义研究就是批判性研究。为使上下文更为通顺易懂，特此说明。——译者注

活力有了更清晰的形容。(Comstock and Fox, 1993, 121)

一旦居民了解了军队如何看待社区及其居民，以及军队机构如何利用该机构的信息控制权来分裂市民的意见，他们便开始自行获取技术信息。然后，居民以可以理解的方式向每个人提供技术信息，从而打破了军队对意见的垄断。该镇最终在生存斗争中获胜，陆军工程兵团在旧城区居民想要的位置上建造了一个新城镇。新的北邦纳维尔市镇于1976年7月正式投入使用。

使用这种模型的研究人员认为，如果通过教育，社会成员意识到更好的运作方式，他们将为自己带来改变。因此，研究过程的关键部分是帮助社区成员变成他们研究期间和之后行动的积极参与者。参与者被寄予厚望，将对主要研究结果负责，包括研究的总体设计、数据收集和分析以及最终的结果分布。

在有关经历如何永久改变北邦纳维尔居民的案例结论中，科姆斯托克和福克斯还注意到参与式行动方式的政治性质：

北邦纳维尔经历最令人震惊的结果可能是在一定程度上启动了自运行的政治进程……随着居民的自我指导持续发展，他们不再满足于最初为他们计划和建造新城镇的要求，从而要求（并获得）对他们自己社区设计的控制。(Comstock and Fox, 1993, 123)

五 案例研究中的信度和效度问题

案例方法研究人员长期以来一直在思考的一个问题是，如何提高一个或几个案例研究结果的普适性（Mertens, 1998）。在实证主义研究传统中，对研究结果普适性的信念是通过设计得以实现，设计中包括达到可接受的信度和效度条件。在大样本研究中，这些问题通过随机选择样本成员和足够多的样本量来解决。这些测量控制方法更难应用于案例研究。

不管是在设计、方法还是分析手段等层面，效度和信度在所有研究中都是核心概念。效度是指一个研究被设计所能够达致目标的能力。也就是说，一项研究是否产生出通过它的设计所应提供的信息？效度仅与研究活动的结果有关，而与活动、评估或测试方法本身无关。信度是指当类似的研究运用相同方法时，衡量或评估数据收集的分析或工具使用的程度。

在研究设计中，效度被认为具有诸多不同的结构。一方面，萨尔金德（Salkind, 2000）确定了内容、标准、结构和预测效度。另一方面，应国瑞（1994）提到了所有社会科学研究共有的四种效度检验类型：构造、内部效度、外部效度和信度。乔治和本内特（George and Bennett, 2005）仅关注效度的一个方面：概念化，概念化是指研究能够集中在研究人员特别感兴趣的一个或多个问题的程度。他们认为案例方法提供了高水平的概念化效度，因为它可以聚焦于最能代表研究者感兴趣的概念指标。

构建效度是指研究达到其目标的能力。案例研究的例子包括建立理论、检验较早的理论、比较两个或多个应用过程中的一个现象等。它最常用于参考一种研究测量方法（例如调查问卷工具）去实际测量感兴趣的现象。典型例子包括投票历史、政策立场和道德标准。

（一）内部效度

内部效度应用于实验或准实验研究。它指的是因果关系的度量，因此在单案例研究中很少作为一个主要的设计问题，在这种情况下，因果关系的度量更成问题。可预测性或标准效度的概念界定比较接近，尽管这一术语在定量研究方法的描述中更常见。可预测性是指研究设计或测量能够预测某些未来事件或行为的程度。一个常见的例子是使用某些人口统计特征作为投票行为的预测因素。

（二）外部效度

如何衡量外部效度是案例研究的另一个困难所在。这决定了案例研究结论是否可以推广到其他类似情况。在单案例设计中，确定研究结论是否可推广的唯一方法是进行其他案例研究。研究人员也使用多案例设计来解决这个问题。

（三）案例研究中的信度

信度是指所有科学研究的核心概念：可复制性，即其他研究项目利用相似案例主体，遵循相同程序，观察测量是否会产生相似的结果。根据应国瑞（1994）的说法，确保信度的一个好方法是贯彻研究"就像有人总是看着你的肩膀。"保存研究中每一步的历史记录也有帮助。

小　结

案例研究方法已成为公共行政研究中最受欢迎的方法之一。案例研究方法之所以受欢迎，是因为它具有极大的灵活性。案例研究可以作为公共行政人员不应该做什么以及应该做什么的示例。但是，它们的主要目的是向公共行政人员展示其他人在做什么。不同的研究目标要求研究设计具有解释性、诠释性或批判性导向。解释性和诠释性方法更常用于公共管理和行政领域的研究。

解释性案例研究的典型目的是向读者解释公共管理人员如何面对和解决问题，如何实施一项计划，或如何设计和实施一个创新方法来处理一个新的或反复出现的问题。

当研究人员不仅必须描述或解释现象，还必须诠释现象时，可以进行诠释性案例研究。这要求研究人员对现象的意义是什么以及现象是什么做出诠释。

批判性案例研究通常用于描述行动研究计划的结果。在这种方法中，案例研究人员通常需要充当赋权活动的参与者，并且经常以行动催化剂的身份起作用。本章最后简要讨论了案例研究中的效度和信度问题。

第四章 单案例研究设计

有效的单案例研究可用于发展新理论，挑战现有理论，发展和分析方案，对重复出现的问题进行示例性解决方案说明，以及分析从业人员如何构造他们的角色。单案例研究还可以展示诸如观察、深描、规范化论证和项目评估等方法论工具。

——桑福德·鲍林斯（Sandford Borins, 2001）

上一章根据案例研究的潜在研究目标或任务介绍了三种研究策略：解释性、诠释性和批判性。本章从另外两个角度来介绍案例研究。首先从研究**规模**的角度予以探讨，这一视角侧重于案例研究所包含的分析单位。其次根据案例研究的范围和目标实施案例设计。尽管两种视角之间的差异不是很大，但本章仍然讨论了几种不同的分类方案。这样，当研究报告以不同方式描述时，公共部门管理人员就不会感到诧异。本章介绍并定义了单案例设计，第六章进一步详细讨论了进行单案例研究的过程。

1994年罗伯特·斯塔克（Robert Stake）首次提出了广义的案例研究类型划分，继而成为案例研究规模的基础。他总结说，根据研究设计的意图，可以将案例分为**内在型**、**工具型**和**集体型**三个类别的研究。内在型案例研究的规模最小，而集体型案例研究的规模最大。

第二种分类方法是根据研究设计的范围而不是研究的意图或目标来确定案例。按照从最集中到最广泛的聚焦范围划分，案例研究包括三种类型：（1）单案例设计，（2）多案例设计，（3）荟萃分析或案例调查设计（较前两种少）。

应国瑞（1994）使用包含上述两个特征的分类组合对案例研究进行分组：研究中需要检验的单位数量（规模）和研究中需要分析的亚组数量变化（范围）。根据案例是涉及单个单位还是多个单位，进行分组第一层次可以分为两组，即常见的单案例和多案例设计。第二层次根据研究中被检验的亚组数量，即**一个亚组或多个亚组**，可以分为**整体性**和**嵌入式**两类。第二层次分类可应用于单案例或多案例设计，从而产生四种设计类型。

一　案例研究中的标签

正如不同的分类方案所表明的那样，案例研究以及案例研究方法所用的不同标签有时会引起混淆。这些分类方案虽然有很多重叠之处，鉴于实践操作过程中选择的机会较少，因此不需要担忧这一分类产生的混淆。然而，此处还是会对案例研究标签中某些差异进行简短讨论，尝试消除混淆。

首先，在**案例研究**和**单案例研究**术语之间存在可互换性的错误假设。当然，**案例研究**这一专业术语是一种统称，指的是使用任意数量的主题单元进行案例研究，而**单案例研究**仅涉及对一个代表性单元或现象的研究。案例研究的对立面是任何其他的研究方法，而单案例研究的对立面是多案例研究。

其次，各个社会科学领域和行政科学已经形成了自己的单案例模型。教育方面的例子包括梅里亚姆（Merriam, 1998）的《定性研究和教育中的案例研究应用》和斯塔克（Stake, 1995）的《案例研究的艺术》。临床心理学的例子包括富兰克林、艾利森和戈尔曼（Franklin, Allison and Gorman, 1997）的《单案例研究设计与分析》以及赫森和巴洛（Hersen and Barlow, 1976）的《单案例实验设计》。值得注意的是，案例研究只有三种基本设计，即单案例、多案例和荟萃分析，相互之间都有部分差异。

行政学案例研究

在包括公共管理的行政学学科中，案例研究一直非常受欢迎。组织研究中单案例研究的早期例子是由雅克（Jacques, 1951）领导的研究团队对伦敦冰川金属公司的分析。雅克将分析报告描述为一个工业社区社会生活发展的案例研究。他补充说，作为案例研究，该报告无意展现一份精准的叙述以及确定结论。相反，它是为了呈现一家公司的经理和员工如何应对变化而编写。

顾名思义，单案例设计着重于个体、单位、组织或现象。案例研究的目的是清晰地分析一个单元中某些令人感兴趣的主题。单案例模型在所有社会科学和行政科学中都可以找到，该模型被迈尔斯和休伯曼（Miles and Huberman，1998，193）称为传统的定性分析模式。此外，绝大多数公共管理案例研究都是单案例设计。

二 单案例研究的意义

如前所述，尽管已经应用了很多年，但案例方法直到最近才被接受为社会科学和行政科学研究的正当研究方法。在20世纪70年代和80年代的许多学科中，包括案例研究方法在内的定性研究方法开始正式侵入到20世纪40~50年代行为主义运动期间所形成的研究传统之中。

案例研究容易被一些研究人员忽略，他们坚信遵循自然科学模型的研究方法是进行社会科学研究的唯一科学方法。但是，一旦认识到案例方法的易用性和价值，当时便很快有大量支持这种方法的期刊文章出现。典型的是李（Lee，1989）在《管理信息系统季刊》上发表的研究。他试图展示，案例方法实际上与自然科学方法一样"科学"。在他的文章中，他提到了马库斯（Markus，1983）就管理信息系统实施的案例研究，并指出该案例是单案例研究方法在这一领域科学应用的典范。

李（1989）首先概述了与单案例研究相关的关键科学研究方法论问题。然后，他展示了马库斯（1983）进行的案例研究如何成功地解决了这些问题。在研究结论部分，他认为，他和马库斯的研究结果对其他社会科学和行政学都具有重要的方法论意义。李的研究假设是，案例研究是对自然环境中实际存在的真实世界现象的检验。

通过将单案例研究纳入到对**科学方法意义**的一般性理解标准中，李（1989）确定了四个关键问题，即如果学者们的案例研究要和一个遵循定量、自然科学方法的研究同样有效而且可以被大家所接受，他们就必须解决控制观察、控制推论、可复制性和可概化性等问题。上述问题及解决方案见表4-1。

表4-1 单案例方法论问题和可能的解决方案

科学方法原理	科学方法的解决方案	定性案例研究的问题	定性案例研究的解决方案
进行控制观察	设计一个具有实验和对照组的实验,控制混杂变量的影响;应用试验,测量具有统计意义的显著变化,并测量关联和因果关系	在案例研究和描述中,很难甚至不可能控制混杂变量或建立控制和试验组。适当的解决方案是增加变量数量而不是增加测量	马库斯通过使用李所描述的**自然对照方法**解决了受控观测问题。研究聚焦于组织中的个体,追踪研究对象转到新职位后的态度变化。解决方案是转到新的职位
进行控制推论	采用数学测量,对主题数据进行统计分析,并根据具有统计学意义的概率定律进行推论	使用定性数据进行假设检验需要以叙述形式陈述预测,允许研究人员在分析和解释中的偏见	李确立了数学只是逻辑的一个子集。因此,逻辑推论不需要数学。基于言辞命题的推论同样有效
允许复制	设计实验,以便随后的研究人员能够使用相同的主题、组、试验、测量和分析结构来复制实验	其他研究人员无法复制主题、事件或现象的相同结构。即使有可能,时间的流逝也必须要求追加额外的知识,而且进一步混淆了检验情境	虽然不可能对相同的情况进行评估,但其他研究者可以检验原始案例中相同理论应用于其他类似组织中的不同条件集。即使预测会有所不同,相同的理论也会被检验
允许概化	发展普适化的理论;狠抓实验设计;随机抽样;零假设和替代假设的统计检验	案例描述的是特定时间点上单个单位组织或现象中的事件,因此研究者的发现必须被认为是独一无二的,并且不能推广到其他组织或环境	李认为可概化性是一种描述在各种情况下都经过检验的理论,而与研究方法无关。因此,它对案例研究或任何其他学科的研究方法而言,不再或不仅仅都是一个问题

资料来源:李(Lee,1989);马库斯(Markus,1983)。

(一) 四个问题论域

第一个问题是典型的自然科学研究要求控制观察。这意味着运用具有统计概率测度的实验方法时,需要在控制混杂变量影响的情况下,观察一个变量对另一变量的影响。李(1989)认识到,在现实世界中研究组织与在实验室环境下研究组织不同,不适合甚至不可能使用统计方法分析单案例的结果。他的研究表明,由于对单案例进行深度研究通常会产生比数据点更多的变量,而这些变量和统计控制的使用并不相关,于是,统计使相关讨论变得毫无意义。此外,在个别情况下进行案例研究可以解决有关实验室控制的争论。

第二个问题是要求控制推论。在自然科学研究中,如概率和置信区间、t检验、方差结果分析以及相关性分析等通常来自数学命题。李(1989)指出,单案例研究很少是定量研究,因此案例研究人员无法获得数值检验结果。相反,研究人员必须依靠定性数据。李(1989)并未提出解决此问题的建议,但他提出了一个可能的结论,即虽然使用定性案例数据进行推论并非不可以,但单独使用它会更成问题。

第三个问题是难以实现可复制性。由于案例是独一无二的——案例研究是在特定时间、特定情境下,对特定参与者、特定团体或组织进行的研究——几乎没有其他研究人员能够复制完全相同的研究。

第四个问题是使研究者能够将结果或发现推广到其他组织,这同样有问题。无论范围或任务有多相似,单个案例的研究结果都不可能扩展到其他主体组织或现象。

(二)科学理论要求

尽管存在上述困难,李(1989)的研究证实,马库斯(1983)在设计符合上述四个科学研究特征的案例研究方面非常成功。此外,马库斯的案例研究还满足了其他科学理论上的要求,即可证伪性、逻辑一致性、比替代性理论具有更大的预测能力,以及为证伪而进行的实证检验成立。

马库斯(1983)检视了三种可供选择的理论,来解释管理信息系统(management information systems,MIS)实施过程中人员特点、系统特征以及人员与系统的组合问题而导致的失败。然后,他对每种用以解释人们对新技术抵制的理论所具备的预测(推论)能力进行了比较。每一种理论都是运用反事实检验其有效性。在这种比较中不可证伪的理论被认为是"科学"。只有基于互动的理论才能满足这四个要求条件,个体特征和技术的整合则导致了对系统实施的持续抵制。

三 单案例研究的规模和范围

根据案例的规模对案例研究进行界定,主要是指案例研究所涉及的单位、组织或现象的数量。如前所述,案例研究的范围包括三种设计类型:单案例、多案例和荟萃分析。单案例设计是对一个相关单位进行详细检验;多案例设计包括两个或更多类似的单元。在多案例设计中,研究人员通常在研究中将一个案例单位与其他案例单位进行比较（尽管这种比较方法并不是绝对的要求）。荟萃分析设计则是对一组已经存在的案例研究的分析。

单案例设计是案例研究中最常见的方法。在这种方法中，案例研究人员的根本目的不是产生所研究领域的代表性图景，而是解释什么使所选择的一个或多个案例值得被研究。罗伯特·斯塔克（1994）根据研究规模将案例研究分为三类：内在型案例研究、工具型案例研究和集体型案例研究。内在性的单案例研究是所有案例设计中最聚焦的（见表4-2）。

表4-2 案例研究设计的类型

规模	规模		
	单案例	多案例	荟萃分析
内在型	×	×	
工具型	×	×	
集体型		×	×

不论其形式如何，案例研究都不应该用于得出超出一个或多个正在研究中的案例结论。但是，好的案例研究确实会寻求并凸显一个或一组案例的同质性和概化的特征，同时，相对于所研究案例而言还会呈现出那些看起来较为独特的元素（Bailey，1994，192）。

四　内在型案例研究

当研究人员希望对案例主体本身有更好的理解时，就会选择一个内在型案例研究设计。它不是因为代表一个较大类型或者成为某些事情的诠释性示例而被选择，更不是因为研究者计划就案例分析中的发现去构建一个理论。相反，案例之所以被研究，只是简单地因为研究者出于某种原因对它感兴趣。因此，在所有案例研究类型中，内在型案例研究最为吸睛。

（一）内在型案例研究示例

此处讨论的内在型公共管理单案例研究的第一个例子是索尼（Soni，

2000）对美国环境保护署区域办事处的研究。该研究关注的是工作场所的多样性以及工作人员对授权意识方案的态度。索尼首先确定了员工如何看待工作场所的多样性，然后观察员工是否支持该机构的管理—发展计划。该计划旨在提升员工对组织中种族、年龄和性别多样性的接受度。这包括五年战略计划中对多样化管理计划的要求以及地方或机构团体层面的多样性目标。

对这个单案例的分析使得索尼（2000）得出了这样一个结论，即工作人员接受和支持多样性的程度远低于已发表文献所宣称的理想程度。此外，多样性管理方案似乎不仅在改变员工对差异的敏感性或他们对多样性的接受和评价方面作用甚微，而且对于减少员工的刻板印象和偏见以及其他基于该方案设定的任何目标方面的影响也很小。

研究者不应依循索尼进行的案例研究结论来影射其他或相关组织中的类似行为或状况。案例研究的结果仅适用于所检验的组织或群体。不能或不应该从结果中得出任何推论。索尼（2000，407）以在文章的结尾处添加警告的方式，反思了该方法可能的局限性："在本案例研究中发现的种族和性别影响可能是许多特定组织特征的结果，并且被认为不能代表其他组织。"

（二）一个小规模内部全面质量管理案例

在小规模内在型单案例研究的公共管理示例中，波伊斯特和哈里斯（2000）检验了宾夕法尼亚州交通运输部成熟的全面质量管理计划。该计划从1982年引入质量圈开始，随着质量理念融入组织文化的各个层面，全面质量管理计划发展成为宾夕法尼亚州交通运输部的重要战略力量。

波伊斯特和哈里斯（2000）指出，该部门的经验是其他机构效仿的一个范例——是案例研究的关键目标之一。他们在研究结论中声称，在过去的15年内，该部门专注于质量和客户服务的核心价值以实现自我转型。他们补充说，他们希望在了解了宾夕法尼亚州交通运输部经验之后，可以对已经开始转型的其他公共机构有所帮助。

47

（三）单个州、单项目的内在型案例

一个内在型案例研究的主题是华盛顿州政府的部门绩效和服务供给

45

改进（Campbell，2004）。在州长加里·洛克（Gary Locke）执政期间颁布了一系列提高生产率的项目，被描述为州政府采取的一种绩效驱动的方法。其中包括1993年《预算和会计法》、2002年《人事制度改革法》、政府重点项目计划（该计划通过机构来匹配预算编制机构并提供战略性的预算编制过程）、私营部门绩效管理咨询，以及部分绩效管理、可持续性和与质量相关的行政命令。

尽管没有试图尝试发展或提供某一行政管理理论，但该案例的确从洛克州长的执政记录中总结了一些教训，可能有助于其他州长施政：

- 利用州长办公室这一"最佳讲坛"（bully pulpit）使公民参与政府工作。
- 应用基于战略的方法编制预算；招募其他民选的州政府官员，以编制定期向州公众提交的报告。
- 为政府制定明确的议程；使内阁官员参与整合机构战略和资源配置决策以匹配议程。
- 支持公务员制度改革；在州政府雇员中发展基于绩效的文化。
- 采用通用的数据架构，在全州范围内整合系统以实现政府与公众的无缝链接，并减少重复数据的输入。
- 支持应用企业管理和战略管理的方法来提供行政或支持功能。
- 酌情采用其他行业的最佳管理实践。

五 工具型案例研究

当公共管理研究人员想要对通常涉及多个单位或组织的特定问题有更深入的了解时，可以使用工具型案例设计：因此与内在型案例研究相比，工具型案例研究规模更大。在这种情况下，这一题材案例被寄予厚望，希望对于更好地理解感兴趣的主题做出更大的贡献。具体例子包括组织绩效评估程序实施、电子政务和其他技术提升型服务供给计划以及通过外包选定的政府服务等案例研究。在这些以及与之相似的研究中，案例本身是次要的兴趣点，进行案例检验有助于提高对现象而不是对组织的理解。第一章中提到的美国总务管理局地区办事处工作人员态度的案例研究即属于此类。

（一）工具型案例研究的示例

1999年，一项大规模单案例研究的主题是对自然灾害规划的分析和蒙特塞拉特岛约7000名居民在长期休眠的苏菲里耶尔火山喷发后的疏散工作。基德（Kydd，1999）描述并分析了该火山自1995年7月开始的五次标志性喷发前及喷发期间发生的项目规划活动。

蒙特塞拉特岛是加勒比海背风群岛中的一个岛屿，自1632年以来一直归属英国。火山喷发产生了超热干岩与热气混合而成的火山碎屑流。一连串的热流将首府普利茅斯城掩盖在四十英尺的泥土之下，摧毁了岛上的机场，夺走了20多人的生命，并迫使该岛南半部的所有居民撤离。1902年附近的马提尼克岛上的火山发生了一次类似的喷发，导致了28000名岛民死亡。从1996年开始，大多数人口被转移到了邻近的岛屿、美国或英国。

蒙特塞拉特岛的案例研究者首先确定受影响的人口规模，然后对人口需求进行评估，确定何时何地需要开展方案规划活动，并对人口进行了调查，以确定撤离到英国的公众心理和社会心理需求。由于大规模的迁移，这些问题都浮出水面。基于这一情境性分析，作者为救援机构及工作人员制定了一套搬迁指导方针，并分析了项目规划和评估方法的应用。最后一个要素是准备一套方案规划和评估原则，以备在其他自然灾害和大规模人口疏散中使用。

（二）蒙特塞拉特岛案例以及案例研究的五个关键要素

蒙特塞拉特岛案例研究报告遵循应国瑞（1994）所提及的案例研究设计的五个关键要素：

1. 研究所依据的问题框架
2. 研究命题
3. 分析单位
4. 将数据与命题联系起来的逻辑
5. 解释调查结果的标准

研究人员通过回答以下五个研究问题来对应这五个要素：

1. 参与项目的团体和个人是谁？
2. 方案规划和评估过程是如何进行的？
3. 项目活动的结果是什么？
4. 人们对参与项目有何反应？
5. 方案规划和评估过程的调适版本在多大程度上符合确定的标准？

在构建问题上详细说明命题的目的是帮助研究者专注于应该研究什么。在部分研究中，这些命题可能被列为研究者的假设。在蒙特塞拉特岛案中，这些命题包括以下陈述：（1）哪些主题应包括在研究中，哪些不包括在内；（2）为什么研究主体应该是已经搬迁到英国的公众；（3）为什么需要进行评估，在何时和何地提出评估，预期会发生什么结果以及为什么会发生；（4）搬迁及其后果会导致什么反应和后果，（5）在解释所收集的调查数据时将采用哪些（客观和主观）测量方法。

（三）蒙特塞拉特岛案例的分析单位

分析单位就是案例本身。这种界定分析单位的过程是一个"在案例研究之初就困扰着许多研究人员的问题"（Yin，1994，21）。在许多可能的形式中，案例可以由单个个体或群体组成。它可以是一个项目、一个决策、一个项目的实施或一个组织的变更。在蒙特塞拉特岛案例中，被调查的个体不是分析单位。相反，在这项研究中，案例研究是为他们和未来的搬迁人口制定搬迁指导方针的项目规划和评估过程。根据应国瑞的观点，作为普遍规则，定义分析单位与研究者对原始案例问题的界定方式有关。

应国瑞（1994）描述的将数据与研究命题链接起来并规定解释研究结论标准的步骤是案例研究中发展最少的要素。链接数据涉及研究人员的想象力，即理论假设或理论是命题的基础。例如，如果是决策分析型的案例，则可以在数据分析中检验一种或多种决策制定理论。通过清晰列举支持五个研究问题中的每个问题的命题，蒙特塞拉特岛案例的作者达到了这一研究要求。客观和主观测量都是解释所收集数据的标准。数据通过个人访谈和调查问卷中开放式和封闭式问题的回答得以收集。

六 集体型案例研究

在这一设计中,几个个案被整合为一个群组加以研究,因为相信这一整合能有助于更好地理解现象、人群或某些普通的组织状况。这种案例形式的另一个名称是多位点定性研究(Yeager,1989)。集体型案例研究设计存在两种变体。第一个是传统的多案例设计,第二个是荟萃分析设计。第五章将更详细地研究多案例研究设计。荟萃分析设计是对案例研究的研究,具有最广泛的案例研究规模。荟萃分析将在第七章中详细讨论。

七 双层案例分类系统

规模特征和研究范围使得案例研究划分为两层分类系统成为可能。该分类系统首先包含研究中的案例数(单案例或多案例设计),其次包含构成分析现象的次级分析单位数量(单个或多个单位)。这些特征形成了四种类型的案例研究设计:单案例/单个单位设计,单案例/多单位设计,多案例/单个单位设计和多案例/多单位设计。单个分析单位的案例研究是整体式设计,包含多个单位以进行分析的设计是嵌入式设计(Yin,1994)。

(一)整体式单案例设计

在整体式单案例设计中,研究人员关注的是一个完整的分析单位的分析,没有独立分析的子单位。理解这一设计的关键在于,只有一个单一、完整的单位才是案例的焦点,组织或单位是作为一个整体进行研究。一个城市部门新客户管理软件系统实施的案例研究就是一个整体设计的例子。另一个例子是对单个社区或单个州的福利服务对象群体影响的案例研究,这种影响是由一个或多个以信仰为基础的非营利组织投递服务所造成的,它导致政府公共服务供给系统转变为合同制形式。

(二)整体式多案例设计

当案例研究包含多个案例时,可以使用整体多案例设计。例如,美国国土安全部于2001年9月11日恐怖袭击发生后立即成立。超过20个组织从其他部门中撤出合并,成为这个新成立的内阁部的下属单位。对国土安全部应用绩效管理流程和技术的案例研究，从逻辑上可以包括对现国土安全部管理多个部门的评估。该研究将涉及对这一概念、现象或计划的研究，但这一研究是对国土安全部现在管辖的多个机构进行概念、现象或计划的分析。应国瑞将此研究描述为一项包含多个整体式研究分析的案例研究。

（三）嵌入式单案例设计

在此设计中，研究人员进入到多个参与分析单位，以帮助理解单案例。举例来说，研究者有兴趣对卡特里娜飓风（Hurricane Katrina）期间和之后政府机构的失败进行案例研究。对卡特里娜飓风的影响的研究是单案例研究。灾难期间和灾难发生之后所涉及的每一个规模或层级的政府机构，都是整体分析中的一个子单元。这种情况符合嵌入式单案例设计的要求。但是，如果无法识别任何单个子单元，整体的单案例设计将是恰当的设计。

（四）嵌入式多案例设计

这是应国瑞所定义的最复杂的案例设计。它涉及多个案例，每个案例都包含分析的多个子单位。每个案例或每个子单位本身都可以视为案例研究。例如对地区公共交通部门的研究。举例来说，对波士顿、芝加哥、洛杉矶、纽约和西雅图的公共交通部门的研究就是此类案例。每个机构都从联邦政府部门获得资金，从某些地区获得特定资源（例如城市、县或地区）。每个交通运输组织的使命和网络在规模、类型、存续时间以及治理结构上都各不相同。因而，可以为每种情形确定多个子单位。如果不分析这些子单位，我们对单个系统和集体面临的问题的理解将受到严重的限制。

八 影响设计决策的因素

三个特性有助于决定使用单案例设计还是多案例设计。首先，当案例主体被认为是关键案例时，单案例方法是最合适的方法。这是指这一种情形，即在这种情况下，研究者可以使用已经充分发展的理论进行研究，并具备被认为是正确的明确假设或命题。在这种情形下，单案例研究的目的是"确认、挑战或扩展理论"（Yin，1994，38-40）。

其次，当被研究对象被认为是极端或独特时，应使用单案例设计。在这种情形下，这一案例呈现的现象非常罕见以至于本质上值得探讨时，就会发生这种情况。应国瑞举了临床心理学的例子，但是，这一设计当然不仅仅局限于该学科。例如，在公共管理领域中，新政策的执行管理存在问题或失败时很容易达到这一类型案例研究的要求。

当案例揭示的信息在确定此案例之前可能一直隐藏或未被完全理解时，应使用单案例设计。应国瑞称这种类型的案例为启示性案例，因为这一案例分析揭示了其他未知的信息。在某些方面，这种案例设计类似于调查新闻。

选择多案例设计的决定类似于在自然科学中进行多次实验的决定。但是，在多案例设计中，附加或后续的"实验"都作为同一个多案例项目的一部分进行。因此，

> 使用多案例研究的基本逻辑是相同的。但是，出于可预测的原因（理论复制），必须仔细选择每个案例，以使其（a）预测相似的结果（原样复现）或（b）产生相反的结果。在多案例设计中有效安排六到十个案例研究的能力，就如同对相关主题进行六到十个实验的能力。（Yin，1994；原文中此处着重强调）

小　结

案例研究是对一个或几个典型的个体、家庭、事件、时间段、决策、过程、程序、机构、组织、团体甚至整个社区的深入研究。

根据案例的总体规模，确定了三种类型的案例研究：内在型、工具型和集体型的案例研究。内在型案例研究，在范围上最窄，且当研究者希望对主题案例自身有更好的了解时，才会使用。当研究者希望对特定问题有更深入的了解时，可以使用工具型案例研究。集体型案例研究是一个多案例设计，将个别案例放在一个组一起研究，因为相信它们可以有助于更好地理解现象、群体或某些一般组织的情形。这类案例的另一个术语是多位点定性研究。

案例研究还可以根据其范围划分为单案例、多案例和荟萃分析研

究。行为科学和行政科学（包括公共行政）中进行的大多数案例研究都是单案例研究。但是，在公共管理研究中，多案例研究正变得与单案例研究一样普遍。例如，当研究者有兴趣检验某个现象的研究报告在一段时间内的文献变化趋势时，第三个模型，即对许多案例的荟萃分析是合适的。

第五章 多案例研究设计

> 多案例研究是一项特别的工作,旨在检验具有较多案例、局部结构或成员的事物。我们研究的这些部分,可能是它的研究者、委员会、项目,或事物在不同环境中的表现形式。
>
> ——罗伯特·E. 斯塔克(Robert E. Stake,2006)

尽管大多数案例研究都是围绕着单案例的深入分析构建而来,但多案例设计也很常见。多案例设计或是将一个案例与另一个案例进行比较,或是集中分析一个以上的案例,以期获得对关注现象的更进一步理解。公共管理的比较案例研究基本上都是多案例研究(Jun,1976 and 2000;Kaarbo and Beasley,1999)。本章介绍了多案例设计,下一章将更详细地讨论多案例研究的实施过程。

多案例研究是单案例设计的一种变体,都是基于相同原因进行研究,并且都采用了相同的数据收集方法。但是,当从单案例中获得的证据不足以发展新理论、检验现有理论或有效地证明研究人员所希望揭示的案例原理时,就会选择多案例研究设计。

斯塔克(2006)指出,多案例研究没有明确的案例数量规则要求,但如果多案例研究包括 4 个以上但少于 10 个案例时,研究者就能够进行最好的研究工作。少于 4 个案例通常不能为研究者的研究问题获得有价值的研究结果提供效度。当案例数量攀升到 15 个或更多时,可能导致案例之间相差甚远,且与研究问题缺乏足够的相关性,它们可能为研究人员和读者提供了过多的变异性分析。

一 将读者转变为参与者

罗森瓦尔德（Rosenwald，1988）在《人格杂志》上发表了有关多案例方法的论文，证实了他呼吁要在行政学和社会科学（如公共管理）中开展更多的多案例研究的理由：

> 多案例方法旨在达到这样一种教育效果。它旨在使读者成为参与者，从而帮助他们阐明自己的生活。除此之外，它还试图聚焦于某些棘手问题，尤其包括沉默和困惑，这些阻碍了读者和参与者改变他们生活（和解决手头难题）的努力。这些障碍可以看作是另一种社会对象……应该清楚的是，我们的最终兴趣点是多数个体。这必然意味着社会性理解和重建。但是，要了解社会性世界对个体的意义，我们必须比以往要更多地与他们商谈。（Rosenwald，1988，263）

大多数公共管理者在执行治理任务时必须处置的问题也可能被视为社会问题。这些问题之所以具有社会性，是因为它们通常会对一个或多个群体产生某些影响。这些群体可能是组织的其他工作人员，也可能是广泛分布但在类似情况下需要做出决定的相似组织中的其他行政人员。该群体还可能是选区的行政管理人员或工作人员。

罗森瓦尔德（1988）坚信，普通公众通常会最小化、忽略乃至否认社会问题。这种缺乏兴趣的消极共识倾向使得行政组织中的问题永久化。当这种态度盛行时，管理者可能无法解决这一共识所造成的僵局。

开展多案例研究而不是仅关注单个案例，通常可以帮助管理者或研究人员找出潜在问题。这有助于案例主体和行政人员双方达成解决方案。此外，即使一个问题被一个群体中的个别成员所承认，它也会像个体在群体内一样，以其他不同的形式出现。通过观察更多公众对问题的看法，多案例研究可以确定共性和核心概念，进而形成问题框架。

罗森瓦尔德（1988）强调，不可能从单案例研究中发展出具有社会意义的知识。而且，多案例研究不是，也不应被仅仅视为单案例研究的集合。深度的单案例分析说明，单案例研究对于案例"是什么"，即一个深度单案例分析很重要。从单案例研究中获得的信息不能起到推论作用，也不能用于假设检验。相反，它有助于提供更多的理解。他得出的研究结论是："充其量"，多案例研究"可以澄清个人和社会经验。"在诸多情形下，这可能已经足够了。

二　多案例方法的一些优缺点

与单案例设计相比，多案例设计既有优点也有缺点。

优点包括以下几点。

- 多案例研究的结果可能比单案例的研究结果更有说服力。
- 从科学的角度来看，多案例设计可能更"稳健"，也就是说，具有更令人信服的证明，同时，设计也更加灵活。

缺点包括以下几点。

- 相较于单案例设计，研究者选择多案例设计的理由可能不如单案例设计有说服力。
- 与典型的单案例设计相比，多案例设计可能需要更多的资源，并且可能需要更多的时间才能完成。

三　多案例研究的三种类型

本章讨论了三种多案例研究的研究设计类型，即比较式、阐释式和纵向式多案例研究。比较式研究侧重于概念、过程或其他类似现象的个案应用结果。结果需要比较——通常是逐项比较，以确定最佳做法供其他人效仿。阐释式设计是单一案例方法的延伸。在这里，重点是发展对一个问题或现象的更深入的理解，通常是为了产生或检验一个理论。因此，选择纳入研究的案例就显得尤为重要。纵向式设计通常用于研究一段时间内进行的少数个别案例，以确定和揭示条件或事件的变化。纵向式多案例设计的目的是尽可能地将注意力集中在经验、环境、条件、现象或事件的某些方面，以便扩展、剖析和详细描述现象的核心维度。这类研究的目的通常是发展理论，同时还阐明某些过程或程序的应用（Schneider，1999）。下一节将更详细地讨论每种设计。

四　多案例比较设计

多案例研究设计通常用于将一个或多个案例活动的研究发现与在其

他案例中执行相同活动的方式进行比较。这种比较方法是政治学及其他许多分支学科（包括公共行政或公共管理）的主要研究设计之一。彭宁斯、克曼和克莱因尼恩休斯（Pennings, Keman and Kleinninjenhuis, 1999）认为，为了达到个体认同层面上对公共生活中发生事件的合理解释，人们在吸纳外部环境的信息交流时会使用"比较的艺术"。他们对多案例比较方法得出了以下结论：

> 因此，"比较的艺术"是发展有关社会和政治知识的最重要基石之一，也是深入了解什么正在发生、如何发展，以及更多情况下，为什么是这个案例以及对我们所有人意味着什么的程式化描述。简言之，比较是我们体验现实的方式和组成部分，最重要的是，它也是我们如何评估它对我们和他人生活的影响的一部分。（Pennings, Keman and Kleinnijenhuis, 1999, 3）

（一）多案例比较方法的定义

卡尔博和比斯利（Kaarbo and Beasley, 1999, 372）在他们撰写的政治学、政治心理学以及公共管理等学科的比较案例研究文章中，将多案例比较方法界定为"通过案例研究方法对两个或多个（案例）进行系统的比较。"他们在梳理文献后的分析表明，政治学发表的比较研究大多集中在跨国政治的比较层面，对公共行政或公共管理等次级领域的研究较少。他们建议计划进行比较案例研究的研究人员遵循以下六步程序。

1. 确定一个或多个具体的研究问题或集中比较多个问题。
2. 从现有理论中识别变量。
3. 在确定的基础上选择案例进行分析和比较。
   a. 案例的可比较性；
   b. 关注的问题中存在可测量的差异化案例；
   c. "总体"的子群体中具有代表性的案例。
4. 构造案例编码簿并定义（"操作化"）所选变量。
5. 从收集的证据中记录编码数据，并分析案例数据。
6. 比较和说明是为了发展或检验理论。

（二）多案例比较研究的示例

在一项针对经济发展的研究中，耶格尔（Yager，1992）使用多案例比较设计评估了将技术从分属四个行业的公司转移到中国香港、新加坡和中国广东省的分支机构的情况。他的研究目的是确定国际技术转让的模式以及发生转让的情境。选择的行业包括运动鞋制造、食品加工、电子和建筑材料。背景变量包括技术供应商的母国、技术接收者所在国、两国政府之间的关系以及供应商和接收者公司运行的全球行业的特征。耶格尔的案例比较分析明确了促进或阻碍技术转让的一系列条件因素和关系。

耶格尔（1992）指出，在如此复杂和不断变化的利益领域进行研究需要灵活地研究经济、社会和政治环境，以及有能力去综合考量国际商业中存在的复杂关系。他总结说，案例研究法特别适合这种情况。

（三）比较标杆项目

安蒙斯、科和隆巴尔多（Ammons，Coe and Lombardo，2001）使用多案例方法比较了三个公共部门标杆项目的成功。其中两个项目是国家级项目，剩下的是一个州政府项目。第一个项目是由创新集团赞助的一个名为"1991"的项目，目的是收集全国各市县的绩效测量信息。

这些信息最终被纳入国家绩效标杆信息网络，最终该网络被命名为绩效标杆中心。该项目给每位参与者支付 750 美元的费用。尽管这项工作对最初 43 个项目进行评估时雄心勃勃，但最终这些信息的潜在用户的参与度和热情都令人失望。

安蒙斯、科和隆巴尔多（2001）的研究结论是，这三个项目都未能取得甚至接近参与者期望值的结果，许多人认为计划成本超过了任何收益。在对这三个案例进行比较分析的基础上，作者建议，未来类似项目的管理者在购买项目之前，应该确保参与者对标杆定位存有符合现实的期望。

五 诠释性多案例设计

多案例设计还用于研究案例集合，以加深对所关注现象的理解——罗伯特·斯塔克（Robert Stake，2006）称之为"靶标"。由于多案例设计包括在多元化情境设定下选择一组功能性构件或单元组的研究，这些功能性构件或单元组具有不同的资源和操作环境，所以每个部分都有助于扩大这种理解。显然，研究中每个所选案例都有自己的一组问题、关系网络和其他特征。只有通过研究整体的每个组成部分，研究者才能对整体形成理解。因此，

> 我们寻求对"靶标"（更大的整体）的准确理解。我们力求使用大量非技术性的描述和叙事来全面描摹案例。我们的观察无助于对案例的阐释，但是我们会用描述来装点，而阐释会紧随其后。我们为读者提供了他们自己对"靶标"生成诠释的机会，但同时我们也提供了我们自己对案例的诠释。（Robert Stake, 2006, vii）

（一）一个诠释性案例

法莱蒂（Falleti）在 2005 年对拉丁美洲分权的多案例研究就是一个诠释性案例研究的例子。作者提出了一个可以取代或强化现有理论的框架，其目的是加深对分权现象的理解，而不是比较机构或辖区完成任务的程度有多么不同。该案例研究的核心问题是：拉丁美洲的分权是否导致行政官员、州长和市政府之间的权力平衡发生预期变化。

在描述了分权带来利益的自由主义和经济理论之后，作者提出了"分权序贯理论"作为替代方案。自由主义理论认为，分权可以通过将权力下放给地方政府来帮助扩大和加强民主。那些遵循地方支出市场理论的人认为，因为能更了解地方需求和偏好，政府的权力下放可以改善资源分配。

本案例研究确定了三种类型的分权：行政分权（转移社会服务的管理和供给政策）、财政分权（旨在增加国家以下各级政府收入或财政自主权的政策）以及政治分权（宪法修正案和选举改革以增加国家以下政府的代表性）。每种类型都有自己的分权讨论范围和成功程度。分权序贯理论表明，分权过程按顺序经过两个或多个步骤。

随后作者描述了 1978 年至 1999 年阿根廷、巴西、哥伦比亚和墨西哥的政府分权程度。接下来是对哥伦比亚和阿根廷采取的截然不同的极端分权方法进行深度比较。研究设计如表 5-1 所示。

表5-1 多案例设计中案例元素应用

处理步骤	政府分权案例
构建研究问题	权力下放是否导致行政官员、州长和市级层面的政府之间的权力平衡发生预期变化？该研究提出了分权的定义，认为它是一个涉及对内容和政策执行进行政治谈判的多维过程，从而导致国家、省和市级权力的共享
定义关键结构	关键结构的界定包括分权及其三种形式：行政、财政和政治分权；分权是一个过程；分权顺序以及拉丁美洲的政府间权力平衡
定义分析单位	在这个案例中，分析单位是拉丁美洲大国（阿根廷、玻利维亚、巴西、智利、哥伦比亚、墨西哥、巴拉圭和秘鲁）。该研究首先比较了阿根廷、巴西、哥伦比亚和墨西哥的分权活动，然后重点比较了阿根廷和哥伦比亚的分权进程。所测量的具体单位包括两个聚焦国内分权成功和失败的历史报告
收集数据	数据收集是通过对政府文件、已发表的学术文献和大众文学、学术期刊文章和书籍以及对重点研究的国家的个人访谈。对涉及英语和西班牙语的不同资料来源都进行了查证
分析数据	数据分析方法和过程未在公开文本中描述
准备并提交报告	该报告由法莱蒂（2005）作为多案例比较研究报告编写

资料来源：法莱蒂（Falleti，2005）。

哥伦比亚在1986年开始分权，并获得了贝利萨里奥·贝坦库尔（Belisario Betancur）总统宪法修正案通过的支持。这项立法在100多年来首次要求民众选举市长。修正案之前，总统任命了地区长官，并由地区长官任命了当地市长。

行政分权之后是财政分权。政府之后进行了一系列改革，使地方长官可以更好地控制本地资源。从当时所有衡量标准来看，哥伦比亚的权力下放是成功的。

然而，阿根廷政府的分权行为是另一个故事。在那里，权力下放走的是一条全国性的道路。依循这一路径，1978年掌权的军政府颁布法令，将所有的国家幼儿园和小学的行政控制权移交给各省。追溯到法令实施的第一年，尽管学校既没有转移收入也没有转移财政权力，仍有约6500所学校（它们拥有65000名雇员和90万名学生）从国家转移到地方行政部门。联邦预算被临时削减了超过2亿比索。

十年后终于进行了财政分权。1987年中期选举后，执政党在众议院失去多数席位，总统同意州长改变税收收入分享的分配要求。随后的政治权力下放始于1994年，当时布宜诺斯艾利斯市被赋予政治自治

权。但是，其他本来会增加政治权力下放的立法却未能通过。结果是，

> 阿根廷的行政、财政和政治改革顺序导致州长和市长的相对权力发生了微小变化。支出份额增加了，但是比哥伦比亚、墨西哥或巴西经历的变化要少……尽管实行了分权政策，将责任、资源和权力转移给了地方政府，但改革的顺序意味着阿根廷的政府间权力平衡仍然没有变化。与1976年之前的情况相比，州长获得了更多的职责和更少的财政资源，而其政治权威没有变化。（Falleti，2005，343）

（二）城市多案例诠释性研究

另一个多案例诠释性研究示例是绩效评估中心案例。该案例涉及一项对国际城市管理协会赞助的一项国家计划的研究。该计划始于1994年，由人口超过20万的34个城市和县组成。绩效评估在以下四个核心服务领域中进行集中和共享：警察服务、消防服务、邻里服务和支持服务。其中，邻里服务包括法规实施、住房、图书馆、公园和娱乐、道路维护、垃圾收集和街道照明服务。

六 纵向多案例设计

纵向研究的目的在于，评估此类结果和新的联邦政策或计划的长期影响，州政府/地方政府对现有政策或计划的强制性变更的执行情况，以及一段时间后才能评估的其他行动。在这些研究中，基本设计通常是诠释性研究。研究者希望了解变化的影响，或者政策、计划的目标在实施期间是否保持不变，正如里斯特（Rist）警告说：

> 一个信息一次又一次地被反馈给决策者：不要想当然地认为，通过政策建构或实施倡议，在执行过程结束后就自然得到想要的结果。计划和政策进行了无数的中途修正，不断地进行调整，在资金水平、工作人员稳定性、目标人群流动、政治支持、社区接受度等方面做出改变。（Rist，1998，414）

纵向多案例研究实例

韦恩伯格（Wineburg，1994）进行了一项纵向多案例研究，研究了信仰型组织越来越多地参与到地方层面的人力服务提供。纵向研究将圣公会视为开放系统，以诠释其公共使命取向。研究中的六个案例均来自北卡罗来纳州格林斯堡的传统主流教会，所有人都是格林斯堡教会和社区论坛的成员。韦恩伯格发现，圣公会越多地成为合同服务提供者，他们越能表现出对当地福利改革问题的道德影响力，他们在政策决策中作为地方权力掮客的作用也就越大。

凯莉和瑞文巴克（Kelly and Rivenbark，2003）在他们的书中强调了另一个纵向的多案例比较研究，该研究涉及州和地方政府的绩效预算。他们检验了一项始于1994年北卡罗来纳州的地方政府改进计划。该计划的目的是向该州的城市经理提供绩效报告。到1995年，地方政府改进计划已发展成为北卡罗来纳州的地方政府绩效管理项目，由北卡罗来纳大学教堂山分校的政府研究所负责运营管理。到1997年，已有35个市县参加该项目。

小　结

多案例设计用于比较两个或多个案例，以便在一组类似案例中收集更多的证据。多案例研究是单案例设计的一种变体，出于相同的原因和采用相同的数据收集方法。当从单个案例获得的证据不足以发展理论、检验现有理论或有效地说明研究者希望揭示存在于案例中的原理时，则选择多案例设计。

本章回顾了三种不同的多案例设计：比较式、诠释式和纵向式。比较研究通常被视为识别现象的最佳做法。传统上，诠释性研究是当目标是为了发展或检验理论而对现象有更深入的了解时所采用的设计。就纵向方法而言，研究者通常在长时段纵向研究中，使用多案例研究方法来识别和揭示条件或事件的变化。

第六章 单案例和多案例研究入门

> 为了研究一个案例,我们会仔细检验其功能和活动,但是案例研究的首要目标是理解案例。随着时间的流逝,我们可能会继续研究其功能并将其与其他案例联系起来。我们需要及时找出案例何以完成。根据定义,案例研究中主要参照物是案例,而不是案例运行的方法。
>
> ——罗伯特·E. 斯塔克(Robert E. Stake,2006)

案例研究是对一类现象中的一个或小部分案例进行较为详细检验的研究方法。它可能涉及多种不同的数据收集方法,但更可能涉及个体访谈、参与者观察和/或文本或其他档案材料的分析。与其他方法一样,案例研究可用于探索性、描述性或解释性目的(Johnson,Joslyn and Reynolds,2001)。本章描述了研究人员在单案例和多案例研究设计中应遵循的流程。

一 单案例研究过程

戈登和肖恩茨(Gordon and Shontz,1990)提供了可以依循的一套指导原则以处理(他们称之为)**代表性案例**研究——我们现在称之为单案例研究。代表性案例研究的重点是个体单位,例如成员、政府部门、问题情形或领导风格。

这些类型的案例研究涉及对分析单位的深入研究,以了解管理人员个体或管理部门如何在特定条件和情境下处理环境、经验、流程和事件。因此,在研究公共部门工作人员如何执行所分配任务、处理不确定性以及应对危机情况时，案例研究是值得依循的适当方法。该过程包括图 6-1 展示的八个步骤。

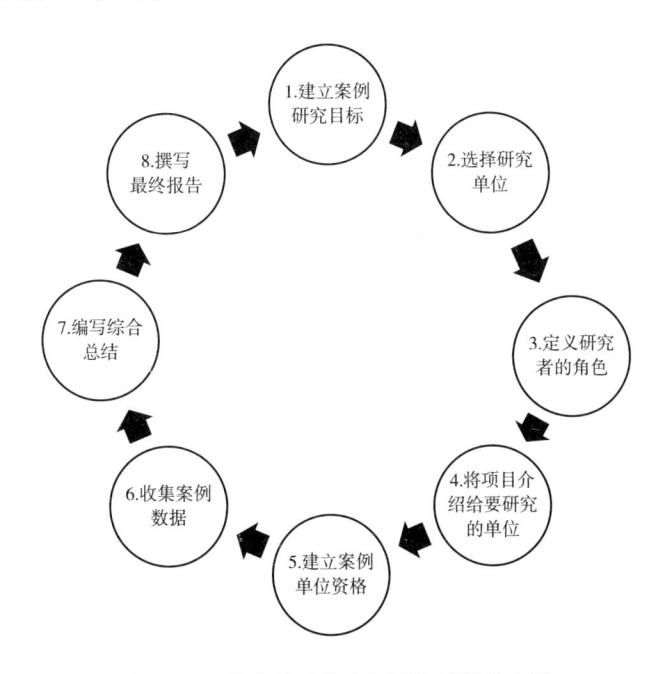

图 6-1 代表性或单案例研究过程的步骤

（图中八个步骤：1.建立案例研究目标；2.选择研究单位；3.定义研究者的角色；4.将项目介绍给要研究的单位；5.建立案例单位资格；6.收集案例数据；7.编写综合总结；8.撰写最终报告）

讨论遵循典型案例研究过程的八个步骤，有两个案例研究的示例值得关注，一个是汤普森（Thompson，2000）对美国社会保障局在 1993 年《国家绩效评估法》（NPR）通过后的四年间绩效管理经验进行的回顾（《国家绩效评估法》于 1997 年更名为《国家政府创新伙伴关系法》。然而，在撰写本案例研究报告时，NPR 的首字母缩略词仍在普遍使用）。

当《国家绩效评估法》于 1993 年由总统比尔·克林顿和副总统艾尔·戈尔发起时，这部法律规定了四项指导原则：（1）减少政府的繁文缛节，包括联邦预算过程的精简高效和人事决策的权力下放；（2）把客户（公民）放在第一位；（3）给予一线员工更多的行动自由但伴随着更强问责，从而提升员工的绩效；（4）通过整合外地办事处、减少机构内部和机构之间的重复从而回归基础功能，通过更多的技术使用来提高生产力（Nester-czuk，1996）。

(一) 明确进行案例研究的原因

所有的研究都应该从全面描述研究处理的问题或概念开始。这意味着您必须详细说明理由或这个案例研究为什么这么重要。否则，为什么要研究？案例研究几乎总是旨在提供有关事件、问题或情况的信息，为相关主体的情况和经验提供指导，并成为范例。因此，研究问题必须对学科知识水平产生贡献。

汤普森（2000）选择社会保障局进行个案评估，以评估该局如何完成国家绩效评估的再造任务。他评估的关键要素包括衡量国家绩效评估是否（1）减少了员工数量，（2）提高了机构的效率，（3）降低了成本，（4）改革了行政体系和分权，（5）改善了客户服务，（6）改变自满和权利性的组织文化，（7）授权一线机构员工，（8）重新设计工作流程以提高生产力。

汤普森（2000）指出，案例研究方法的优势在于它"有利于对因果关系的理解，从而有助于回答'为什么'的问题。"他的关键问题是："尽管如此……经过五到六年的努力，国家绩效评估（the National Performance Review，NPR）为什么还没有实现它旨在实现的重要的重塑目标呢？"

(二) 选择要研究的单位

研究单位可以是一个人、办公室、部门、管辖区、集团、国家、任何利益集团或利益个体。在决定研究哪一个单位时，最好使用一组特征，使该单位成为能够产生有关研究问题或有趣情形的专业知识。

只有当研究者和合作研究者建立了密切的、相互尊重的关系时，这种研究方法才有效。被选择的研究单位中的个体必须足够的"清晰，积极，能够合作和自我反省"，以便为研究者提供有用的信息。因此，在案例的个体研究中，戈登和肖恩茨（1990）将该主题称为共同调查者。如果是团体，这个词同样适用。

之所以选择芝加哥社会保障办公室，是因为它被认为非常适合进行重塑行动，因此是一个有用的、检验重塑政府是否真的有效的案例。研究人员坚信，他们将在研究中发现证据并提供专业知识，以帮助其他行政管理人员了解如何应对类似情况。

(三) 定义研究者的角色

如果有研究团队，则应为团队的所有成员定义角色。由于数据受制于个体解释，所以必须描述进行收集数据的研究团队个体的相关特征（个人特征和职业特征）。此外，还应宣扬进行研究的动机以及研究人员对结果的看法。

汤普森当时是芝加哥伊利诺伊大学公共管理学的助理教授，也是一名外部观察员和采访员。他访谈了31位社会保障局员工，人员范围从一线管理人员、外地办公室管理人员到国家办公室副局长。他还对政府问责办公室和国家绩效评估办公室的官员进行了采访。这些数据是在1997年12月至1999年1月收集的。他还通过对1996年包括社会保障局人员在内的所有联邦政府人员进行功绩原则调查问卷的形式，收集了二手数据。

（四）将项目介绍给研究单位

单位内的受试者或个人以专家的身份在研究单位中的事件、情境、活动和生活经验中扮演着功能性角色。研究人员是受过训练的调查员，负责寻找针对研究问题的答案。除了提供正式的书面同意函件外，还必须确保受试者具有匿名性，并有权随时退出研究。他们还必须知道，如果出于任何原因撤销了研究许可，那么到那时为止的所有记录都将被销毁。

汤普森在与地方社会保障局人员进行访谈以及进行电话和面谈之前，获得了"重塑国家合作伙伴关系"政府办公室和国家社会保障局的支持。

（五）确立案例单位资格

先于案例研究开始前的访谈和书面测试可以用于证明所选案例单位能够提供用于本研究的知识和经验。公共行政案例通常提供一个机构成功或失败的记录，或者两者都有，这样，处于相同情况下的其他行政管理人员就不会重复失败的活动，而是会使用他人的最佳做法。因此，案例的主体应该是案例中所发生事件的核心参与者。案例单位还应作为学习问题或主题的（好或坏）示例。

汤普森之所以选择社会保障局，是因为它符合奥斯本和盖布勒（Osborne and Gaebler，1992）清晰阐释的一个机构已经做好再造创新的要求；该机构的技术使其成为一个很好的再造创新的候选者；它是一个"生产"组织，采用"装配线"的方式处理索赔；它有多个管理层，有一个严格的垂直命令链条；工作受到严格的规章制度和管制的指导。因此，该机构似乎是工业时代官僚机构的一个典型示例，在这种官僚机构中，雇员严格遵守标准的操作程序和标准化的服务。

（六）收集案例数据

有关案例信息收集行为是在一系列数据收集的循环中进行和实施的。例如，在一段访谈结束时，研究者应该根据前述的信息准备一系列新问题。这样，研究者可以在较早的记录基础上获得更深层次的理解。这些关于案例单位和主体经验的知识水平的深化也可以用来澄清模糊性。此外，它们可以提供有关某些信息点的更多详细信息，或用于确认早期观测的准确性。

吉勒姆（Gillham，2000）指出，案例研究的数据可以通过多种不同的方式收集，包括但不限于个人深度访谈和群体访谈、参与者或非参与者的观察，或对官方文件和其他已发布或存档的文件或文物的分析。案例研究收集数据的其他方法还包括问卷、物证分析和角色扮演等。

为了将社会保障局的研究结果与所有其他联邦政府机构进行比较，电话访谈、面对面访谈及二手数据资源等多源性案例数据收集得以充分使用。

（七）准备一份综合总结

综合总结是对案例研究期间获得的信息的初步概述。它包括研究者对信息的最初反应，它还用来发出数据收集结束的信号。正如遵循一系列阶段或里程碑的案例报告所说明的那样，这一步骤还应包括准备一个时间表，记录调查期间发生的行动顺序。时间表中的每个时间节点应包括在该层次上取得的关键成就。

通常，这个阶段的研究集中表现为一个或一系列的会议，研究团队的所有成员都对会议讨论有所贡献。这篇综合总结是对整个研究的记录，其特点是通过案例研究进行的深描。同样，对于最终的案例报告来说，它太详细了！它必须被浓缩并合成一个可读的、有趣的报告。由于案例报告中没有讨论这一步骤，所以，无法确定调查结果是否可以与机构行政人员分享。

（八）撰写一份最终报告

案例研究的最终报告应该是研究人员采取的行动和取得的结果的信

息记录。最终报告从执行摘要开始，首先描述开展研究的原因和课题的简要背景，最后讨论从研究中得到的启示或教训。它描述了数据收集的方法和物理环境，包括步骤和关键节点的时间表。最终报告不应该是对所做的、看到的、听到的或所学的一切过于详细的记录，更确切地说，最后的案例报告应该是对研究期间发现的关键主题和话题的信息进行丰富、简明的叙述。大多数已发表的报告还包括进一步研究的建议。

社会保障局案例研究的结果发表在《公共行政评论》（Thompson, 2000）上。针对国家绩效评估未能像支持者们所预想的那样，能够有效地改变组织，汤普森就失败的可能原因提出了卓见。他提供了两个方面的替代性解释：(1) 执行错误，包括政治压力和将资金转用于其他项目；(2) 设计缺陷，包括缩小规模的错误和与国家绩效评估计划相矛盾的因素。

最终的案例报告必须清楚地表明研究人员已经准确地解释了在一个或多个案例中什么会被认知为事实。它还必须包含一些有关替代解释的讨论，以及为什么研究者选择不接受这些替代解释。最后，案例研究报告的结尾应该是一个基于研究人员所采用的解释和理论的合理结论（Yeager, 1989）。

二 多案例研究过程

正如单案例研究项目一样，多案例研究的设计和准备也要经过一系列相互关联的阶段。这些在图 6-2 中进行了说明，从构建研究问题的需要开始。

图 6-2 多案例研究过程中的步骤

（一）构建研究问题

在第一阶段，研究问题必须是**框架性**的，这意味着研究人员必须确定在什么情况下应该研究什么，为什么要研究。**框架化**是一个术语，用于将案例置于参考框架中，也就是说，决定要研究、分析和交流的案例集的具体内容。

例如,研究人员可能专注于一个项目的某些管理或服务供给方面。研究案例的跨组现象通过阐明揭露一些概念,可以更深入地了解实施过程、与实施过程有关的问题、因实施而产生的意外影响或对其他组织的适用性。这种情况下的参考框架是在选定的组织中实施项目。

(二) 选择要纳入研究的案例

研究人员在决定纳入哪些案例和排除哪些案例时至少面临两个挑战(Mahoney and Goertz,2004)。第一个是从所处理的研究问题案例总体中选择适当的案例组。第二个是确立区分相关案例和无关案例的界限。

不同于比较案例研究设计,影响多案例研究进行案例选择的关键特征是案例应该被认为有助于明确加深对感兴趣现象的理解。例如,如果案例涉及地方政府的医疗补助计划管理,则案例应(1)关注具有可比性的地方政府,而不是州或联邦机构;(2)设置关于归属地方管理的医疗补助项目的基本议题。

在比较研究中,区分案例边界比描述性设计更重要。此外,决定纳入哪些案例绝不应只根据案例是否可获得来判断,应该在研究报告早期阶段就确定和阐明一些选择纳入案例的合法标准。

(三) 定义关键结构和分析单位

第二阶段需要定义并讨论关键结构、变量、术语等,以确保在稍后的分析过程中它们再次出现时不会引起混淆。定义或操作相关主题、问题、研究问题和变量是此过程的第三步。

一旦确定下来,这些就成为形成和塑造研究的关键结构。这一步还需要确定研究的所有限制和假设。斯特劳斯和科尔宾(Strauss and Corbin,1998)将这一步骤定义为通过将收集的数据放置在离散的类别来排序的过程。

一般来说,研究结构操作化可以在数据收集之前、期间或之后进行。然而,在案例研究中,这一过程通常发生在数据收集之前。当研究结构操作化是在收集数据之后时,这项研究更适合作为一个扎根理论研究。在扎根理论中,结构和顺序主要从收集到的数据中显现出来。

无论何时进行,研究结构操作化的目标都是相同的:首先,对数据排序和结构化，其次，揭示任何限制或假设。事先排序和结构化将有助于确保在案例访谈和观察期间收集所需的数据。最后，在为案例研究收集数据之前，研究人员将突出的主题或结构操作化，那么在以后数据收集的过程中，组织数据就容易得多。

1. 囊括类别和代码

定义类别还包括为每个类别提供一些描述性信息。在数据上覆盖一个详细的结构还包括添加一些描述性材料以及描述代码和定义类别。这种展示性的描述在编写最终报告时变得很有价值。收集的信息根据已分配到的适当类别进行编码。编码是基于研究人员选择的一组一般属性、特征或维度。

在对定性数据编码的讨论中，斯特劳斯和科尔宾（1998）指出，概念化也是理论构建的第一步。概念是研究人员对重大事件、对象或行为互动的描述。有必要对研究的现象进行命名并将其组织为逻辑类别，以便研究人员可以将相似的事件、事物等分组为具有某些共同特征或含义的通用分组、分类或类别。因此，"带标签的事物"是可以定位、与一组相似对象放置在一起或以某种方式分类的事物。

2. 定义分析单位

此步骤中的下一个活动是定义**分析单位**。这个关键步骤取决于研究者在案例研究的第一阶段如何定义问题。定义分析单位是指确立案例中的"参与者"是个体、团体、邻里、政体单位、司法管辖区还是其他令人感兴趣单位的行为。

公共管理中的许多案例研究都集中在个体单位或个人的行动上，关注人们所关注的两方（二元）关系，小团体或大团体的行为，或者成员行为表现令人感兴趣的组织（Marshall and Rossman，1999）。但是，相关单位也可以是由工作人员、主管或工作团队制定的一个决策或一组决策。研究可以集中于解决类似问题或服务的项目、机构、机构的小型子部门或机构团体。案例甚至可以涉及整个社区、社区中的群体和整个国家。

决定分析单位的是应国瑞（1994）所称的**缩小相关数据**。缩小数据范围可使研究人员将研究重点放在研究目标所确定的主题上。如何将分析单位决策带到数据收集层面，始终取决于研究人员定义研究问题的方式。

例如，一项旨在揭示州精神卫生医院床位数减少的影响的案例研究，可以从几个角度加以解决。首先，这项研究可以记录无法获得治疗的情形可能对一个或一组患者产生的影响。

另一种方法可能集中在关闭医院将对社区治疗中心所产生的影响方面。更具针对性的案例研究可能会将调查范围限定为当地资助的、负责处理客户群意见的慈善组织。一个更广泛的视角是检视地方供给服务资金对基于同一资金池的其他社区竞争性项目的经济影响。显然，定义分析单位是关键的第一步，必须在进入下一步收集信息之前进行。

最后，研究结构操作化要求研究人员确定进行案例研究时要识别每个后续程序，包括数据收集和分析。它还需要确定将要使用的数据编码计划和方法。此过程还包括为后续分析准备一份初步的类别清单。

（四）收集数据

这一研究阶段为收集数据。收集数据可以以多种方式进行。公共行政和政治科学研究中最常用的技术包括对关键信息提供者的深度访谈、简单（非觉察式）或参与式观察以及对内外部文件和其他物理证据的分析。一个好的案例研究的标志之一是为同一项研究选择两种或两种以上的方法（Arneson，1993），这一过程即为**三角互证**。三角互证是指以两种或多种方式研究某一现象以证实研究结果的有效性。下一章将详细讨论每种数据收集方法。

通过访谈收集数据可以采用几种不同形式中的一种。公共行政研究中最常用的形式是深度的个体访谈。个体访谈是研究者与受试者或受访者之间的对话。为了保持对话聚焦，研究人员使用了一个对话指南，其中列出了访谈中要涵盖的关键点。受访者可以自由提供任何想到的答案。访谈的另一种类型结构性更强（即结构化访谈——译者注），其中受访者必须回答特定的开放式问题。

1. 通过观察收集数据

观察有几种形式。在公共管理案例研究中，最常用的是**自然主义**或**简单观察**。马歇尔和罗斯曼（Marshall and Rossman，1999，107）将这种方法描述为"研究选择社会环境中的事件、行为和物证并进行系统的笔记和记录。"研究人员记录发生的事件和行为。在这种类型的观察中，研究人员并不寻求被群体接受其作为其中一员，而是作为一个局外人。当研究人员参加被观察群体的所有活动时，这种方法被称为**参与式观察**。

在案例研究方法中，哪种方法更经常用于调查——个人访谈或简单观察——是一种掷币选择。每种调查方法都有自己的优点和缺点。例如，访谈可以使研究者深入研究某个主题，鼓励受访者提供其行为或观点的原因。但是，这很耗时，并且要求访谈者具有特殊的询问和聆听技能。

长期以来，观察一直是社会科学研究中一种重要的数据收集技术。尽管确实可以将其称为简单观察，但要付诸实施并非易事。根据马歇尔和罗斯曼的说法：

> 观察是所有定性调查方法中基本且极为重要的方法：它用于发现自然社会环境中的复杂互动……但是，这是需要大量研究人员的一种方法。不适、令人不安的道德困境甚至危险、管理相对不显眼的角色所面临的挑战，以及在精细观察大量快速变化和复杂行为的同时，识别"大局"的挑战，都只是其中挑战的一部分。（Marshall and Rossman，1999，107）

2. 通过文档或证据分析收集数据

对文件和档案数据进行研究，通常是为了补充案例研究人员通过访谈或观察获得的信息。这些文件可以是政府的正式记录、内部组织的报告或备忘录，也可以是有关案例主题的外部报告或文章。

在文档分析中经常使用的一种分析技术称为**内容分析**。这个过程可以是定性的、定量的，或者两者兼而有之。文档分析的一个主要优点是，它不会以任何方式干扰或妨碍案例设置。根据马歇尔和罗斯曼（1999）的观点，文件和档案分析不显眼且不随外部环境发生变化，这可能是它最大的优势。

（五）分析和解释数据

定性数据的分析分阶段进行。所有的数据分析固有的一个重要原则是，在分析的每个阶段都要减少数据量。除非发生大量的数据流使得逻辑解释变得不可能。否则研究者可能会被大量不相关的信息淹没。

将数据组织成互斥的类别集是发生数据缩减的一种方式。数据分析人员的主要职责是始终专注于解释可阐明研究问题的信息。这或许意味着，研究人员会忽略一些非常有趣但无关的数据，或者留给后续研究予以检验。

1. 数据分析过程

案例数据分析的研究位置在编写最终案例记事之前，涉及从多个不同角度查看并权衡收集到的数据。这个过程是在一系列步骤中完成的：

（1）定义和重组关键结构。

（2）根据关键结构对数据进行分组。

（3）确定解释依据。

（4）根据数据进行归纳概括。

（5）检验替代解释。

（6）根据案例研究形成或完善理论。

但是，数据分析并不总是按逻辑并有序地进行，还有可能在数据分析过程中同时发生两个或多个活动。此外，数据分析不会简单地以第一组结论结束，应该将数据分析视为循环流程的一部分。

任何一个分析步骤的一部分可以向前推进到下一个或多个步骤，而其他部分，甚至整个部分，都可能与结论相悖，走到死胡同。当这种情况发生时，研究人员必须寻找其他解释，对照在操作化阶段演变的主题进行检验，然后得出新的不同结论，或者调整主题和类别以反映数据的真实性。

2. 解释案例数据的过程

案例研究人员必须从主观角度出发，解释他们在一个或多个案例组中的所见所闻。他们必须与他们所研究的群体中的个体密切互动，经常成为所研究现象的积极参与者（Lee，1999）。通过这种方式，他们不仅能记录下他们的所见，而且能够将他们对群体或组织互动的解释置于社会情境之中。

对案例研究中所收集的数据进行解释的目的是加深人们对感兴趣现象的理解。此外，案例研究也是绩效分析行为以及识别公共组织的最佳做法和范例。

3. 客观性问题

定量研究方法的基础——研究者保持客观性——与案例研究并不相关。案例研究人员并不被期望成为一个无偏见、不显眼的观察者，他们只报告发生了什么或听到了什么。另外，调查研究人员应该与他们所研究的群体保持刻意的距离和客观性，以避免对他们所看到的群体做出价值判断，因为他们的目标是衡量行为。案例研究人员试图理解行为及其发生的情境。

（六）准备并提交调查结果报告

这个过程的最后一步是对案例进行全面的叙述。叙述是对研究中的项目、个人、组织、办公室或机构的描述性说明。这一步骤要求处理理解案例所需的所有信息。它通常围绕研究人员对研究期间在案例中观察到的行为和事件的解释，以及关键概念和研究目标之间的长期联系展开。

小　结

本章回顾了单案例和多案例研究过程中的异同。与所有研究活动一样，案例研究最好是按一系列逻辑步骤进行。使用步骤清单的主要好处是确保您不会跳过任何重要的过程。本章讨论了两个这样的步骤：一个用于单案例研究，另一个用于多案例设计。然而，这些清单并不是相互排斥的；在万不得已时，总是可以用一个来代替另一个。

读者也会在其他文本中找到不同的步骤列表，不要为这些差异而惊慌。所有这些清单只是其他研究人员的想法，它们最好被视为建议，而不是硬性规定。然而，它们的作用却是相同的：帮助您确保您的研究涵盖所有要求。

收集数据的性质和范围也会影响案例研究方法的选择。在这些情况下，能够对前因、事件和情况进行深描的人类学方法是一种常见的数据收集方法。

第七章 荟萃分析研究设计和过程

荟萃分析是指分析的分析。我使用它来指代单个研究分析结果集合的统计分析,以整合研究发现。它意味着对研究的因果关系,叙事性讨论的严格替代,最终代表了我们试图理解迅速发展的研究文献。

——吉思·V. 格拉斯(Gene V. Glass,1976)

本部分讨论的是案例研究的第三种形式,即荟萃分析或案例模式调查。这种方法涉及对许多案例的分析以寻找研究结果的共同点和差异。在这一设计部分,本书选择了一组先前研究过的案例,并做了比较分析。

荟萃分析,不是研究个人、团体、组织或诸如其他主题的现象,而是比较或评估先前准备的研究报告。荟萃分析用于总结和比较其他研究人员发现的研究结果。荟萃分析通常用于确定某一主题的研究结果状态。这样,它为研究人员提供了其他人对该主题的观点概览,而不是对问题、难题或议题的一个或几个部分的另一讨论。

一 荟萃分析的重点

荟萃分析应该仅应用于实证研究报告,即对原始数据(由准备研究结果报告的研究者收集的数据)进行分析的研究。它不应该用于总结其他研究的定性研究,这将意味着准备总结摘要显然是毫无意义的。

这种设计的一个很好的例子是迪贝和帕累(Dubé and Paré,2003)对近十年信息系统案例研究的荟萃分析。作者检视了1990年至1999年在七种主流信息系统(information system,IS)期刊上发表的210篇案例文章。这一案例分析的目的是,确定在信息系统(IS)期刊上已发表的案例研究报告样本的严谨程度。选择案例报告进行分析的依据是它们是否符合以下关键特征（Dubé and Paré，2003，600）：

- 案例研究人员是否在现实环境或设定中检验了当前现象？
- 是否仅检验了一个或几个主题单元（例如，个人、团体、组织、技术或过程）？
- 研究人员是否深入分析了一个或多个单位？
- 是否将一个或多个研究单位与其情境或环境隔离开来，尤其是在数据分析阶段（这一做法仅仅是依循解释学概念进行操作，一般来说，解释学强调根据上下文和时间段来分析现象）？
- 研究人员是否在收集和分析数据时保持客观性，避免进行任何可变的操作或处理？

作者对案例报告的三个主要特征：研究设计问题、数据收集方法和数据分析进行了评估。他们主要的分析发现是，很大一部分案例研究人员忽略了许多案例研究方法学家开发的案例研究方法。例如，数据库中只有42%的文章包含明确的研究问题；只有58%的研究人员描述了他们的数据收集方法；只有23%的研究人员描述了他们的数据分析过程。

荟萃分析针对设计中包含的三个特征中的每一个都提出了建议。例如，在设计问题领域的主要建议就是始终要确定明确的研究问题，研究单位（样本）的选择要有明确的规则，要进行更多的纵向研究，并考虑其他可替代的理论。

在数据收集领域，相关建议包括：提供有关数据收集方法、抽样策略、访谈人数的详细信息；使用表格汇总信息；使用不止一种的数据收集方法对发现进行三角互证。有关数据分析建议则包括：描述分析方法和程序；更多地使用初步分析技术，例如现场笔记、备忘录和类似技术；同时，将调查结果与有关该主题的最新文献进行比较。

二　荟萃分析的优缺点

马里兰大学的测量和统计研究人员已经确定了对大量研究进行荟萃分析的最重要的独特优势（MetaStat，2008）在于，人类的大脑可能无法有效地处理和评估大量的备择方案。当要求个体评估20项类似研究结果时，会遇到困难。当研究的数量增加到200（在许多荟萃分析中这是很常见的数量）时，头脑会混乱。幸运的是，统计方法和软件可以轻松应对大量案例中固有的复杂性。

（一）荟萃分析的优点

除了综合大量案例研究数据的优势外，案例荟萃分析的三个关键的重要优势如下。第一，编码和建立选择研究标准的过程（即所谓的**调查草案**），阅读研究报告，编写材料，并将其置于严格的统计分析之下，这使研究人员更加具有一种有时会在定性总结和比较分析中缺失的自律。

第二，对类似主题的研究总结可能会产生更精细的主题分级，而这些主题可能会因为只有一两个案例分析而被遗漏。例如，在所有研究中应用通用统计检验可以纠正样本量的巨大差异（Bengtsson，Larsson，Griffiths and Hine，2007）。

第三，由于荟萃分析研究了许多案例研究，所以有可能会发现一个或少量其他比较过程遗漏的影响或关联。

荟萃分析过程提供了一种从广泛多样化的研究结果中组织和构造差异化信息的方法。

最后要说的是，利普西和威尔逊（Lipsey and Wilson，2001）确定了荟萃分析的另外四个优点：（1）该方法可以改善研究行为准则；（2）改善数据质量；（3）可以定位和比较遗漏的核心问题；（4）改进研究和优化报告结构。

（二）荟萃分析的缺点

荟萃分析并非没有缺点。已知的对该方法的一些批评包括：

1. 需要大量工作和专业知识。正确完成一项荟萃分析所需的时间要比传统的研究评述多得多。此外，研究者可能并不具备它所要求的案例信息的专业知识。

2. 荟萃分析可能会遗漏一些重要问题，包括但不限于研究的社会背景、理论影响和含义、方法学质量、设计问题和程序。

3. 将（风马牛不相及的）研究组合成较大的组可能会隐藏个体研究中的细微差异。

4. 将方法论薄弱的相关研究包括在内，可能会削弱使用较强方法论的研究的研究结果与发现。

三 荟萃分析入门

荟萃分析遵循与基本案例研究相同的程序系统。研究人员首先（基于评论的目的）确定研究问题并确定评价目标。然后，他们选择进行分析的组织框架，也就是说，在整个案例样本中他们确定将测量哪些变量。

下一步是选择一个样本，并明确为什么要选择单个典型样本。选择进行荟萃分析的案例通常是涵盖总体的研究。然后，研究者收集、编码和数据制表。这涉及调查和报告评价中所发现的各种研究之间的关系。研究报告结果能够将研究结果与研究问题、研究目的和目标联系起来（Bangert-Drowns and Rudner, 1991）。

芬克（Fink, 1998）就一系列进行荟萃分析的步骤提出了建议。他的建议已经与其他研究过程列表进行了整合，如图 7-1 所示。下一部分将详细讨论每个步骤。

（一）确定问题

所有研究的第一步都包括确定进行研究的原因。这就是定义研究问题的意义。在荟萃分析研究中，核心问题是确定应检验哪些问题或假设，以及在案例选择的回顾中应包括哪些证据，这意味着需要决定应检验哪些研究结果。大多数情况下，研究结果很少涉及理论或方法研究。

例如，假设一位研究人员有兴趣了解政府与宗教组织合作在自然灾害后提供应急服务的作用，研究问题可能是服务供给中的差异。

（二）设置选择案例的标准

纳入分析的案例的选择标准可能包括客户总体的特征、地理位置、历史、供给组织或其赞助政府机构的经验水平，或案例作者使用的研究方法。选择标准的重点是每一个案例都应该加入到研究问题的知识库中。

充当异常值且无法解决研究中所包含的问题的案例，浪费了研究人员的时间和资源。一个好的荟萃分析并不需要从一个主题的文献中去抽取一个有代表性的样本。荟萃分析的确致力于寻求涵盖一个主题的全部研究总体，其目的是在分析中涵盖多种有代表性的案例研究。做出剔除哪些案例的决定不应是一项偶然的活动，而应事先确定好具体标准。

（三）案例文献检索

有两种文献可供选择，纳入进行荟萃分析的案例数据库：（1）专业

```
┌─────────────────────┐
│ 确定研究问题并建立荟萃 │
│     分析的目标       │
└──────────┬──────────┘
           ▼
┌─────────────────────┐
│ 为包含和排除案例设置明确 │
│       的标准         │
└──────────┬──────────┘
           ▼
┌─────────────────────┐
│ 选择一种逻辑方法并证明其合 │
│ 理性,以便在文献中搜索案例 │
└──────────┬──────────┘
           ▼
┌─────────────────────┐
│ 使用标准化方法在所有来源中搜 │
│     索选择的每个案例   │
└──────────┬──────────┘
           ▼
┌─────────────────────┐
│ 选择并遵循标准化的系统,以便 │
│   从收录的案例中收集数据 │
└──────────┬──────────┘
           ▼
┌─────────────────────┐
│ 建立逻辑编码方案,以使相关 │
│   变量的分析和列表一致  │
└──────────┬──────────┘
           ▼
┌─────────────────────┐
│ 选择并详细描述用于汇总案例 │
│     结果的统计方法    │
└──────────┬──────────┘
           ▼
┌─────────────────────┐
│ 使用公认的统计过程和程序来 │
│     制表和分析结果    │
└──────────┬──────────┘
           ▼
┌─────────────────────┐
│    准备并提出研究结果  │
└─────────────────────┘
```

图 7-1 荟萃分析过程中的步骤

资料来源:班格特-唐斯和鲁德纳(Bangert-Drowns and Rudner, 1991);芬克(Fink, 1998)。

文献或政府文件中发表的案例;(2)组织内部运行和维护的内部报告、分析记录,以及组织内部存档的其他未出版材料(Gillham, 2000)。无论采用哪种来源,案例的接受标准应始终相同。例如,一个案例可以被接受,是因为使用一个共同的理论检验方法、被研究案例中参与者的属性(例如政府工作人员或公民)一致或任何其他相关的决策标准。

(四)标准化分析核心问题

荟萃分析设计涉及对分析的分析,并且所有分析都在某种程度上有所不同。这是荟萃分析的最大问题之一。这被称为"风马牛不相及"问题。由于案例是对现象的不同方面或不同主题的研究，并且由不同的研究人员在不同的时间进行，所以案例一般是不同的；他们并不全是对"马"的研究，也不全是对"牛"的研究。至关重要的是，为了解决这些期望差异所引起的问题，研究人员检查每个案例的相同元素，容易忽略仅在一个案例中单独存在的信息或特征。

（五）标准化分析程序

这一步骤与前两个步骤紧密相关，尽管此步骤涉及的是方法，而方法并非分析的重点。荟萃分析的分析程序通常采用标准的统计技术。但是，在个体案例中使用的技术和程序通常是根据不同研究人员、研究问题或主题学科来特定使用。

荟萃分析的评估人必须能够区分原始报告作者的假设和研究结果表明了什么。麦克米伦和舒马赫（McMillan and Schumacher，1997，151）提供了一个很好的建议："要小心区分研究和回顾产生的证据。"在这一分析阶段，研究人员必须建立并遵循一致的程序，以便于从案例中提取相关数据。下一步将讨论的编码是数据选择过程的一个要素。一种方法可能涉及制定关键段落的评价原则，并将其与整个样本匹配。另一种可能是识别并比较关键问题或术语的描述。无论采用哪种方法，重要的是要知道在所有情况下都没有一种最佳方法可以遵循。

（六）选择编码方案

大多数研究人员倾向于遵循类似于民族志研究中使用的数据分析方法的编码方法。用于比较或制表的变量编码必须与荟萃分析的文献回顾保持一致。同样，除了保持一致性之外，没有其他编码规则。数字编码是首选方法，因为大多数研究者使用计算机和统计软件进行分析。

（七）描述所使用的统计过程

除了进行荟萃分析的研究人员要使用的统计程序之外，他们还必须描述研究中所涉及的每个案例所使用的统计程序。通过开发用于定性研究的统计软件，研究人员简化了选择最终分析中应用程序的过程。大部分软件都是免费提供。马里兰大学的 MetaStat 是免费的荟萃分析软件的一个应用范例，也可以免费下载 MetaStat 在线用户手册。

（八）制表和分析数据

荟萃分析程序中的最后两个步骤在这一阶段合并。数据分析是研究人员使用统计软件的产物，因此相对简单。荟萃分析中使用的标准统计分析范围广泛，从简单的描述统计和相关分析到回归分析和方差分析，以及延伸到此类研究涉及的一些主流检验。

（九）准备并提出研究结论

撰写报告为研究引入了主观因素。研究人员必须决定在报告中需要保留多少信息以及省略多少信息。尽管荟萃分析通常不能进行统计推断，但必须注意控制效度问题。因为大多数荟萃分析案例研究都涉及某种程度的比较分析，所以必须注意确保对相似的概念、构思或主题进行比较，并为任何比较中未包含的要素提供解释。

四 荟萃设计中的文档分析：诠释学分析

因为荟萃分析涉及书面材料的诠释，所以这里讨论有关文档分析的基本方法。已经发现，遵循诠释学分析原则可以极大地促进含有很多案例的荟萃分析。诠释学是一种分析所有类型数据的方法，但它用于分析已发表案例中的书面材料特别贴切。

诠释学遵循一套原则，要求分析者：（1）通过作者或创作者的眼光和意图来解读文本的意义，（2）在案例研究和写作的时间段拟定意义（通常被称为文件编写的**情境**），（3）考虑到文本或作品创作时的政治和社会环境，确定其意义。

（一）分析与解释行为

诠释学在诠释宗教和法律文件以及书面行政裁决（例如政府声明）方面具有悠久的应用历史（Gadamer，1990；Bauman，1992；Alejandro，1993）。诠释学一词起源于希腊语 *hermeneutikós*，指的是解释行为。**解释**意味着厘清或澄清晦涩之处（Bauman，1992）。

诠释学分析要求研究人员对书面案例研究采取整体或**情境主义**的分析方法。通过诠释学来分析一个文本或社会现象的意义就取决于整体，即文字、作者和情境。没有对情境以及文本或现象的理解，就无法解读意义（Wachterhauser，1986）。

诠释学分析在研究公共行政的历史文献时尤其重要，例如已往立法、立法或行政会议和听证会期间发生的谈话记录，以及类似的应用。这样，公共行政诠释学可以帮助以政府文本或文件为实质对象的已往研究案例确立意义和历史趋势。它可以在立法通过或实施时，在参与者的意图范围内这样做。因此，多年前颁布的、今天看来无关紧要的法律，如果根据其颁布或未能颁布时的事件和情境加以考虑，可能会被解释为合乎逻辑和有意义的。

（二）使用荟萃分析计划进行分析

进行荟萃分析的有用分析工具是**荟萃分析计划**。这是一个汇总表，其中各行是案例分析，而各列是研究结果和相关研究信息。各个单元格用于记录特定信息，它可以像一个简单的复选标记一样，直接记录研究是否包含相关特征（Garson，2008）。表7-1显示了分析计划的摘录。

表7-1 欣赏式探寻（AI）分析结果在荟萃分析进度表中的展示

	案例		
	DTE能源服务公司	美国宇航局（NASA）	联合宗教组织
欣赏式探寻（AI）结果	将AI的使用融入公司文化	发展广泛接受的人力资源管理战略计划	建立一个代表性的联合宗教组织
它具有变革性吗？	未知	否	是
新知识或新流程	新流程	新流程	新知识
生成隐喻	未知	否	是
人物或背景	人物	人物	背景
即兴创作或实施	即兴创作	即兴创作	即兴创作

资料来源：布希和卡桑（Bushe and Kassam，2005）。

五 转型变革案例的荟萃分析

布希和卡桑（Bushe and Kassam，2005）使用荟萃分析技术评估了20项已发表的案例研究，这些案例研究采用的是组织变革的欣赏式探寻（appreciative inquiry，AI）方法。表7-1显示了三种AI案例的详细信息：DTE能源服务公司①、美国宇航局（NASA）和联合宗教组织。案例研究中有六个是非营利组织［三个具有宗教信仰的教育机构、两个社会服务组织和一个非营利性的健康维护组织（HMO）］，还有一个案例是美国宇航局（NASA）。

其余案例涉及私人组织中的欣赏式探寻（AI）变革计划，其中大多数是加拿大服务行业中的组织（例如公共部门会计、房地产、能源和医疗服务）。分析表明，只有7个案例（约占案例总数的35%）的研究发现，案例中的主体组织发生了变革性转变。成功案例之一是美国宇航局。

作者对案件的独立分析中使用了多种测量方法，包括从欣赏式探寻（AI）理论文献中获得的七个原则和实践。在这些测量方法中，下述两个欣赏式探寻（AI）功能似乎对变革过程具有最大的影响：（1）注重改变人们的思维方式，而不是人们做什么；（2）注重支持从新想法中产生的自组织变革过程，而不是实施上级决定的变革。

在AI组织发展过程方面，这种荟萃分析的优势是双重的。首先，学者布希和卡桑评估了理论家推荐的数量巨大的影响因素，这些因素是发生变革性转变的必要条件；其次，评估决定因素的案例数量可能被认为足够大，以使得后续研究人员可以接受研究结果并仅使用那些似乎具有普遍适用性的指标。

六 21世纪的荟萃分析

亚利桑那州立大学教授吉恩·格拉斯（Gene Glass）于1976年发表了一篇有关荟萃分析的短文，这一文章已成为有关这种日益流行的研究设计讨论中最具影响力的参考文献之一。因此，他被要求在使用25年后写出该方法的摘要恰逢其时。他在2000年的会议论文中描述了荟萃分析的普及进程：

---

① DTE能源服务公司创办于1986年，总部设在密歇根州底特律市，是一家以底特律为基地的多种经营能源公司，在全美从事能源相关产业及服务的开发及管理。它最大的业务部门包括向密歇根州东南部地区210万用户供电的Detroit Edison公司和向密歇根州120万用户供应天然气的下属企业。——译者注

25年来，如同一项商业行为一样，荟萃分析从一个默默无闻、仅有少数几个统计学者用其分析教育和心理整合研究问题的分析技术，成长为一个小型学术产业。（Glass，2000）

格拉斯（2000）指出了该方法的一些弱点，因为他得出结论认为，荟萃分析需要替换，需要使用一些更有用和更准确的方法来总结研究结果。格拉斯认为，这种方法是有局限性的，因为比较老式且一直坚持使用缩写的报告样式和简单的语句替换，而不是完全描述复杂的关系。他断言，社会科学研究者需要停止把自己当成"检验宏大理论的科学家"，而应该认识到他们是收集和整理信息的技术人员。最后，继续把他们的研究称为"研究"，认为研究的结论是对一个假设的检验以及假设下的理论，这是取得进展的最大障碍。

为了克服这些困难，研究人员应该停止认为自己正在检验"大理论"，并开始认识到他们真正在做的是收集和共享数据。格拉斯说："我们不会发布'研究报告'，而只是为数据归档做贡献。"

小　结

案例研究较少见的形式是荟萃分析或案例调查模型。这涉及分析许多案例，寻找发现其中的共同点和差异。在这个设计中，选择了一组先前研究过的案例，并进行比较分析。荟萃分析是一种调查研究，与之前准备的研究报告相比，人们不是调查的主体。许多案例的荟萃分析是根据诠释学分析的原则进行的。

使用荟萃分析进度表或交叉案例表有助于荟萃分析的应用。表格的行是案例，表格的列是对感兴趣的项或属性进行分析的结果。单元格条目可以是结果的简短摘要，也可以是简单的复选标记。该进度表便于记录和交流分析结果。

自1976年采用荟萃分析技术以来，其发展迅猛。然而，荟萃分析的创始人格拉斯表示，尽管其日益流行，但现在可能是时候用某种更能反映现代社会科学研究本质的方法来取代它了。

第八章　收集和分析案例数据

> 所有数据都对案例研究人员有一定的用处：没有什么资料是不能用的。它会在相关性、可信度或完整性上有所不同（但你一开始不知道）。你需要不断积累数据，因为数据很容易变得杂乱无章——难以获取——所以你需要在这方面组织数据，主要是梳理数据种类。
> ——比尔·吉勒姆（Bill Gillham，2000）

案例研究的核心目标是使人们加深对他们在社会团体中所扮演的角色和行为的理解（Whiting and Whiting，1973）。因此，公共管理案例研究人员专注于人们在其经济、政治和行政环境中的行为与互动。本章着眼于研究人员最常见的数据收集方式，这些数据包括人们在组织中的工作方式，以及他们如何对组织文化做出反应进而影响组织文化。为了收集和分析这些数据以进行案例分析，许多社会科学家遵循民族志、田野调查开发的数据收集框架。民族志研究方法在社会科学研究中很常见，在社会学、人类学、政治学、行政学和组织学等都可看到民族志的踪迹。民族志研究方法包括参与、访谈，以及涉及文件和实体遗迹的文化产品分析。本章讨论了参与和访谈方法。文档和工艺制品分析是第九章的主题。

一　民族志研究方法

民族志研究中使用的大多数（如果不是全部）数据收集方法曾在单案例和多案例研究项目中使用过。民族志研究几乎都是案例研究。因此，案例研究采用了民族志研究的三种主要方法：进行面对面或小组访谈，作为群体参与者、沉默的观察者或非参与者进行行为观察，以及分析研究对象群体的内外部文献和其他产品（制品）。通常，一个案例研究项目将采用以下两种或多种方法进行：要么收集只能以这种方式获取的其他数据，要么在效度检验应用中作为三角互证（Kawulich, 2005）。

观察、访谈和文本分析或许以提供对研究主题或案例的丰富描述而见长。一方面，当研究目标是为长远、战略性的公共政策制定和实施提供深层次的背景信息时，使用深描的方式意味着民族志方法是一个很好的设计选择。但是，在另一方面，当必须根据研究结果立即作出公共决策时，民族志方法通常并不适当。

二　民族志数据收集方法

当研究人员需要收集和呈现大量的解释性数据时，案例研究往往是首选项。案例研究通常被认为是定性研究，与民族志研究、历史研究、传记、扎根理论和现象学研究密切相关（Westgren and Zering, 1998）。案例研究主要是研究当代现象，而不是历史问题（Yin, 1994）。下一节将更仔细地考察案例研究中使用的民族志方法。

这些类型的研究设计中的数据收集遵循源自民族志研究的深描传统。对案例研究进行深描的过程分为两个部分。首先，研究者记录他们在案例主题中看到的所有内容。记录是对事件、环境和行为的详细描述，从而获得社会参与者、团体和机构被描述的意义。其次，记录研究人员自己的解释，这些解释通常是构成案例报告的最终的要素。总之，观察和解释这两部分数据收集过程，从一项活动转移到另一项活动，然后再返回，一遍又一遍地重复该过程（Duveen, 2000）。

民族志研究的类型

民族志案例研究方法有几种不同的类型，包括常人方法学、社区民族志和民族学。这些研究方法中的每一种都有自己的倡导者和批评者，但都被认为属于案例研究设计家族中更大领域的研究类别。

常人方法学已被定义为"常识知识的研究"（Neuman, 2000, 348）。它结合了社会学和哲学的主题，通常被视为现象学的一种应用，它是对人类经验的研究（Adler and Adler, 1998）。遵循这种方法的研究人员将注意力集中在人们在组织和团体中，或单个个体如何独自过着日常生活。常人方法学专家非常仔细地研究了这些日常行为。他们经常使用录音带、录像带、电影和其他方法来记录他们研究对象的行为。然后，使用阿德勒和阿德勒（Adler and Adler, 1998）所描述的"一种复杂的符号系统，允许［他们］在十分之一秒内查看会话重叠、停顿和语调……他们特别强调谈话分析。"

社区民族志与行动研究的关键方法密切相关（Stringer, 1997），但社区民族志专注于群体研究而不是个人研究。社区民族志通常是进行关键研究案例分析（例如授权研究）的可选方法。

民族学案例研究方法解决了许多与传统民族志相同的问题，但着重于文化或群体之间的比较。这种方法在经常使用案例研究方法的组织研究中使用。在这种模式下，该方法侧重于识别和描述人们在其社会环境中的行为。**民族学**案例研究聚焦于研究在其生存环境中的动物性行为。人类作为一种社会动物，其行为常常是通过这一方法进行研究。重要的是，所有这些方法都使用了民族志学者提出的研究方法。

三 民族志方法的优缺点

在民族志案例研究设计中，数据收集过程采用的方法通常涉及简单观察，这一观察可以是可见的或隐藏的（非觉察式的）。奥根和贝特曼（Organ and Bateman, 1991）在组织行为研究的背景下检验了民族学的观察，称这种方法为"自然观察"。他们确定了此方法的许多优点，以及它的一些缺点。可能最重要的优势是奥根和贝特曼所说的"语境丰富性"，这在观察中是可以获得的。这不仅是民族志田野调查笔记的深描，还指的是这种类型的研究多年来受到了广泛认可的事实，毕竟许多文章、书籍、自传、报纸故事、对话和演讲都发表了有关民族志方法的研究成果。

在案例研究中观察的缺点之一，是它通常会导致报告偏差，这种偏差可追溯到人们进行选择性感知和选择性保留的自然趋势。**选择性感知**的意思是从人们遇到的所有的刺激要素中，每个人都会看到他们想要看到的，他们感兴趣的东西以及他们认为重要的东西。不管他们是有意识的还是无意识的这样做，人们都会忽略很多其他不感兴趣的事情。许多研究人员都提出了这个想法。例如，约翰·杜威（John Dewey）指出，人类的感知永远不会是中立的。相反，人类的知识和智力，我们认为这些都是过去的经验，总会影响感知。此外，判断涉及所有感知。否则，感知不过是一种感觉刺激（Phillips，1987；Hanson，1958）。

因为一个或多个研究人员都会将观察记录作为田野笔记，所以观察将始终包含研究者认为什么是重要的，或研究人员认为什么行为会导致或影响反映的内容。研究者通常会在他们的田野笔记中忽略他们认为微不足道或不重要的内容，这就是**选择性保留**的意思。我们都被情境中戏剧性或令人兴奋的事物所吸引，即使它与一个或多个中心问题仅有很小的关系或根本没有关系，它使阅读变得有趣。田野笔记和最终包含在报告中的材料都必须经由研究人员对事件的感知和记忆形成的过滤器来进行筛选。

因此，研究人员必须始终为这个问题苦苦挣扎：其他观察者是否会从这些事件中得出相同的结论？研究人员试图使用深描来给出答案。

田野调查的案例研究

田野调查是叙事或定性研究设计中的关键活动。因此，它也是案例研究中一种常用的数据收集方法。收集数据和数据分析的基本方法和技术是"做民族志"的核心要素（Fetterman，1989；Bernard，1995）。在田野调查中，选择和使用录音机、录像和实际采访等设备或技术是一个重要的决定。这一过程通过分析整个民族志过程中所收集的田野笔记、备忘录、中期报告、已发表的研究、文章或书籍数据，产生案例信息。它是一种有价值的工具，可以用来收集有关组织文化和亚文化的内在行为信息，有利于对组织文化和亚文化的研究。在20世纪初期的公共行政应用中，它经常被用来确定就公共政策事项作出的行政抉择。

耶格尔（Yeager，1989，726）将参与者观察描述为"公共行政和其他研究领域中广泛使用的一种古老的研究方法。"在公共行政案例研究中，它包含了许多不同的技术，包括简单的、群体的和非觉察式观察，对关键信息提供者的深入访谈，民族志和控制观察技术。

> 参与者观察包括观察者亲眼看到或听到事件发生获得的材料。通常参与者和观察者围绕主题建立个人关系，并在一段时间内保持这种关系……与受试者建立融洽和信任的程度远高于其他方法。通

常，与其他方法相比，使用参与者观察通过较少的对象来收集数据更耗费精力。(Yeager, 1989, 726)

田野调查的最重要部分不是与受访对象在一起的时间长短，而是简单地在那里观察，提问和写下听见所闻（Fetterman, 1989）。与民族志一样，参与者观察已经从其最初完全沉浸在所研究的社会中的概念，转变为包括崭新的和截然不同的研究主题与研究地点，以及各种各样的数据收集工具和技术。

民族志领域的研究需要研究者和研究对象之间产生最紧密的联系（Kornblum, 1996; Flick, 1999）。可以经常看到的一个现象是，民族志学者在一个群体中生活和工作多年后开始具有一种自我认同感，这种对被研究团体的认同感比研究人员（他或她）的先前社会联系更忠诚和更紧密。

参与者观察案例研究的一个例子是一项研究报告，该报告记录了临床信息系统对乌干达艾滋病（AIDS）治疗组织的影响（Pina, 2006）。由于实施新系统并提供临床服务，研究人员参与了诊所7个部门的员工管理。该案例凸显了系统实施过程中的复杂性，这一复杂性导致记录质量差和系统实用性低。诊所数据输入部门的人员不足，导致在单个患者记录上产生重复记录或多个条目；访视之间未更新患者记录；患者服务的备份文件都是相互通用的。该案例表明，在没有足够培训或人员配置的情况下，实施该系统将使新系统的预期收益无效。

四 观察收集案例资料

观察方法在社会科学和人文科学研究中有着悠久而重要的历史（Neuman, 2000）。在许多不同的情形中，观察案例研究在个人、小型和大型团体、政府和非营利组织的研究中进行。在现代社会的中心城市、郊区和农村政府辖区，跨文化比较案例，调查社会、文化和亚文化中的人与人之间的互动，以及人与政府组织之间的联系等情形中都可以运用观察方法展开研究。

通过观察收集数据是通过观察和记录个人或团体在日常活动行为的过程来进行的。这种收集数据的方式是早期人类学家开发的几种数据收集方法之一，这些研究者最初研究的是偏远地区或与世隔离的社会中个人和群体的行为。那些早期的文化现象观察者经常与他们所研究的群体同住，并参与了被观察群体的日常仪式和社会行为（Becker et al.，2004；Manicom and Campbell，2005）。

这些早期的人类学家以详细的书面笔记（他们的田野笔记）或电影和其他录音设备记录了他们所看到的一切。然后，他们回到自己的社会去研究和解释他们所看到的东西。他们试图确定他们所研究的群体的行为模式、文化规范和信仰。由于他们保留了大量笔记，所以使用了"**深描**"一词来描述他们对观察的书面记录。当代语境中深描是指通过民族志方法研究的有关个人、团体或社会丰富而详细的故事和描述。结果，社会学家、教育家、心理学家、政治学家以及其他行为和行政研究人员采用了早期民族志学家通过观察收集数据的技术。

案例研究人员不再满足于简单描述社会现象。相反，他们试图解释社会行为。单独的观察方法并不总是能够实现这一目标。

（一）观察研究的形式

现代观察研究技术可以采取两种主要形式中的一种：单独观察或参与式观察。由于两种形式的数据收集、笔记、记录和分析过程都相同，所以这里只讨论参与式观察。参与式观察总是发生在参与者自己的环境中，参与者在一个被认为与研究问题相关的环境中进行观察。通过简单的观察，研究者仍然是局外人，因为人们并不总是与外界分享他们的想法。通过参与到被观察者的生活工作中，研究者将更容易被接受，并被研究对象信任。专栏 8-1 列出了指导观察研究的步骤清单。

（二）观察的利弊

接下来的两个部分描述了观察的优点和缺点。

1. 观察的优点

观察方法为研究者提供了许多优势（Kahulich，2005）。首先，他们可以观察和记录情感的非语言表达，发现组织中的个体互动，观察团队成员之间如何交流，以及人们在各种活动上花费了多少时间。

另外，研究人员能够观察到人们可能不愿意或无法与访问者分享的行动或事件；通过与研究中所涉及的个体的共同参与，可能会发现遗漏的信息。通过观察进行案例研究，研究人员可以发掘出对社会状况、环境中人们所表现出的关系和行为的洞见。

> **专栏 8.1　家庭健康观察研究**
>
> 曼尼康和坎贝尔（Manicom and Campbell，2005）在他们为家庭健康研究人员编写的定性研究方法指南中，包括了一个由两部分组成的步骤清单。第一部分是准备从事参与式观察时要遵循的步骤；第二部分是观察之后要遵循的步骤。以下两个部分列出了这些步骤。
>
> 准备观察
>
> 1. 根据研究项目确定观察活动的目标。
> 2. 确定进行案例研究所需的对象、组织和网站类型。
> 3. 获得进行研究和参加小组活动的许可。
> 4. 调查研究的可能地点；选择最佳替代方案。
> 5. 制定完成所有任务的时间表。
> 6. 如果可能的话，向研究团队的其他成员分配任务，包括完成时间表。
> 7. 确定你在参与过程中的角色（即立场），以便建立能产生最多信息的关系。也就是说，你应该参与还是只观察而不参与？
> 8. 计划如何以及何时做笔记（参与期间或之后）。
> 9. 随时准备好现场笔记本和书写材料以备使用。
>
> 参与后
>
> 10. 安排参与后的时间，改变和扩展您的笔记。
> 11. 将笔记输入电脑档案；至少再复制一份笔记以及跟进解释。
>
> 采取这样的态度：如果有东西会失去，它就会失去。
>
> 资料来源：曼尼康和坎贝尔（Manicom and Campbell，2005）。

2. 观察的缺点

观察方法也有许多缺点。它们通常会产生大量信息，需要很长时间才能完成，并且可能不会发现问题或情况的根本原因。大量收集的所获数据并不都具有同等重要性或相关性。

观察法的主要缺点是收集数据所需的时间较长。观察研究可以持续数月甚至数年，公共行政人员通常既不能也不愿意把那么长的时间花在一个案例研究项目上。例如，一项观察研究可能需要六个月到一年甚至更长时间来收集原始数据。然后，分析、综合和解释收集到的信息至少需要同样长或更长的时间。因此，一项观察研究可能需要几年时间才能完成。

但是，当使用观察技术时，它们可以产生有力的叙事，为团体或行政单位的运作提供深刻的见解。由于可能需要很长的时间，所以在公共管理案例研究中并不单独普遍使用观察方法。相反，观察通常与一种或多种其他数据收集技术一起使用。

产生大量笔记作为深描（所有参与研究的标志）的做法是该技术的另一个潜在缺点。如前所述，深描指的是大多数民族志报告所具有的深度、细节和复杂性。纽曼（Neuman，2000）引用的一个例子是对社交事件的描述，该事件可能持续三分钟或更短时间，却占据了许多描述性叙述页面。

观察的另一个缺点是需要记录在较长研究期间所说或所做的一切事项。这使得对数据的解释非常困难。另一个缺点是，研究人员的田野记录只能是主观的，而不是科学研究所希望达到的客观性。研究者的笔记包括研究者选择看什么和写什么。

进行观察研究项目的一种方法是使用民族志田野调查中的一系列步骤，如图8-1所示。这个过程首先是确定研究问题，以准备书面案例告终（Jones，1996；Kawulich，2005）。该过程的前四个步骤中的大部分都与观察前计划有关。研究表明，在着手进行研究之前进行周密的计划，可以消除或大大减少一旦研究开始就可能会出现的许多潜在问题。仅在第五和第六步中，才进行实际数据收集。接下来的四个步骤涉及记录、翻译和解释田野笔记，即研究人员将得出结论的实际数据。接下来是根据数据分析来构建理论。最后一步是准备并提出研究报告。最终报告的格式和目标人群有很多，其中包括给高级管理人员的报告，可供选民使用的报告或在专业杂志上发表的文章。

五 通过访谈收集数据

访谈是研究人员与一个或多个人之间的对话，目的是收集有关一个

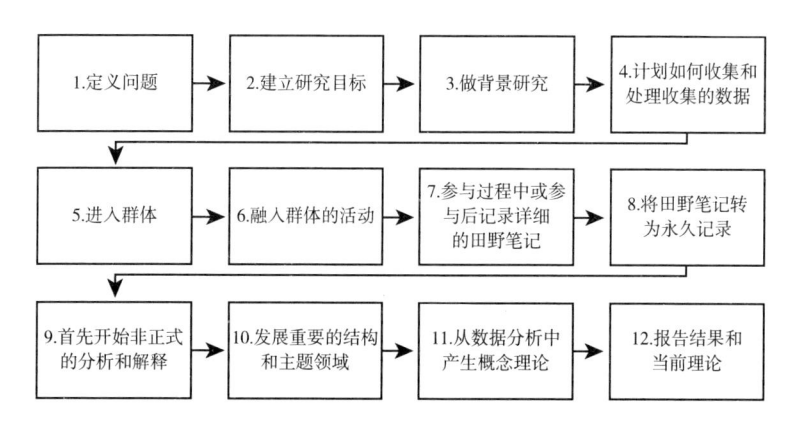

```
1.定义问题 → 2.建立研究目标 → 3.做背景研究 → 4.计划如何收集和处理收集的数据
                                                            ↓
5.进入群体 → 6.融入群体的活动 → 7.参与过程中或参与后记录详细的田野笔记 → 8.将田野笔记转为永久记录
    ↓
9.首先开始非正式的分析和解释 → 10.发展重要的结构和主题领域 → 11.从数据分析中产生概念理论 → 12.报告结果和当前理论
```

图 8-1 民族志田野调查

资料来源：罗素·A. 琼斯（Russell A. Jones, 1996）。

或多个感兴趣主题的信息。在这些对话中，一个人（访谈者）通过提出问题并寻求更多或更深层次的答复来主导讨论。要求受访者（一个或多个）（一般被称为受访者，较不常见的称为被访问者）应尽可能详细地回答问题；经常会要求受访者详细说明答案。除了这些问题和答案外，还经常要求受访者在访谈者很少或没有指导的情况下简单地谈论一个主题。

访谈有两种主要形式：单主题访谈和多主题访谈。如果它们发生在单个访谈者和一个主题之间，那么就是个人访谈或单主题访谈。这些一对一的深入访谈经常被用于新闻、心理学和教育学，以及为准备案例研究而对个体或组织的研究。尽管这些采访通常是面对面进行，但也可以通过电话（语音对语音）进行。通过互联网或电子邮件进行的单独采访要少得多。

当多个受试者同时接受采访时，这些访谈被称为小组访谈或多主体访谈。焦点小组是一种受欢迎的多主体访谈类型，它包括10~12名参与者。出于种种原因，焦点小组已经成为人类学、社会学、公共管理和工商管理等学科中最常用的访谈形式之一，焦点小组还成为市场营销和传播研究中使用的主要数据收集方法。

在所有应用中，访谈的单主体形式和多主体形式都可以是结构化访谈或非结构化访谈。结构化访谈遵循准备好的脚本，所有主体都回答相同的问题。非结构化访谈使用开放性问题，通常会要求访谈者探究外加的主观回答。追根究底是深度访谈中的一个主要构成部分。

这些访谈主题随着访谈计划的研究目的而变化。访谈可用于收集有关组织雇员、服务购买者或接收者的数据，以及收集对某个地方或事物拥有专门知识的个体数据或仅来自普通公众的态度与观点的数据。它们也可用于帮助"研究—访谈"团队了解组织或活动中的相关成功或问题因素。实际上，任何时候研究都需要深入了解问题，访谈是一种能深入了解问题或议题本质的很好的方法。

（一）访谈的艺术

在工作中使用这种数据收集方法的人认为访谈既是一门科学，也是一门艺术（Goodale，1982；McLaughlin，1992；Pascal，1983；Perlich，2007；Weiss，1994）。另外，大多数访谈者也认为，几乎任何人都可以被训练成为一名优秀的访谈者，所以他们接受这样一个前提，即成为一名优秀的访谈者的关键是学会倾听别人所说的话。这包括不做价值判断或使用有偏见的提示。

在《访谈的艺术》一书中，专业媒体访问者马丁·佩利希（Martin Perlich，2007）将人们对访谈艺术的认知简化为以下两项活动：准备和倾听。当然，佩利希对此主题的详细介绍比我们的介绍要详细得多。如果没有的话，就不需要他的书了。他说，访谈需要技巧，例如专心聆听，无威胁地探究出通常不会说出的态度和信念，以及能够无须判断而接受事物的能力。

好的访谈者不会在访谈过程中插入他们的信仰或偏见；他们会成为所谓的"移情海绵"。他们会问一些明智的问题，然后以一种让人们想告诉他们所知道的事情的方式倾听。通过实践，优秀的访谈者通常能够在少数合作的情况下从受访者那里获得有效的数据；他们从没有说的内容中读到的东西和说的内容一样多。这就是所谓的"对非语言线索敏感"（Pascal，1983，7）。

（二）访谈目的

首先，在没有确定行动目标的情况下，就不要进行访谈。尽管每次访谈都有一个目的和特定的信息目标，但是在实际的访谈活动中获得的预期结果往往会被对方所提供的大量信息所淹没。为了始终专注于主题和目标，访谈者必须了解访谈的目的和过程。

例如，波士顿大学社会科学家工作组（SSWG）在针对使用药物干预措施的从业人员的定性研究方法手册中，描述了深度访谈的目的：

> 深度访谈是一种定性技术，允许人与人之间进行讨论。它可以增强人们对重要问题的想法、感受和行为的洞察力。这种类型的访谈通常是非结构化的，因此允许访问者鼓励信息提供者（受访者）就感兴趣的话题进行详细讨论……深度访谈使用灵活的访谈方法。它旨在提出问题以解释目标群体中的问题或过程（活动）的根本原因。您可以使用该技术来收集想法、收集信息并开发（用于以后应用的概念）。（SSWG，2000，3）

成为一名优秀的访谈者需要时间和练习。在整个技术建立的过程中，访谈者可以参考人力资源访谈专家詹姆斯·古德尔（James Goodale，1982）在《访谈的精美艺术》中确定的访谈五个阶段（见表8-1）。古德尔强调了开场白对访谈成功的重要性。

表8-1 访谈的阶段和问题示例

顺序	阶段	讨论	问题示例
1.	发起	说明访谈的目的，并首先提出问题以使受访者交谈	使用开放式问题
2.	倾听	积极聆听并记录关键主题，以便以后扩展	聆听反映研究目标的关键术语和短语
3.	聚焦	使受试者的注意力集中在较早提出的关键主题上，并就符合研究目标的主题进行讨论	使用诸如"您提到过"之类的开放式短语……和"我想了解更多有关……"
4.	探究	探究访谈对象提出的话题的其他信息，并介绍访谈中计划涉及的其他话题	使用诸如停顿、点头和仅仅是等待访谈者继续主题的非指示性技巧；问诸如"如何做"之类的问题……"为什么……"
5.	运用	利用访谈中收集的信息来产生理论并得出可能的解释性结论	结束访谈时，请为主题做出积极的贡献

资料来源：古德尔（Goodale，1982）。

（三）访谈的利弊

访谈要求访谈者不仅仅是一个好的倾听者；访谈者还必须知道如何创造性地从深度访谈产生的大量数据中找出关键点。让访谈主题集中在你感兴趣的话题上，会很大程度上易于解释。然而，尽管研究人员的意图是好的，但是被记录下来的东西会受到选择性感知和选择性记忆的影响。人们会记得曾经看到过一个现象，即某个或多个问题吸引了他们的兴趣，而不一定是真正发生了什么。他们会记住他们认为重要的事情。

这意味着无论访谈者如何努力使其保持纯粹的客观性，在访谈中收集的数据都是主观的。有很多证据表明，如果两个人在不同时间访谈同一主题，从访谈结果来看，每个人都会收到不同的故事（Goodale，1982）。原因之一是**学习效应**。第二次访谈将使受访者思考他们认为应该在第一次访谈中提出的问题，或者会使他们权衡"事实"的本质，从而确定他们最初认为重要的事情其实并不重要，或者不如其他事情重要。

（四）在访谈中脱颖而出

访谈最大的好处是它能够让研究者深入到所陈述的观点、态度、行为的表面之下，并在此过程中更接近于现象的一个或多个诱因。开放式问题在这种情况下特别有用。然而，访谈者必须注意的是，让受访者专注于研究问题，否则，提出问题和得到答案并不像看上去那么容易（Fontana and Frey，1998）。

但是，访谈有一些重要的限制。访谈非常耗时。一次访谈可能需要两个小时或更长时间。这通常导致样本规模的削减。此外，访谈人员需要接受培训。即使经过培训，仍然具有很大的主观性，因为每个人看起来都不同，行为和说话方式也不同，对访谈对象的回答也有不同的反应。

研究人员试图打破深度访谈时间和技能的局限性，其中一种方法是使用小组访谈或焦点小组访谈。焦点小组由 6~12 个兴趣或特征相似的人组成，他们在同一房间内一起接受采访。研究人员充当主持人的角色，确保任何一个或几个参与者都不会垄断对话或恐吓其他主体，而是要求每个参与者都做出贡献，其他参与者则对此贡献发表评论。通过这种方式，经常会出现小组互动的情形，因此可以对一个或多个主题进行更丰富、更有意义的讨论。

（五）做笔记或记录采访

访谈者必须做出的一项重要决定是在访谈过程中做笔记还是录音。做笔记可能很耗时，并且可能减慢访谈的速度。此外，它常常导致不小心遗漏了受访者提出的一个或多个要点。使用磁带录音机收集并保留完整而准确的会话记录时，必须事先征得受访者的许可。在某些情况下，设备可能令人生畏，或者受访者可能根本不想录制。因此，请务必获得被调查者使用磁带录音机的许可（Blau，Elbow and Killgallon，1992）。

（六）访谈过程

计划对任何研究项目进行访谈时，通常最好遵循一些系统程序，以确保您实现数据收集的目标。这种系统程序一般包括简单的六阶段过程，每个阶段都有几个简单的步骤，如图8-2所示。访谈的各个阶段有助于为理解访谈过程的基本结构奠定基础或背景。

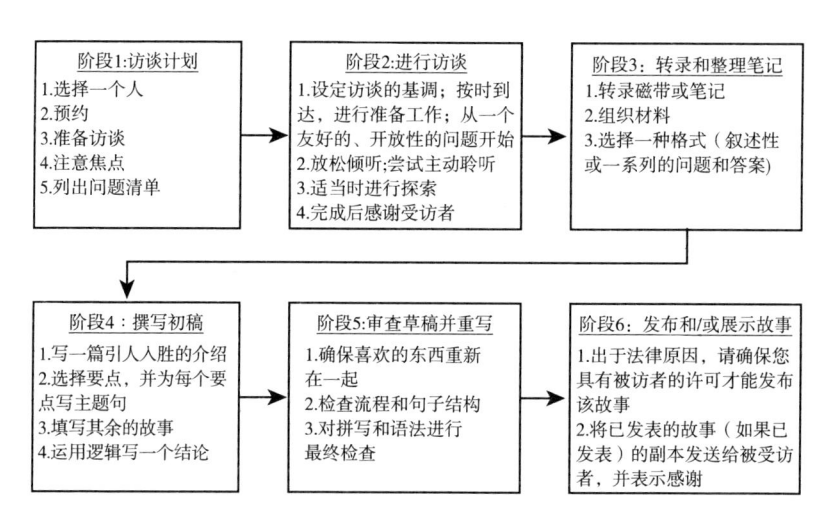

图8-2 六阶段访谈过程

阶段1：访谈计划	阶段2：进行访谈	阶段3：转录和整理笔记
1.选择一个人 2.预约 3.准备访谈 4.注意焦点 5.列出问题清单	1.设定访谈的基调；按时到达，进行准备工作；从一个友好的、开放性的问题开始 2.放松倾听；尝试主动聆听 3.适当时进行探索 4.完成后感谢受访者	1.转录磁带或笔记 2.组织材料 3.选择一种格式（叙述性或一系列的问题和答案）

阶段4：撰写初稿	阶段5：审查草稿并重写	阶段6：发布和/或展示故事
1.写一篇引人入胜的介绍 2.选择要点，并为每个要点写主题句 3.填写其余的故事 4.运用逻辑写一个结论	1.确保喜欢的东西重新在一起 2.检查流程和句子结构 3.对拼写和语法进行最终检查	1.出于法律原因，请确保您具有被访者的许可才能发布该故事 2.将已发表的故事（如果已发表）的副本发送给被访者，并表示感谢

尽管这并不总是必要，并且在很大程度上取决于访谈的目的，但通常最好的做法是，在调查结果正式发表之前给受访者一个机会来审阅你的书面报告。通常，他们的审查会帮助你获得其他或关键数据，而这些数据可能会在先前的草案中遗漏或被掩盖。

小　结

本章回顾了在单案例和多案例研究中收集数据的民族志研究方法。两种最常用的方法是参与式观察和深度访谈。民族志研究方法是历经人类学家和社会学家多年开发，用于识别和描述群体情况下人类行为的模式。这使得这些方法非常适合用于公共管理中的案例研究。本章回顾了研究人员在民族志数据收集中应遵循的步骤。

公共行政案例研究使用两种类型的观察：参与式观察和沉默或非强迫性参与。在参与式观察中，研究人员实质上是加入了所研究的团队或组织。然后从研究情境中获得笔记。在非参与式观察中，研究人员在观察行为和行动时记录或录制该情境，而无须参与该情境或组织。

在公共管理研究中，与任何一种参与方式相比，个人访谈都可能使用得更多。培养进行有意义和有益的访谈能力，既是一门艺术，也是一门科学。要做到这一点，需要大量的实践，并且具有同理心和开放的态度。

第九章　文本分析法

> 研究人员通过收集和分析日常活动过程中产生的或专门为手头研究而构建的文本，来补充参与式观察、访谈和观察。这样，对文本的审阅是一种非觉察式方法，可以丰富描绘环境中参与者的价值观和信念。会议记录、日志、公告、正式的政策声明、信件等，都有助于了解所研究的环境或群体。同样，有关该主题的研究期刊和免费写作样本也可以提供很多信息。
>
> ——凯瑟琳·马歇尔和格蕾琴·B. 罗斯曼（Catherine Marshall and Gretchen B. Rossman, 1999）

本章探讨了在案例研究方法中如何使用书面记录作为数据源。该记录包括文件、报告、统计数据、手稿与其他书面和可视材料，以及可以使用非觉察式方法测量的各种元素（Webb et al., 2000）。霍德（Hodder, 1998）将这组资源称为一个社会的**物质文化**，包括实物制品以及文字和图形符号。本章主要涉及书面文字，尤其是文本分析——这是案例研究人员收集数据的第三种主要方式。它还包括对文本分析方法的回顾。本章首先描述了作为案例研究数据来源的文本材料。

文本材料可分为四大类。第一类是**出版的文本**。这些材料来源包括书籍、期刊、叙述、报告、小册子和其他出版材料。这类材料还包括在大众媒体上发表的报道。为了将这种收集数据的方法与田野调查区分开来，使用这些来源的研究通常被称**为文献研究**或**图书馆研究**。

第二类文本材料包括正式和非正式文件。它包括个人消息和各种类型的档案信息，例如个人注释和备忘录，政府记录和人口动态统计，以及包括电子邮件在内的其他非正式书面材料。

第三类材料的来源由各种各样的**非书面通信**组成。这一组包括图形、表格和图表、照片和插图、工具和其他人工制品,以及录制的电影、音频和录像带的展示。

最后一类材料包括所有**非语言符号和标记**。其中包括肢体语言传达的沉默信息、面部表情、手势、非语言符号和标记、音乐和舞蹈、动物的声音和行为,甚至噪声。在道路标志和标志中用作指示或识别的符号也包括在这一类别中。

案例研究人员在研究文本、符号和人工制品时采用了多种分析工具和方法。其中包括诠释学、内容分析、荟萃分析、符号学分析、空间语言学、人体动作学、话语分析、现场调查等。表9-1显示了各种数据源与分析中使用的方法之间的关系。公共管理研究中最常看到的分析方法是对正式文献综述中的文本进行分析、档案分析以及对现有案例的荟萃分析。

表9-1 文本研究中的资料来源、例子和分析方法

来源	例子	典型分析方法
出版文本	专业文学 大众传媒 叙事小说 书籍和故事	诠释学分析 内容分析 叙事分析 荟萃分析 文献综述
非正式文件和其他书面记录	档案信息 政府报告 人口统计 记录、文件、笔记和备忘录	诠释学分析 内容分析 档案分析 符号学 电子邮件
非书面交流与物质文化	照片和图纸 电影和录像 工具和人工制品 图表	符号学 话语分析 诠释学分析 现场调查
非语言符号、符号和其他交流	肢体语言 手势 音乐和舞蹈 非言语声音符号 噪声	符号学 空间语言学 人体动作学

一　书面记录数据分析的类别

从案例研究者的观点来看,文本或文本研究可以分为多个类别。一种分类方案将书面记录的研究分为三类:传统文献回顾、档案记录研究和分析中的分析(荟萃分析研究设计)。

传统**文献综述**是所有科学研究的基本要素。文献综述的主要目的是提供背景信息,然后将其用于设计完整的研究项目。此外,案例研究人员使用文献综述来发现其他研究人员对他们正在研究的主题或组织的看法。

第二个策略是**档案研究**,是指研究记录的公共和私人正式文件以及其他具有历史性质的材料。这些记录通常没有广泛流通,尽管它们可能被保存在图书馆里。当这些记录材料被禁止对外借阅时,通常需要特别许可才能访问这些记录以用于研究项目。

第三种方法是**荟萃分析**研究设计,研究人员使用其他案例研究作为分析主题。荟萃分析是一种定量技术,用于总结其他研究者对该主题的研究。因此,它认为现有文献本身就是数据来源。第七章讨论了该方法。

(一) 情节或运行记录

对书面记录进行分类的第二种方法是根据记录所属的框架进行。它既包括情节记录,也包括运行记录(Johnson, Joslyn and Reynolds, 2001)。情节记录不是组织正式记录保存中的典型部分,而是以更随意的方式保存的,通常由个人而非组织来保存的材料。具体示例包括个人日记、电子邮件和其他信件手稿、小册子、故事和回忆录、传记和自传以及相关组织和个人的临时记录。历届总统和其他民选官员的论文就属于这一类。

另外,运行记录主要由组织的正式记录组成。它们被收集并保存在官方档案中,通常可以被保留很多年。联邦、州和地方政府的统计记录和其他记录就是例子。公共部门管理人员和政治科学家感兴趣的一些运行记录数据库包括选举结果、立法机构的投票记录、法院判决、官方政府政策记录、人口统计和其他统计指标、演讲和官方立场文件、大众媒体报道、传记数据以及其他资料。

2002年对国会投票的研究就是一个使用运行记录进行案例研究的好

例子，这个案例使用了美国众议院的投票记录（Bovitz，2002）。该案例研究的核心问题是要确定国会议员在何种条件下可能反对其同事对已知的猪肉桶立法投票（pork barrel legislation），以及这种否定投票的记录是否会带来任何积极的好处。所讨论的现象是众议院议员提议终止猪肉桶立法投票的行为。在此案例中，研究人员对七个单位的投票进行了比较：

1. 克林奇河增殖反应堆（田纳西州），1981年7月（是否资助拟议的原子研究项目）

2. 1986年7月，犹他州中心项目的邦纳维尔分社（终止了8370万美元的供水系统建设）

3. 阿巴拉契亚区域委员会，1987年6月（终止通过各种公共工程建造而实现区域经济发展）

4. 俄克拉荷马大学磁流体动力学计划，1987年6月（终止了900万美元的科研项目）

5. 超导超级对撞机，1991年5月，得克萨斯州瓦克西哈奇（终止80亿美元的原子粒子加速器）

6. 国家艺术基金会（提议取消对它的资助）

7. 1994年6月，美国国家生物学调查（终止该计划，并在1995财年拨款1.672亿美元，以追踪特别选定的濒危或濒临灭绝状态的物种的种群水平）

博维兹（Bovitz，2002）发现，在某些情况下，立法官员因投票反对自己选区所提出的猪肉桶计划（pork barrel programs，是美国俚语，意指议员在国会制订拨款法时将钱拨给自己的州、选区或自己特别热心的某个具体项目的做法）而获得奖励，即便他们知道投赞成票能够获得回报（这里的回报可以定义为下次选举中的连任或转化为选票的支持）。令人惊讶的是，这些代表并没有因为在其他成员的选区投票反对他们所在党派支持的项目而受到政治惩罚。

（二）案例研究中的文献综述

在所有案例研究的设计和实施过程中，早期关键的一步是对研究主题、研究问题以及研究相同或类似问题的其他人员所遵循的方法进行文献回顾。有时称为**相关文献综述**或简单的**文献综述**，该过程被定义为"一种系统、明确和可重复的方法，用于识别、评估和解释研究者、学者和实践者创作的现有记录作品"（Fink，1998，3）。

文献回顾可以从三个方面帮助案例研究。第一，它向读者展示了最终的研究结果，即基于该主题，你已经对此项研究有了足够的认识。第二，它明确指出了其他研究者认为的关键议题、关键问题和该领域的明显差距。第三，它建立了一套指导标志，可以帮助您在准备自己的研究设计和分析时，评估其他人用来构建研究设计和分析的理论与原则（Denscombe，1998）。总之，进行良好的文献回顾要做到以下几点。

- 帮助设置后续研究的特定限制。
- 介绍考虑问题的新方法和不同方法。
- 帮助避免在计划研究中的错误和遗漏。
- 提出新想法。
- 熟悉新的数据来源，以及通常完全不同的看待问题方式。

避免文献分析中的陷阱

尽管文献回顾至关重要，但一些案例研究人员却跳过了这一步，错误地认为他们研究的是一个"独特"的问题，或者认为通过研究他们手头的案例，他们正在检验所有相关文献。或者，如果他们真的查阅了研究主题、领域或学科的文献，他们会把文献综述看作是对他们阅读的文章和书籍的总结，以便为自己的研究做准备，就像他们在学校写的读书报告一样。或者，他们仅将文献综述作为同意（或不同意）的作者的列表。进行一些访谈前的计划可以帮助研究人员避免这些陷阱。

皮安塔尼达和加曼（Piantanida and Garman，1999）列出了进行文献综述的最有意义的战略目的。关于此列表，要记住的重要一点是，所有目的并非相互排斥。一个好的文献综述可以同时实现许多目标。

1. 综述可以**追溯**研究问题或与问题相关的关键问题、主题或结构的历史演变。

2. 综述可以提供不同学派对研究问题成熟的或正在发展的看法概要。

3. 综述可以从几个不同的学科来看待研究问题，例如从社会工作的角度和从经济的角度看福利改革。

4. 综述可以检验不同利益相关者群体的立场，如公共行政人员、公民团体、非营利组织等。

5. 综述可以追溯不同的概念学派，这些学派随着时间的推移而出现，目前可能在文献中持相反或冲突的观点。

朗和海斯（Lang and Heiss, 1994）将类似的观点总结为两个基本目的。首先，文献综述可以帮助研究人员训练攻克特定研究问题的能力。其次，它可以为讨论和解释研究结果提供参考。

（三）文献综述分析过程

一个好的文献分析通常遵循一系列步骤。图9-1显示了一个建议步骤。这个模型首先鼓励研究人员在开始他们的文献之旅之前，要研究他们所有的选择。这意味着应考虑所有潜在的文献来源。将文献搜索限制在快速浏览互联网或浏览单一数据库，不是对文献进行彻底综述的方法。

文献综述过程的第二步由几个同等重要的活动组成。第一，为拟选定的研究案例奠定基准。这一过程称为建立内容标准。第二，确定选择案例时应遵循的方法，例如它们是定量研究还是定性研究？它们应该是单案例研究还是多案例研究？如果要进行多案例研究，那么它们是否都应具有一定的最小或最大案例数？案例中的成员或地点是随机选择还是预先确定？该决定将基于研究问题，并且在收集相关文献时可能会有所变化。

一旦收集到文献，分析过程就可以开始了。随着材料的分析研究，相关类别的信息将开始脱颖而出。然后可以对这些类别的信息进行分类和编码，以便为进一步的分析提供一些结构。在组织撰写最终综述时，应考虑文献中重复的关键主题；这些主题可以作为撰写最终研究报告时的讨论点。你可以在文献中以评论的形式编写解释性的注释来总结材料。这些备忘录可以在没有修改或很少修改的情况下进入最终报告。

在材料分析的早期阶段，研究人员必须确保记录下与源文件有关的所有重要书目信息。其中包括有关作者的信息、他们从事研究的学科、有关来源的所有信息以及与已经或可能要调查的其他来源的任何联系。

随着文献综述的推进，有关信息的类别应该开始变得明显。接下来有必要对类别进行编码，并将相关信息复制到卡片上或计算机文件、工作表或便携式存储设备中。在撰写最终案例研究报告期间，文献中反复出现的关键主题经常成为讨论的重点。在编码和组织信息过程中，研究者可以汇总材料、添加评论并开始最终报告。

在此过程的倒数第二个阶段，研究人员将所有重要的书目信息记录在原始文本中。其中包括有关作者的信息，有关所研究来源案例的信息，以及与以后已经或可能要调查的其他来源的任何联系。

芬克（Fink，1998）鼓励研究人员在着手研究文献之前，首先研究他们所有的选择——内部和外部资料来源、先出版和未出版的材料等。只有这样，他们才能开始收集所有可用资源。她补充说，将文献搜索局限为快速浏览互联网或浏览单个数据库，并不是对文献进行全面、科学审查的方法。

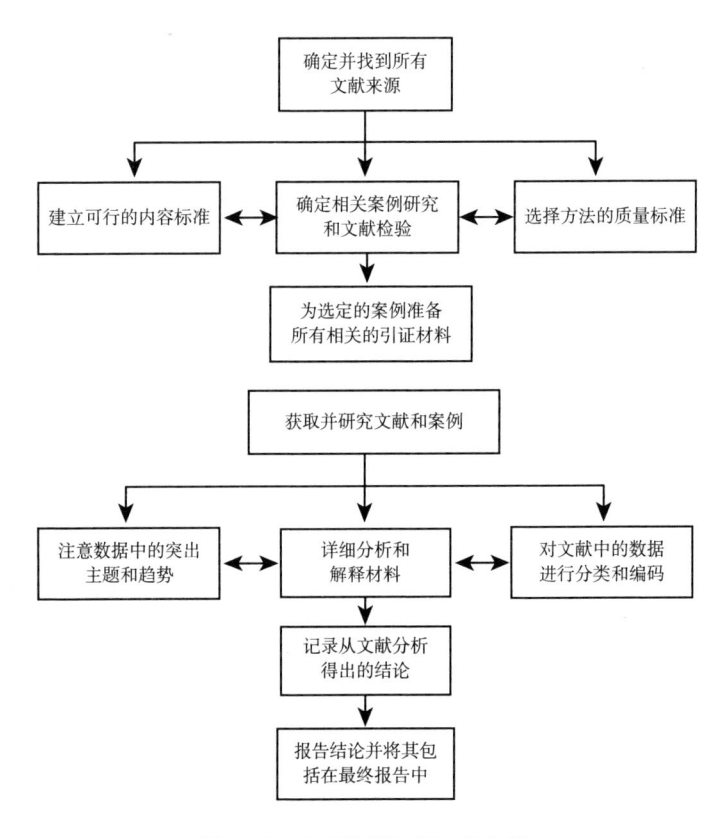

图 9-1　文献综述过程中的步骤

（四）档案资料案例研究

长期以来，档案被认为仅对图书馆管理员有用，现在则被认为是公共管理研究资料的丰富来源。作为交叉检验访谈和叙述性数据的来源，档案资料特别有价值。在这种方式下，他们有助于通过**三角互证**提高有效性——在研究中使用几种不同的方法来证实研究结果或结论。虽然档案数据中可能存在偏见和不诚实，但与依赖于其他人对原始资料的解读相比，档案数据的来源出处更不容易受到研究者错误的影响。

档案数据发挥作用的案例研究中，莫诺波利和奥尔沃思（Monopoli and Alworth，2000）研究纳瓦霍二战退伍军人这一案例是有三角互证的一个例子。四名幸存的部落成员为一个研究小组的成员，参加了20世纪50年代对美洲原住民态度和观点的研究。对幸存的受试者进行访谈，并将数据与原始研究的档案记录进行比较，研究人员能够识别出早期研究结果中的一些偏差错误，如果没有在现代研究中使用档案数据，这些错误可能不会暴露出来。

（五）作为研究基础的记录

档案研究中的研究基础是档案（Dearstyne，1993）。记录是人类记忆的具体延伸。它们的创建和存储是为了保存信息、记录交易、证明行为正当，并提供事件的官方和非官方证据。

记录可以是任何类型的保存信息。记录可以由个人、机构或组织创建、接收或维护。记录可以是官方的政府报告、有记录的电子邮件通信、信件、日记、日记本、分类账、会议记录、契约、个案文件、选举结果、图纸和其他插图、蓝图、协议、备忘录以及任何其他类型的具有或大或小历史价值的材料。记录可以通过各种方式存储：计算机磁带或磁盘、电子数据存储、纸张或羊皮纸上的文字、数字和插图、缩微胶片、盒式磁带、胶片和录像带等。

一个组织或机构维护的正式记录包含该组织的历史及其人员做出的决定。因此，它们是公共管理案例研究人员的丰富信息来源。

美国国家历史出版物和记录委员会最近估计，仅在美国就有4500多个历史记录存储库。此外，几乎每一个州都有自己的历史社会；这些机构的专家通常可以指导研究者找到未保存在政府官方档案中的资料。例如选民登记名单、国会记录、精算记录（即人口动态统计）、准政府机构记录（如天气报告）、大众媒体、专业和学术期刊、公司和组织记录、个人历史以及已出版和未出版的文件。

二　案例研究中的内容分析

内容分析是对非数字书面记录进行统计解释的一种方法。因此，内容分析是文本分析的定量组成部分（McNabb，2008）。它用于描述文本和其他形式的记录中包含的属性，但不用于确定文本内容提供者的意图。这个过程包括将书面材料分解成研究人员选定的类别或单位。然后，研究人员准备一个条目词典，以便清楚地定义已识别的结构。在文本中，对这些项目进行测量使数据统计分析成为可能。

霍尔斯蒂（Holsti，1969，14）将内容分析过程定义为"通过客观和系统地识别消息的特征来进行推断的任何技术"。他所指的重点是内容分析不能说明"真相"，它只能衡量使用情况。霍尔斯蒂没有将在分析过程中收集到的数据局限于定量分析，而是声称他认为"僵化地进行定性定量区分似乎没有道理"。他总结说，使用内容分析的研究人员应该同时使用定性和定量方法来补充相关分析。这样，霍尔斯蒂将诠释学的各个方面与内容分析的传统定量解释结合起来。

伯纳德（Bernard，1995）将内容分析称为"包罗万象的术语"，用于描述从文本材料中进行推理的各种技术。伯纳德认为这些技术的目的是将文本中的信息简化为一系列定量变量，然后再对这些变量进行相关性研究。

（一）内容分析的优缺点

内容分析可用于分析书面文件的内容，包括电影、视频、演讲的成绩单和其他类型的书面交流。内容分析的主要优点在于，它为研究者提供了一种结构化的方法，可以以简单、清晰且易于重复的格式将定性或解释性文本的内容量化。

内容分析的主要缺点是，它包含了一种内生偏见，即从上下文中孤立析出一些信息。因此，上下文的含义经常丢失，或者至少是有问题的。此外，内容分析在处理文本中的隐含含义时非常困难。在这些情况下，诠释性分析可能更合适，可以用内容分析来补充主要分析方法。这种处理方式的主要困难是研究人员在确定要计算的原始代码和类别方面具有主观性，几乎不可避免地在这个分析步骤中加入一些研究者的偏见。

（二）何时使用内容分析

内容分析最好在处理的交流信息趋于清晰、直接、明显和简单的情况下使用。文本越依赖微妙或复杂的意义，内容分析就越不可能揭示文本传达的全部意义。因此，内容分析最常用于描述信息的属性，而不考虑信息发送者的意图或信息对接收者的影响（Denscombe，1998；Holsti，

1969）。计算一个候选人在一次演讲中诋毁政治对手性格的次数就是内容分析的一个例子。

所有内容分析的主要目的是能够对文本中发现的一个或多个变量进行推断。它通过系统和客观地分析文本的内容、交流过程本身，或两者兼而有之来实现这一目标（Sproull，1988）。图9-2中显示的九个步骤展示了内容分析的过程。

```
确定研究目标
    ↓
准备要测量的变量列表
    ↓
确定要测量的特定交流环境
     或过程
    ↓
确定分析单位（要分析
  的最小单位）
    ↓
开发一个编码系统并选择
    度量标准
    ↓
收集或让受试者进行交流
    ↓
选择一个随机抽样的
 信息和初步检验样本
    ↓
如有必要，调整分析类别或
      分析单位
    ↓
使用修订后的代码
列表分析信息的总样本
```

图9-2　内容分析研究设计中的步骤

资料来源：改编自霍尔斯蒂（Holsti，1969）、斯普劳尔（Sproull，1988）和登斯科姆（Denscombe，1998）。

内容分析过程始于确定内容分析研究的目标。该过程的第一步现在应该是熟悉的步骤：建立研究过程的目标。这意味着要在研究之前确定什么是你想进行的工作。接下来，假设研究人员对现象中涉及的较大问题或主题有所了解，则应该列出要在文本中计算的变量。变量与话语不同；相反，它们往往是那些被构造为可以描述或涉猎的、更广泛的复杂态度和行为问题。该清单显然嵌入在研究目标中。

一旦研究人员确定了要寻找的内容和在哪里寻找，下一步就是建立一个对内容项进行编码的系统，同时确定如何对内容项进行计数和记录。然后，收集文本本身。霍尔斯蒂（1969）建议此时研究人员应随机抽取材料样本以进行研究的初步检验。初步检验将提供有关研究设计相对有效性的重要线索。例如，由于感兴趣的变量是在进行测量之前确定的，所以有可能在所选择的源样本中未对变量进行显著处理。在这种情况下，研究人员将不得不回过头来，为研究确定新的变量。

研究的最后步骤涉及对测量进行统计分析。如果可能，这些应该包括描述性统计数据、相关分析和简单的假设检验。然后可以将结果呈现在表格或图表中。

（三） 文本数据的计算机分析

在过去的几十年中，计算机在研究中的使用频率和分析软件的可获得性已经有了巨大的提升（Tak, Nield and Becker, 1999; Este, Sieppert and Barsky, 1998; Richards and Richards, 1998; Miles and Huberman, 1994; Weitzman and Miles, 1995）。在某些研究环境中，技术简化了数据分析过程中许多必要但耗时且无聊的任务。

尽管今天的计算机程序能够处理大量的文本材料和记录，对数据进行分类和索引，并从不同的方向检索信息，但是很少有研究人员使用目前可用的定性数据分析程序（Richards and Richards, 1998）。相反，数据编码、排序、分类和分析仍然经常是以已经操做了100多年的手工方式完成。

本节使用单个程序包作为说明，来简要介绍计算机分析的概念。如果读者希望获得有关这些程序的更多信息，则鼓励他们参考一些已发表的评论中的某一篇，例如威茨曼和迈尔斯（Weitzman and Miles, 1995）编写的《定性数据分析的计算机程序》。迈尔斯和休伯曼（Miles and Huberman, 1994）在他们对定性数据分析的文本中，对12种或更多种市售分析程序进行了有价值的逐点比较。理查兹和理查兹（Richards and Richards, 1998）对计算机软件程序用于分析定性数据的理论基础进行了有益的介绍，但并未评估许多特定程序。

在理查兹和理查兹（1998）提出的分析软件的分类方法中，软件分为两大类：(1) 通用软件包，(2) 专为数据分析开发的专用软件包。通用软件包包括标准的文字处理程序、数据库管理系统和文本搜索软件。有关更多信息，请参阅理查兹和理查兹评论。

专用软件包顾名思义，是为特殊目的而开发的程序。根据设计目的，可以将它们分为至少五类特殊用途程序：

- 编码—检索软件
- 基于规则的理论构建系统
- 基于逻辑的系统
- 基于索引的系统
- 概念或语义网络系统

在这些案例中，目前看来最有希望用于案例研究的两种方法是基于逻辑的系统和概念网络系统。理查兹和理查兹（1998）对他们创建的基于逻辑的系统，即非数值非结构化数据索引、搜索和理论化（NUD*IST）进行了广泛的回顾。使用NUD*IST系统，用户只需在文本段上附加标签就可以对主题和类别进行编码（Tak, Nield and Becker, 1999）。

像理查兹和理查兹讨论的大多数系统一样，NUD*IST系统围绕编码和检索功能构建。它已被扩展为包括许多不同的可选步骤的功能包，而该功能可能被证明是该程序最大的错误之一。系统的潜在用户应考虑有关程序早期版本所声明的注意事项：

> 与此处描述的其他系统相比，NUD*IST看起来是一个笨拙的混合体，包含编码和检索功能，处理生产规则的方式以及其他类型的概念化推理，概念化陈述，替代概念化网络系统以及数据库存储设施，所有互动都通过互锁工具进行……而且，也许最重要的是，该软件为从未完成研究的研究人员提供了许多方法。（Richards and Richards, 1998, 237）

尽管 NUD*IST 系统的潜在复杂性令人困惑，但它已成为用于定性数据分析的流行计算机软件程序之一（即使不是最流行的）。它在教育、护理和其他医学研究以及某些社会学应用中特别受欢迎。在民族志研究中似乎很少使用它，在政治科学研究中也很少见到它。尽管采用率提升缓慢，但一些政治科学和非政府组织研究的创新者已开始检验其应用能力。

理查兹和理查兹特别关注的第二个软件程序是概念网络系统 ATLAS/ti。穆尔（Mühr, 1991）于 20 世纪 80 年代在德国开发了 ATLAS，当时有关分析软件的大部分工作正在推进过程中。ATLAS 建立在编码和检索基础之上，并具有出色的备忘功能，可以将代码分配给备忘录以及原始文本。然而，它的显著特点是，它能够创建表现关系和联系的概念图形，将文本与所研究案例中的系统或理论联系起来（Richards and Richards 1998, 240）。ATLAS 和 NUD*IST 只是可用于分析定性案例研究数据的众多程序中的两个。其他的还有超级数据库（Hesse-Biber, Dupuis and Kinder, 1991）和 AQUAD（Huber and Garcia, 1991）。

总而言之，专用软件包用于定性数据分析可能会保留下来。越来越多的专业研究人员发现软件包的功能，同时越来越多的学生在他们的研究方法课程中接触到这些软件包，这将会加速提升软件包的使用率。但是，迄今为止，由于其复杂性（很大程度上是由于其强大的功能），许多研究人员仍然沿用传统的、最简单的技术和流程来分析他们的数据。

小　结

公共管理案例研究中使用的主要数据收集方法是进行面对面访谈或小组访谈；在群体中进行的参与式观察行为或沉默的观察者进行的非参与式观察行为；内部和外部文本及其他实物资料的分析方法；以及分析内部和外部文本及其他实物资料的方法。通常，这些方法中的两种或两种以上被用来收集其他数据，或者在三角互证中进行效度测试。

本章回顾了分析文本材料的两种方法：传统的文献综述方法和基于统计学的内容分析方法。本章最后简要讨论了文本数据分析的计算机程序。为了分析定性案例研究数据，研究人员开发了一些专用的计算机程序，并对其中两个软件 NUD*IST 和 ATLAS/ti 进行了探讨。

第十章 案例研究报告

　　惯例而言,撰写阶段对案例研究人员提出了最高要求。案例研究报告不遵循任何定型形式……此外,报告不必只是书面形式。由于这种不确定的性质,不喜欢写作的研究者可能不应该进行案例研究。

——应国瑞(Robert K. Yin,1994)

　　尽管似乎没有任何一种正确的方法来编写案例报告,但是有许多指南可以帮助研究者编写案例研究报告(Hamel, Dufour and Fortin, 1993;Marshall and Rossman, 1999;Gillham, 2000)。例如,应国瑞(1994)确定了五个关键原则,这些原则已被应用在最佳和最翔实的案例研究报告中。

　　这些指导原则中的第一个原则是,案例研究必须具有重要意义。重要的案例是那些在同类最佳案例中脱颖而出的。与可能选择的其他案例相比,它们以更好或更简洁的方式说明了一个特定观点。通过这种方式,研究人员表明,选择一个或多个案例不仅是适当的,而且该研究还丰富了有关主题或问题的知识体系;同时,该研究做出了重大贡献。

　　琐碎的研究问题不能成为好的案例研究。应国瑞(1994)得出结论,最好的案例研究符合下列一项或多项。

- 单个案例或几组案例与众不同且不"平凡"。
- 一个或多个案例是公众有兴趣阅读的内容。
- 此案例中揭示的基本问题具有广泛的吸引力——无论是从理论上、政策上还是在实际应用中,它们都具有"国家重要性"。

第二个指导原则是，案例研究必须完整。完整的案例使读者感到所有相关的证据均已被收集、评估、解释、接受或拒绝。当然，这里的关键词是"相关的"。因此，一个案例并非绝对完整，除非它在三个不同维度上完整。

● 维度一：一个完整的案例要明确提出感兴趣的现象，该案例予以确认。

● 维度二：收集所有相关信息；在最终的叙述中，不适合这个维度的信息就没有必要收集，或者如果收集了这些信息，则不用对其进行解释和讨论。

● 维度三：研究人员或案例作者在对收集到的数据进行分析或评估时，不得强加任何人为的条件。举例来说，这意味着，研究人员不得因为他或她的钱财用尽、时间到期或其他任何非研究约束条件而停止收集相关信息。

第三个原则是，案例研究还应考虑可替代的视角。研究人员不能将案例数据的分析仅限于单一观点，这一点很重要。对于社会现象的替代解释总是存在的（Marshall and Rossman，1999）。在整个案例数据的分析过程中，研究人员有义务确定原始数据的替代解释或阐释，并说明为什么拒绝采用这些替代解释以支持最后采用的解释，还必须提供支持所选解释的证据。

第四个原则是，案例研究必须显示足够的证据。仅仅为了简洁起见，在案例分析中减少数据并不可取。所有相关证据都必须出现在最终的叙述中。当然，在分析的每一步都会对数据进行压缩、提取和合并；否则，最终报告只会是一堆不相关的原始数据。研究人员必须对数据进行分析，以充分解释和评估收集到的数据。在这个过程中，自然会发生一些数据缩减。然而，研究人员更可能由于包揽材料过多而犯错，忽略最终案例报告中可能的重要证据的情况反而比较少。

第五个原则是，案例研究应以引人入胜的方式撰写。这项建议尤其重要，因为它影响到案例是否会被阅读、理解，并在适当的情况下，公开出版被应用于政策制定或类似的公共管理情境的可能性。

以引人入胜的方式写作是一个风格问题，这可能意味着很多事情接踵而至。诸如篇幅、选词、段落结构、标题和副标题、思路、摘要和结论、标点符号、引文和参考文献等，这些概念和其他概念都是写作风格的一部分。

经常听到一些抱怨，说案例研究报告太长了，阅读和解释起来很麻烦，或者根本就是无聊。总之，这些报告缺乏风格。应国瑞（1994）的意思是，案例报告的作者应该始终努力吸引读者的智识，通过提前暗示即将到来的令人兴奋的信息来引起他们的兴趣，并引导读者接受潜在的前提。

一　案例报告的普遍建议

撰写案例研究报告与撰写其他类型的研究报告没有太大区别。最大的区别在于，详细解释案例主体选择的情况以及对案例主体本身的描述十分重要。

一旦案例数据被收集起来，着手分析，研究人员必须组织信息并选择一种结构来呈现研究结果和结论。有许多不同的方式来组织最终的案例报告，有几种方式最为突出，一种常见的方式是按**时间顺序**组织，其中详细记录了事件和情况的发生，最后以结论和暗示来完成结尾部分。

更好的方式是将案例信息从**一般到具体**的方式进行整理。这种方式的另一种替代是从特定到一般来组织报告。在另一种方式中，研究人员可以将**研究问题或研究假设定义**中确定的要点用作最终案例报告的结构。这意味着，在报告的开头插入一个带有一个问题或假设的起始段落，然后使用文献中的材料来说明，在实践中如何应用一个或多个问题。很多案例都遵循这种设计。

报告撰写的三个步骤

巴顿（Patton，1980，304）将案例叙述称为"对更全面的描述性数据的叙述性、分析性、阐释性和评估性处理"（由研究人员收集）。他将报告撰写分为三个不同的步骤。

1. 收集并分类原始案例数据。这是通过访谈、观察和查看任何相关文档和/或文献可以收集的所有信息。

2. 写出案例的初步记录。该案例记录包括研究人员的编码以及随后对大量原始数据的提取。它涉及建立数据类别并将数据按逻辑顺序分配给这些类别。这份记录和第一步的完成最终产生了报告的草稿。

3. 制作案例叙述。这是最终的书面叙述，以可读性、信息性和评估性的形式呈现案例信息。该文件传达了案例如何达到研究的原始目标。它包括读者全面理解该主题所需的所有信息。它可以以三种形式呈现：（1）事件的时间顺序记录；（2）根据一组主题进行的记录；（3）两种方法的组合。

由于在决定如何组织研究结果和提出想法时没有严格的规则可以遵循，所以大多数案例作者在不同的时间使用不同的设计（Gillham，2000）。但是，如果您要编写许多案例，则最好避免从一个问题跳到另一个问题，或者编写没有任何基础计划的报告。

切记：案例写作的基本目标是它可以被阅读。为此，它必须是有趣且可读的。这需要采用一种结构，然后坚持所选择的计划和格式。

二 案例研究报告的五个关键要素

多年来，社会科学中案例报告的结构趋向于遵循应国瑞（1994）提出的案例研究五要素设计。第一个要素是首先说明一个或多个引发案例研究的问题。其中许多陈述涉及**如何或为什么**提出问题。

第二个要素涉及应国瑞（1994）所说的"研究命题"。这些研究命题概括了研究人员相信从案例分析中得出什么结论。在实证研究中，研究者的假设服务于这一目的。然而，在叙述性的案例报告中，研究命题通常以简短的段落陈述研究者希望通过案例研究完成什么。一个例子是2003年关于巴西和哥伦比亚提供紧急避孕措施的多案例研究目标陈述：

> 本文着重介绍了在五个所研究国家中巴西和哥伦比亚两个国家引入紧急避孕的特殊计划和政治背景（以西半球地区国际计划生育联合会为目标；其他国家包括智利、多米尼加和委内瑞拉）。在每种情况下，我们都探讨了卫生部门改革的作用以及这两个国家为扩大紧急避孕措施使用而采取的战略。（Heimburger, Gras and Guedes, 2003, 151）

第三个要素是对分析单位的描述，也就是说，将"案例"确立为一个人、一组个人、一个组织、一个机构、一个部门，或者广义上的一个国家。案例也可以是一个事件，例如为了提高运作效率或有效性而进行的组织变革，或是紧急避孕案例中所述的国家政策的转变。

第四个要素应该是研究者的分析——**逻辑**——涉及对案例的发生或正在发生的解释和结论，即与研究问题之间的联系是什么。

第五个要素是对研究人员用来得出结论的标准的描述。例如，如果案例研究的是组织如何开发有效的、以绩效为导向的薪酬和奖励系统，那么该系统根据什么衡量标准和其他标准被认定为有效？

三　建立案例研究的观点

选择与您的研究目标相匹配的观点是组织和展示研究结果的关键步骤。这涉及确定如何组织报告，以便使想法在各个部分之间顺利实现。通常通过遵循简单、标准的结构并使用与该研究领域的文章一致的写作风格，可以提高阅读报告的机会。下一节将介绍不同的观点。

示例观点

社会科学、行政科学和人文学科等不同学科经常建议采用各种方式来构建或组织书面报告。索雷尔斯（Sorrels，1984）提出了一些有价值的概述，供研究人员在计划和撰写研究结果报告时采纳不同用法或观点，他列出了以下七个观点或模式。

1. **间接模式**观点。这种模式从案例的事实部分转向一般结论。

2. **直接形式**，它颠倒了间接模式的顺序。这种形式使读者从一般结论转向支持结论的事实。

3. 读者通过**时间顺序**，例如一些现象的典型历史记录中的一系列日期，进行操作。

4. **空间模式**。这种方法的一个例子是一个案例报告，这个报告将读者从一个部门或地点转移到其他相关的或同等受影响的单位，这一转移依循研究人员选择的逻辑顺序进行。

5. 一个**分析性的组织**，其中整体被分成若干部分。在进入下一个部分之前，每个部分都会被完整地处理。一般来说，3 到 5 个部分可能是在这样一项研究中所包含的最合适的数量。

6. **比较模式**。顾名思义，这种模式就是逐点比较整体的元素。多案例设计、跨国家或跨州案例通常遵循这种模式。

7. 一种**排名法**。其中报告部分按其重要性或影响的顺序予以排列；重要性可以按升序或降序排列。这种方法通常用于描述达到某些重要时刻或顶点的事件，例如赢得一场选举或实现组织文化的有意义转变。

专栏 10.1　案例研究报告的组成部分

1. 标题
2. 摘要
3. 案例介绍或逻辑
4. 案例相关文献评述
5. 讨论用于研究的方法论和/或研究设计
6. 完整的结果讨论
7. 结论、启示和/或建议
8. 参考文献和引用资料的详细清单
9. 附录（如有）

四　案例报告的组成部分

书面研究报告最多包含九个或十个部分或章节。这些通常按照专栏10.1的方式进行组织。但记住一点很重要，即并非所有论文和报告都遵循这种格式。同时，并非所有论文和报告都包括这些主要组成部分，这一点也很重要。

请注意，此列表不包括任何图表、表格、曲线图、绘图或其他插图、模型或其他图表交流工具。这是因为这些工具不局限于任何一个部分。当然，在报告的标题、摘要或参考资料部分中找不到图形项。但是，图形项当然可以用于任何或所有其他部分，它们应在达到预期效果或沟通目标时使用。正确使用图形工具可以极大地提高报告的表达能力。图形项使研究人员能够清晰、简洁、一目了然地呈现详细信息，而不管它们在报告中的何处使用。

（一）标题

标题通常是报告最重要的组成部分之一。它应该跳出书页，吸引读者的注意力，但这并不意味着它应该很可爱。通常最好避免在你的写作中使用俚语，除非有具体和相关的理由这样做。例如，如果出于某种原因必须使用俚语达到特殊效果，则应将其用引号或斜体字引用起来。

大多数学生和研究新手倾向于使用过于笼统或者无法阐明研究与任务内容的标题。例如，"符合2月2日研究任务的报告"不是正确的标题，即使它是真实的。可以考虑改用另外一种表达方式，即"国家水资源局批准的对环境有害的采伐实践：案例研究"。

尽管改写后的标题包含15个单词，但请研究者注意不要让标题过长。首选长度是8~12个字。要记住的一条经验法则是：少而美。但是，太过于简练并不好。研究论文不是报纸上的故事。因此，即使在案例报告的第一部分中进行了说明，简短、冗杂或可爱的头条作为标题也不合适。

1. 好标题的要素

好的标题应该包含四个关键部分：（1）确定主题；（2）详细说明研究的**具体维度**；（3）命名研究对象；（4）解释采用了什么方法——在这种情况下，所用方法是案例研究。标题的目的是告诉读者，论文是关于什么的，并抓住读者的兴趣，以便对研究成果进行全面检查。

最后，标题页应包括论文标题、作者姓名（通常按姓氏首字母顺序）以及其他相关信息。

2. 定性研究标题的示例

（1）"俄勒冈州格莱德如何通过社区会议改变公众对公共安全规划的负面态度：一个案例研究。"

（2）"加利福尼亚州斯托克顿执行联邦港口安全要求研究。"

3. 定量研究标题的示例

（3）"华盛顿州奥林匹亚消费者对吸烟态度的个案研究。"

（4）"少数族裔雇用程序的分析：两个俄勒冈州政府部门的案例。"

（二）摘要（或执行摘要）

摘要是对研究和报告的简要总结。它位于论文第一页的顶部，紧靠标题下方，位于简介部分之前。虽然大多数报告都以双倍行距键入，但是摘要通常是单行距，并且在文档的两边都缩进了五个空格（见专栏10.2）。

> **专栏 10.2　案例研究标题和摘要的示例**
>
> 地方政府的综合管理和预算改革：密尔沃基案例
>
> 　　自 1988 年新任市长当选以来，威斯康星州密尔沃基市一直在进行全面的预算和管理改革，类似于目前各级政府所做的改革。本文提供了一个案例分析，说明了该市从改革开始到 20 世纪 90 年代中期实施阶段的事件和条件。分析聚焦于与结构和过程、领导特征、管理能力和文化有关的变量，这些变量已在其他案例和比较研究中确定为促进或阻碍这两个阶段的发展。密尔沃基的经验还表明，在这些阶段，政治因素似乎比其他改革研究更重要。
>
> 资料来源：亨德里克（Hendrick，2000，261，312－337）。

　　通常，摘要范围从 100 个字到 200 个字不等。在某些期刊中，针对作者的编辑说明要求摘要必须少于 100 个字。在如此短的写作空间中，无论长度如何，摘要都必须告知读者已完成的工作、如何完成工作、最重要的结果或发现，以及读者在阅读整篇论文时会发现什么。摘要包含足够的信息，可以准确地向读者介绍论文中的关键思想，同时也鼓励他们阅读全文。在所有专业期刊文章中以及在 CD-ROM 数据库和类似电子资源中包含的论文的长格式清单中，都可以找到摘要。检查这些摘要以了解其他研究人员如何撰写摘要是一个好主意。

　　在准备向内部分发的报告中，例如为非营利组织的管理所做的研究，可以用一种稍长形式的执行摘要来代替摘要。执行摘要通常用来引导听众通过口头陈述论文。摘要遵循正常的句子和段落结构，执行摘要可以用大纲或项目符号的形式呈现。

（三）引言

　　在某些专业期刊格式中，引言可能也叫背景部分。在其他情况下，它被称为"研究缘由"。在某些期刊中，该部分可能没有标签或标题。作者只是从写作开始。许多（但不是全部）公共行政和行政科学期刊在案例报告文本的开头继续使用"引言"标签。

　　引言部分是为读者详细解释研究和论文的全部内容。除此之外，关于引言中涉及内容的具体规则很少，只有建议。在为案例报告撰写引言时，您可能希望考虑以下几点。

引言部分向读者介绍了案例研究的全部范围。它包括有关主题或情况，组织或行政部门的背景信息，以及任何其他相关的初步信息。在这个部分要说明为什么选择一个或多个案例主题。这也是列出开展研究步骤的地方。引言还解释了如何或为什么首先考虑该研究，以及研究人员希望通过研究这一特定案例题目或主题来学习什么。

引言有时包括对一些关键文献的简短讨论，以便读者可以看到该研究与在该主题上已完成的其他工作之间的关系。这样做是为了使研究人员可以解释有关议题的其他案例报告和/或文章，并最终指出它们与新研究的关系。

引言是开始写作的第一个闪光点。这一部分必须仔细书写和重写。这是第一次有机会吸引有能力评判你的研究和写作的人。《美国公共管理评论》所有期号中的撰稿人须知声明强调了谨慎关注风格的重要性：

> 除了其实质性内容外，还将考虑写作风格、结构和篇幅。糟糕的写作和视觉表现也是评审拒绝稿件的原因。期刊编辑寻求清晰和具有逻辑的表达方式，以及"激发辩论的具有挑衅性、挑战性的方向"。当然，对"专业性"的要求即使不是最重要的，也应该重视。

总而言之，引言部分应包括以下内容：
1. 对研究背景的简要回顾（不超过两或三段）
2. 说明选题原因的陈述
3. 适当情况下简要介绍本主题的其他研究
4. 说明后续页面将要介绍的内容
5. 逻辑上可被视为对研究项目、研究、主题或论文的介绍的任何附加信息

（四）文献综述

引言之后的部分是文献综述。它应包含您对其他研究者和作者关于这个话题的大部分分析。在这一部分要显示图书馆和/或互联网查阅的结果。由于本节中包含的所有内容均来自其他人的工作，所以研究人员必须始终谨慎地引用所有来源。如果其他人先完成了工作，则必须给予该

人适当的认可。

对于遵循文档分析策略的案例研究，此部分可能更合适被称为"讨论"部分。例如，对于公共组织的管理者如何在一个或多个方面良好运用领导力的情况，所有数据可能来自已经发布的资源，例如一个或多个广泛关注的公共管理期刊，CD-ROM 或网络上的资源等。一旦完成，研究人员便可以对公共行政文献进行更广泛的搜索，以查找有关公共部门管理人员的特定文章。这并不像听起来那样困难，因为好的研究往往会在媒体上引起很多关注。

研究人员可能会在介绍性段落中定义所考虑的主题和相关变量；在这个例子中，这意味着描述特定的领导特质。然后，检验涉及每个领导特征变量的文献。这样，研究人员就可以通过检验已经发表的资料来进行所有研究。

或者，研究人员可能会被要求准备一个更结构化的案例研究，包括观察研究人员所在组织的管理者所表现出的领导特质。收集这些数据的方法可以是定性的、定量的或两者的结合。在这种情况下，文献搜索可以就以下方面的问题提供建议，即哪些领导特质可能比其他特质更重要；如何测量领导特质；或者说衡量领导特质的可能路径；等等。

为了总结这一讨论，文献综述（或简短论文中的讨论部分）应做以下工作。

- 回顾之前在田野完成的工作。
- 解释早期工作与本次调查的关系。
- 举例说明其他研究人员的研究方向。
- 给你的工作带来持续性或结束感。
- 对于一篇较短的论文，它可以为剩余研究提供要扩展的思想主体。

（五）方法论

方法论有时称为研究方法，或称为方法和材料，或简称为方法部分。这是报告的一部分，这部分将最终完整地说明如何完成研究工作。在案例研究中，这一部分应详细描述数据来自何处，如何收集以及如何处理。该部分回答的一些问题可能包括以下内容：

- 该案例的数据是从馆藏文库发表的文献中收集的，还是仅限于对互联网来源的研究？为什么选择这种方法？

- 数据收集是否涉及多种方法？为什么或者为什么不呢？
- 数据是通过观察收集的吗？如果是这样的话，研究人员是作为一个完全的参与者还是一个不显眼的旁观者来工作？
- 如果采用个人、深入的访谈数据收集方法，研究是否涉及进行一次访谈或一系列个人访谈？
- 如果使用访谈，是否开发了一个定制设计的讨论指南（或问卷）、研究指南或早期研究中已被使用的问卷？为什么选择了这种方法？
- 是否设计并实施了实验？

这些只是影响研究方法的诸多不同因素中的少数因素，应该在案例研究报告中加以确定。在最终的分析中，所采用的方法将取决于研究问题的性质、相关的研究变量、对所选案例主题的进入情况以及研究人员可用的资源。

（六）回顾：方法和数据差异

在这里可能有必要简要回顾一下数据的主要区别，因为它们与所有研究方法有关。这就是"一手—二手"数据二分法。**一手**数据是研究人员生成的数据。它们产生于研究者手头的具体研究项目。例如对研究者在深度访谈中提出问题的集体回答。

二手数据是其他人出于不同目的收集的数据。例如公布的经济和人口统计数据。在案例研究的荟萃分析中，检验的案例数据也是二手数据。通常情况下，二手数据的收集成本更低、获取更快，但一手数据往往在这两种数据类型中更可靠。每种数据都有自己的位置和目的。

如果这项研究是为一篇短论文而设计的图书馆或互联网研究，则通常只收集二手数据。如果说这项研究意味着要进行一项实验来评估公民对各种公共服务告知的反应，那就意味着要收集一手数据。

收集二手数据时，请记住，必须在论文中标记出所使用的每种信息来源。这意味着包括完整的书目引文，以及你在论文中使用的实际引文的页码（解释引用时，页码不应与源引文一起使用）。

一项研究可能需要查阅图书馆中已出版和发表的书籍和文章，或者通过互联网查阅资料来源。它要求在田野观察中检验人工制品或观察行为。它可能涉及提出一系列问题，并要求人们回答问卷；或者，可能需要仔细设计并进行与人类受试者的实验。在每一种情况下，研究者都必须准确描述所做的工作以及工作如何完成。该信息来自研究论文的方法部分。

(七) 调查结果部分

一旦读者被告知了研究的内容和方法，现在是时候告诉他们研究揭示了什么成果。有时这部分被称为讨论、结果或发现。不管怎样，这是向读者展示研究工作的最终结果的地方；在这个步骤中，应该首先解释进行研究的原因。

这些信息必须清晰、真实、简单，且无编辑内容。它不是研究人员介绍观点或回应的地方。这意味着对信息的结论、判断或评估不应插入到报告的这一部分。作者的工作只是简单地解释数据揭示了什么，仅此而已。

评论这部分的数据不是个好主意。相反，应当试着保持冷静和客观，简单地说，即"按原样讲"。避免强烈的负面观点，如"经理真的犯了一个愚蠢的错误"。然而，也可以用某种方式描述这种行为，这样别人可能会认为错误就是你所想的那样。最好让你的读者自己做出评价和结论，千万不要告诉他们如何思考。

通常，定量研究报告以第三人称撰写，定性研究报告可以以第一人称或第三人称撰写。养成使用您感兴趣或研究领域中最常用的格式的习惯是一个好主意。例如，经常鼓励研究人员在管理或经济学研究报告中避免使用第一人称方法，而许多公共行政期刊都收录了以两种形式撰写的论文。所遵循的主题和研究方法应说明演示文稿中使用的形式。根据经验，始终进行清晰、客观的写作和以第三人称格式写作时，一般不会有麻烦。

(八) 结论和/或建议部分

撰写案例研究报告就像撰写演讲稿一样。在这两种情况下，作者都是选择一个主题，找到有关该主题的内容，然后进行撰写。作者以总结作为结尾，并与听众分享有关该过程的结论。演讲培训者将其简化为三部分：(1) 告诉听众您要告诉他们什么，(2) 告诉他们，(3) 然后告诉他们您告诉他们的内容。

从某种意义上说，我们在本章中从一个章节转到另一个章节时一直就在遵循这些方向。在引言部分，读者被告知研究和报告的内容。方法部分描述了收集和处理数据的方式。结果部分展示了您研究发现的主体。现在是时候打包告诉观众从研究中学到了什么。

好的结论可以说是论文最有价值的组成部分之一（Markman，Markman and Waddell，1989）。好的结论是部分总结、部分结论和部分建议。本部分内容可用于上述多种不同的写作目的。首先，它提供了一个机会来总结从文献中收集到的主要观点。它还使重复任何已经成功的实验研究的重要发现成为可能。

其次，好的结论部分使研究人员能够解释研究结果，并用自己的话来写出主观的解释。在一份好的公共管理论文中，这可能是唯一可以使研究人员具有原创性的地方。在这一点上，写作必须始终保持客观，仅报告事实。最后，结论部分使研究人员有机会向读者证明研究思路、设计和项目是有效的且具有价值的。但是，研究人员必须解释所有含义。要做到这一点，最终还是需要研究人员具有创造力、分析能力和说服力。同时，这就是作者试图影响听众或说服听众他所呈现的解释是正确的地方。

准备结论部分

在结论部分，先对研究做一个简短的总结，再加上您的解释，然后在报告的结尾写上您所发现的研究结果的意义，或者是您的建议。结论部分应做到以下几点。

- 总结主要观点。
- 说出这些想法的含义。
- 包括对调查结果的个人解释（您的意见）。
- 让读者相信这项研究是值得的。
- 向读者提出建议（如有）。
- 如果一份报告将被纳入专业期刊，本部分还可能包括对进一步研究的影响或建议。

（九）参考文献（参考书目）

参考文献部分是作者识别所有信息来源的地方。通常，本部分分为两块：(1) 研究中信息使用的位置，以及 (2) 研究中引用、探究或检验的所有来源按字母顺序的列表。本章节的第一部分称为"注释"或

"源引"部分,可以在报告中以尾注、脚注或文字引文的形式呈现。注释按照其在论文中出现的时间顺序从头到尾排列。正文中包含了文内引用;它们在使用源信息时显示。整本书都使用文内引用方法。

作者可以使用脚注、尾注或在文内引用等方式告知读者其信息来源的位置。其他人需要根据参考文献的位置信息来复制研究或测试缺陷。对于10~12页的论文,作者不再需要遵循尾注或脚注的要求。这并不意味着作者可以把别人的作品当作自己的作品。这样做是剽窃、是盗窃、是偷盗。这种做法是不道德的,而且在大多数情况下是非法的。在一些大学和学院,学生可能因为剽窃而被开除。

这意味着,可以通过在该部分的开头或结尾处以括号中添加作者的姓名和发表日期的方式来解决引文问题。这被称为文内引用形式。文内引用方法越来越流行。大多数出版物和组织都倾向于只使用此方法。这也是本书中使用的方法。

参考文献或书目部分包含有关研究中使用的、所有来源的完整书目信息。一般情况下,研究写作中会使用多种不同的方式来呈现书目信息。通常最好遵循您所在领域最有影响力的作者所采用的风格,或者遵循该学科中最好的期刊所采用的风格。尽管在专业文献中也发现了其他风格。公共行政和公共管理的论文与期刊大多遵循美国心理学协会(APA)的标准格式,除了美国心理学协会格式,还有两种常用格式,即现代语言协会(MLA)格式和芝加哥大学格式。研究论文的参考文献部分必须是仅对研究中使用的完整书目的出处引用。如果已经检索了研究出处但未使用,则没有必要将其列入参考文献。

总之,用作研究项目背景的信息可以在自己出版的书籍使用。杂志、报纸、期刊;访谈或调查;电影;电子资源,例如互联网;政府或公司的手册,报告或小册子;电视节目;或您找到的任何其他来源。对于如何列出这些来源出处(作为注释和参考),则有多种规则。

过去,一些手册要求同时包含注释和参考文献。但是当前,通常用文内引用代替尾注或脚注。大多数期刊都要求使用文内引用代替尾注或脚注,并在本文结尾处使用正式的参考书目。

(十)附录

附录通常是研究论文的最后一部分。这个词有两种复数形式:appendixes 或 appendices；您可以使用自己喜欢的一种。附录是可能与论文有关但不能或不应放置在论文之中的部分。小册子或广告就是一个例子。其他示例包括用于研究的调查问卷、复杂的数学表格或杂志、期刊或报纸上的文章副本。附录对什么可以包含或应包含什么没有限制。

可以作为附录使用涵盖各种各样的材料。这表明，对于附录而言没有一个规则或特殊格式。但是，带有与附录有关的建议格式手册倾向于与以下观点一致。

- 公共管理、商业或经济学的研究论文很少需要附录。
- 使用附录时，应将其附在参考书目之后。
- 尽管并非完全必要，但应在所有附件材料之前放置一个单独的标题页（带有标签"附录"）。
- 在表格目录中仅注明附录标题页的页码。
- 当使用多个附录时，"附录"一词放在目录和章节标题页上。
- 多个附录可按时间顺序标注如下：附录 A、附录 B、附录 C 等。

五 案例研究的写作体例和格式

写作体例和格式一词经常互换使用，它们都指的是论文的编排方式。然而，因为它们的含义不同，它们不应该互换，格式是指研究论文的结构或组织方式。它包括标题、副标题和文章各部分的次序。另外，写作体例是指报告中使用的单词和句子的选择，它包括标点符号和语法。

格式通常因学科、期刊和论文目的而不同。有时，当人们谈论写作体例时，他们指的是美国公共行政学会、美国政治科学协会、美国政治学学会或芝加哥大学等组织所认可的写作规则。在其他时候，它们指的是写作的主观性、创造性和艺术性：选择闪光的单词，使用主动语态而不是被动语态，使用各种不同长度的句子。

你讨厌读什么样的教科书和文章：一本有着漫无边际的句子的书？因为作者没有分段，没有使用标题或副标题，或者没有使用示例或图案来充实文章，而让你昏昏欲睡的有着海量黑色或灰色文字的书？或者是那些令你感到被冒犯的书？因为它们要么贬低你，要么假设你在该领域有 20 年的经验可以轻易理解作者全文坚持使用的复杂或深奥的行话。

大多数人喜欢易于阅读和理解的教科书和文章。这些是用作您自己写作模型的示例。就像不良的写作可以避免一样，良好的写作也可以学习。

当编辑谈论写作体例的时候，通常指的是这些写作特征：（1）作者对单词和句子的选择；（2）作者如何运用语法和标点符号的基本规则；（3）脚注、尾注的技巧、文内引用以及记录书目（参考文献）符号的各种方式。

六　《公共绩效和管理评论》中的案例报告指南

公共管理领域杂志《公共绩效和管理评论》建议公共管理案例研究人员遵循以下各节中列出的准则。这些准则不应视为严格遵循的核对清单，而应通过其逻辑推论指导案例报告。

（一）介绍案例

当作者回答以下问题时，介绍案例更容易：

- 与案例相关的议题、问题和利益是什么？
- 案例的目的是什么？
- 谁是关键角色？是否可以并且应该被识别？
- 决策者或主要参与者面临组织中的哪些约束或问题？
- 案例研究的背景是什么：地点、时间和原因？
- 案例的地点是否明确说明？应该隐藏吗？

（二）确定问题或情况的背景

读者必须知道发生了什么问题，为什么发生，以及怎样解决。对这些问题的回答有助于让案例报告的读者明白这些要点：（1）导致检验情境的事件在历史上发生了什么？（2）最近的事态发展对这个议题、问题或形势有何影响？

（三）报告你的发现

- 故事和案例内容是什么？
- 产生决策或问题解决方案的某种行动涉及哪些特征？
- 案例的时间顺序是什么？（使用时间标记，如下一步、接着等）
- 是否实施了解决方案，如果是，由谁实施？
- 决策过程是什么？

- 解决方案是否产生预期结果？有什么证据支持这个结论？
- 考虑了哪些替代方案？
- 哪些事件对成功或失败至关重要？

（四）描述您的分析和结论

以下问题是典型的观点，案例研究人员可以使用这些观点来确保案例的结论部分能够让读者和其他研究人员相信，案例研究遵循公认的科学原则。

- 案例是否支持现有公共行政理论和假设，或与其相冲突？
- 在案例研究的情境和问题下，应该怎么做？
- 解决方案是否适应环境并且对处理问题有用？
- 还有哪些其他选择？
- 其他公共管理人员可以从阅读案例中吸取什么教训？

小　结

本章讨论了两个相关主题：（1）案例研究报告中要包含的元素；（2）案例研究报告的格式和写作体例。

本章讨论了大多数研究项目报告的构成部分。案例研究报告通常包括九个主要部分：（1）标题和标题页，（2）摘要，（3）研究介绍或研究缘起，（4）文献综述，（5）用于研究的方法论的讨论，（6）对研究产出结果的完整讨论（通常称为发现部分），（7）结论和/或建议，（8）参考文献，（9）附录（如果有）。

本章讨论了格式和写作体例。**格式**是指论文和报告的结构化或组织化的逻辑方式。**写作体例**指的是单词的选择、句子中单词的使用方式以及句子如何形成段落。它包括标点符号和语法。写作体例还包括呈现本文引用的参考文献和作品的形式。

137

第二编　公共管理的案例研究

本部分简要介绍了公共管理的有关议题，然后选择公共行政和公共管理重点关注的领域，提供了各种各样的案例研究示例。之所以选择这些领域，是因为它们要么是公共行政和公共管理文献中大家都关注的相关主题，要么是因为案例的质量较好。

本部分首先介绍公共政策和公众参与的案例。这是因为本编所涵盖的政策制定是所有后续政府行动和计划的核心。其他章节涵盖绩效管理、可持续政府、技术管理、安全和应急管理、社会和卫生服务、公共基础设施和公共交通等。最后一章总结了政府工作和治理模式的变化，包括从个体官僚机构到网络系统、合作和协作的转变。如果未包括您最感兴趣的主题，请牢记，无论什么样的研究主题，案例研究方法都是相同的。对公共管理文献的回顾肯定会揭示公共行政人员和管理人员所感兴趣的大多数主题案例。

这些章节最开始几页为特定研究领域的研究人员回顾相应的主题。接下来评述所选的各种不同的案例以说明主题领域的相关研究。附加主题讨论也散见于各章。

我在回顾案例的过程中进行的解释或强调所可能发生的任何错误，都归因于我在回顾和释义过程中的偏见。我对此提前向原作者道歉。我的目标是让读者有机会从案例研究方法中获益，欲了解更多信息，我鼓励读者查阅原始案例报告，直接从研究人员的知识贡献中学习。

第十一章 公共政策和管理的案例分析

> 政策制定常常表现为价值观、意识形态和权力相互作用的复杂过程。政策理念如何成为立法的一部分，更像是艺术作品创造或解开谜团，而不是生产机械的和可预测的事件。
>
> ——倪亚和何达基（Anna Ya Ni and Alfred Tat-Kei Ho，2008）

本章和下一章重点关注与公共管理密切相关的两个方面：（1）公共政策如何塑造公共管理者的战略和任务；（2）创新这些公共服务的供给方式和收到的公众反馈。推动政府这两个核心组成部分发生变化的力量是经济、市场驱动的结构趋势，以及公共管理者必须有所作为的社会框架的转变。

传统的公共行政理论认为，公共部门管理人员实施的政策是由民选领导人——民选官员、国会议员、总统和司法机构人员——在他们对公民和企业等利益团体和非营利组织的需求分析基础上制定政策而来的。然而，这一概念不再描述政策如何形成和实施的真实情况（Kull，1978；Gerston，1983）。更恰当的观点是，公共部门管理人员和公民自己也影响和塑造公共政策。公共部门管理人员以政策实施者的角色来产生影响；公众——至少在那些允许他们塑造政策的国家——直接使用诸如倡议、公民投票和召回等工具制定政策，并间接通过舆论影响政策。

最终需公共部门执行的政策举措受到负责实施的各级政府工作人员的技能和经验的影响。政策执行的方式还取决于通过拨款程序向政府机构提供的资产和资源。在政策的实际执行过程中，相关机构遵守其规定的方式也受到该机构的组织文化以及负责执行该部分工作人员的价值观和习俗的影响。很明显，政策和供给密切相关。图 11 - 1 显示了影响公共政策方向和实施的一些因素。

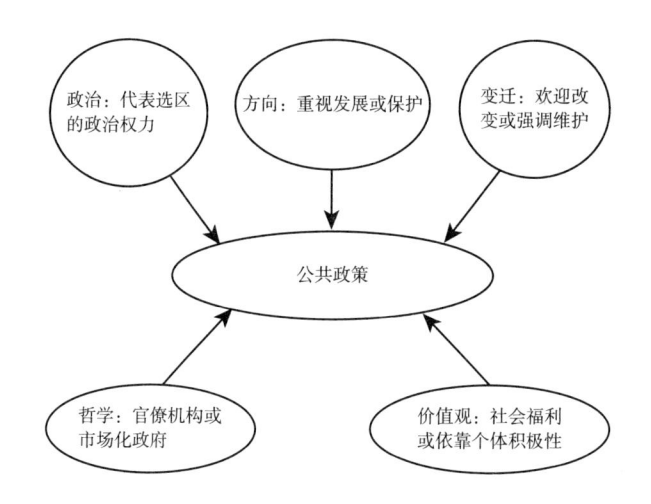

图 11 - 1　影响公共政策决策者的因素

公共部门管理人员在很多方面对公共政策产生很大影响，下面这段陈述生动地解释这一现象：政府组织"通过规则制定、裁决、执法、项目实施、政策启动、评论拟议政策变化以及官僚惯例来影响公共政策"（Meier, 1979, 102~103）。

公共政策和公共管理的案例研究侧重于公共政策的相关问题以及反映政治对公共管理专业人员影响的问题。案例研究可以描述在政策执行过程中形成的利弊、成败以及关键问题。虽然公共管理案例研究倾向于关注政策执行的管理过程，而不是政策制定的过程，但在公共管理文献中还是可以找到一些针对政策制定的案例研究（Kim, 2000）。

一　政策案例研究的主题

凯特尔（Kettl, 2005）确定了政策制定和公共管理研究的两个主要议题：聚焦和变革。两个议题中的第一个是关于**政策导向**的研究。这个议题涉及广泛的政策问题：政府应该做些什么？它应该做多少？如何衡量政府在政策性项目方面的绩效表现？第二个议题侧重于政策如何变革，如果有变革的话，哪些政策应该变革、何时变革以及如何变革。它解决了以下问题：政策应该保留还是允许逐渐消失？它应该修改吗？如果是这样，应该做出哪些改变，如何以及以何种方式实施变革？如果有变革的话，谁应该参与建立和实施变革？

政策导向是指政策制定机构的政治和哲学倾向。例如，立法者的流行观点是在社会项目中投入更多资金，还是为更加关注的国防、安全或经济激励计划提供更多资金？立法者侧重于精确地决定政府应该做些什么，政府参与国家社会和经济事务的程度应该有多深，以及决策背后应是什么样的价值观。然后，公共部门管理人员必须就如何最好地分配有限资源以执行他们接收到的政策指导进行艰辛的努力。

政治取向塑造政策导向问题的一个例子是，政策影响最终取决于决策者的政治取向和选民同意所作决定的意愿。决定政府是否应该与私营企业竞争或签订合同，以提供有线电视、废弃物管理和公用事业等相关服务。另一个例子是，相较于大规模改善和扩建当地的快速交通系统，联邦高速公路应该确立多少预算用于建设和修复道路与桥梁。

（一）政策如何塑造政府服务

公共政策由立法机构、媒体、利益团体和官僚机构等塑造（Gerston，1983）。国家政策通常是总统或国会行动的产物。然而，当国会行动无效时，法院经常介入并形成基于先例的政策决定（Lee and Greenlaw，2000）。在州和地方层面，政策由倡议和/或公民投票以及民选和任命官员的行动决定。所有这些方法都可以进行案例研究。

国会和其他立法机构能够在授权计划的同时，通过建立各种方法来制定公共政策（Hall，2008）。最常见的是事前和事后方法。国会可用的事前[①]控制包括以下内容。

1. 将机构活动限制在一系列特定活动中。
2. 指定哪些组织将受到监管行动的约束，或限制联邦机构可以资助的州或地方政府活动。

[①] **事前和事后**是指政策和立法的合法基础。事前（立法）侧重于导致行动或决策的因素——问题的前因。事后（立法）聚焦于行动或现象的结果或效应（Sindico，2005）。

3. 对该机构执行政策的行动或工具设置限制。

4. 要求机构自行提供服务，或要求与其他政府机构、非营利组织或私营公司签订合同。

5. 指定机构规制行动的范围。

6. 在授权立法中纳入审计和绩效评估要求。

7. 将项目授权限制在规定的时间段内，并且只有在国会审查和调整后才能重新授权。

（二）短期和长期影响

政策制定可能会产生短期或长期影响。短期授权可能涉及从一年的资助授权到有效期为4~6年的项目，一些联邦运输计划就是如此。这种短期授权的使用提供了两种类型的控制。首先，它允许国会通过限制立法考量政策变化的压力来维持计划的稳定性，从而为在设定的时间范围内可能发生的计划变更打开大门；重新授权的听证会发生在计划预计到期之前的时段；其次，安排重新授权迫使国会再次审视该项目，以确保其按计划进行，并且机构工作人员正在按照国会的意图实施该政策。关注计划中发生变化的案例研究通常遵循这些定期调整。

二 一个全球性政策的单案例示例

世界水坝委员会（WCD）是一个全球合作委员会，成立于1998年2月16日，旨在缓解大型水坝反对者与支持者之间日益紧张的关系。世界银行支持的十二人委员会扮演了严格的咨询角色，其作用是告知政治和经济决策者有关大型水坝的积极和消极影响。该委员会不参与大坝建设选址或作出融资决策。

乔治敦大学的詹妮弗·布林克霍夫（Jennifer Brinkerhoff）将世界水坝委员会的第一个五年计划作为案例研究项目，相关论文于2002年在《公共行政评论》上发表。她的研究所持观点是，在委员会成立后出现的潜在伙伴关系有可能有效应对公共服务方面存在的两个主要挑战。（1）她描述为"不断发展的公共服务的社会政治环境，也就是说，不同利益相关者之间的冲突发生率越来越高，强度越来越大"。（2）可接受和可行的全球公共政策发展所涉及的过程。该案例重点关注从组建该组织的努力演变而来的全球伙伴关系。

两个基本特征将世界水坝委员会伙伴关系模型与其他形式的跨部门协作组织区分开来。第一个是**相互关系**的概念，它指的是所有参与者的相互协调和问责，而不是以一个或多个合作伙伴为主导。第二个是**组织认同**的概念，它建立在伙伴关系保持其对使命、价值观和利益的承诺基础之上，并且伙伴关系继续保持其原有部门的特征。在这些原则的基础上，世界水坝委员会案例所体现的伙伴关系模式被定义为：

> 基于每个合作伙伴各自的比较优势，通过对最合理分工的共同理解，寻求建立在共同商定目标基础上的不同参与者之间的动态关系。这形成了相互影响，在协同作用和各自自治之间取得了谨慎的平衡，其中包括相互尊重、平等参与决策制定、相互问责和相对透明。（Brinkerhoff，2002，325）

布林克霍夫对世界水坝委员会的研究包括分析已发布的组织报告和外部报告，以及对该组织的关键人员进行的一些个人访谈。她得出的结论是，该组织包括了21世纪初塑造公共服务的所有力量：多主体公共机构的概念——世界水坝委员会，参与型政府，慈善捐赠组织；自治，价值导向组织——参与的有典型的非营利组织（NGOs）；私营部门，市场机构——私营工程公司和私人融资组织。

这个案例中最有价值的部分可能是布林克霍夫详细列出的内容，即其他公共和私营部门合作伙伴可以从世界水坝委员会的经验中吸取到的教训，以及这些教训对国际公共政策模式化的影响，包括以下内容。

• 如果没有一个机构占主导地位，合作伙伴关系情境必须使对立的利益和政策领导者能够在寻求第二或第三最佳解决方案时达成妥协。在当今相互依存的世界中，一个行动者不可能控制全球政策制定过程。

• 冲突不一定妨碍达成共识，事实上，它反而可能有助于实现相互接纳。冲突越是激烈，就越容易将各方带到谈判桌上并就结构或程序问题达成协议——从而开始达成妥协协议的道路。

• 民主过程是成功的不二法门，代表性参与、公开讨论、回应和决策制定、透明度和问责制可以为成功转换冲突的性质做出重大贡献。

• 布林克霍夫说"感知就是一切"。这意味着发展过程的参与者必须认识到过程需本着诚意进行，以便他们在协作决策过程中保持激励，从而在决策中取得成功。

- 群体内部的冲突化解是一个持续的过程，影响到所有参与者。化解冲突仍是必须解决的最重要问题。
- 伙伴关系可以成为解决最可能产生冲突和信任缺失的跨部门政策制定问题的有效方法。

在日益复杂的条件下，多个独立选区和获授权选区都期望并要求将国家间公共政策协议纳入政策决策过程，就跨国公共政策达成一致已经变得异常困难。本案例研究说明，具有冲突议程的高度异质性群体如何找到以有意义且相互回馈的方式解决其问题的方法。

三 一个多案例政策示例

哈尔（Hall，2008）在多案例研究设计中使用二手数据，研究了国会如何使用短期项目授权来监督和制定公共政策。哈尔指出，按设定的时间间隔评估政府项目的状况（国会可以采用的几种事前控制程序之一）的做法使国会能够按照最初打算，或者为满足新需求而改变的方式来引导政策。

他的研究包括了三个案例：头脑开发项目（Head Start）、联邦公共交通（包括拥堵管理和交通安全）以及商品期货交易委员会（CFTC）。每个都经过了超过25年或更长时间的五次重新授权审核。头脑开发项目和联邦公共交通都将联邦拨款分配给合格的执行机构；国会使用重新授权来改变联邦资金的使用方式、花费的金额以及从支出中获益的人。商品期货交易委员会是一家传统的监管机构。

头脑开发项目成立于1965年，是一个为期八周的暑期项目，旨在帮助贫困家庭的学龄前儿童准备进入幼儿园。所有服务均由当地供应商根据合同提供。多年后，该计划扩展到帮助残疾儿童群体。随着该计划的不断扩展，国会授权美国教育部监管机构制定标准、评估计划、提供技术支持，并协调头脑开发与其他联邦计划。

联邦政府地方公共交通的资助始于1964年《城市公共交通法》的通过。该法案为收购、建设以及改善公共交通设施和设备提供了联邦配套补助金和贷款。1966年，该计划的控制权从住房和城市发展部转移到了新的交通部。该计划后期促进了老年人、残疾人和农村人口的出行便利，并增加了环境政策限制。违反联邦清洁空气要求的地区不允许使用联邦汽油税基金进行公路建设，但可以将这些资金用于公共交通发展。

自 1974 年成立以来，商品期货交易委员会运营中发生的重新授权活动主要聚焦于改变委员会监管商品金融市场的方式。该机构是在国会从农业部获得商品交易监管权力并将其移交给新委员会时创建的。1978 年的第一次重新授权导致：（1）委员会结构发生变化，要求由总统任命主席，（2）将某些类型的商品交易商排除在商品期货交易委员会管辖范围之外，（3）增加可以征收的经济处罚数额，（4）扩大委员会权力以举行听证会并给予证人豁免权。1982 年的重新授权增加了商品期货交易委员会的规则制定权，赋予它在美国监管外国期货交易的权力，并允许它限制投机性期货。1992 年，新的一次重新授权导致了商品期货交易委员会监管权力的一系列技术变革。

本案例说明了国会如何利用重新授权程序建立联邦计划的共同管理体系，并制定机构活动的总体目标和决策规则：

> （国会）还能够促进研究和分析，在下一次重新授权期间，将通过资助研究并要求编写具体报告，从而对计划要修订的方面进行审查。反过来，这些机构也可以在给定的时间范围内（通常为 4~6 年）实施新的立法要求（Hall，2008，375）。

四 公共政策和管理中的研究焦点

关于政策问题的案例研究可以提出制定公共政策过程中的许多不同研究面向。公共管理案例研究人员从几个不同的层面来处理政策问题，包括公共政策制定者、负责或将要负责执行政策的一个或多个机构、受该政策影响的公民和其他利益相关者的观点，以及对采用、改变或否定政策施加压力的外部影响。例如：

- 史密斯在 1987 年汇报了一项多案例研究，即五个公共交通部门利用与当地电力中心的关系，通过公共和私人服务供应商制定和执行区域交通政策。

- 布根施耐德（Bogenschneider）在 1995 年编写了一个单案例研究，其中描述了一系列家庭影响研讨会在制定针对家庭的公共政策方面扮演的角色。
- 在 2000 年的案例研究中马图克（Matouq）报告了中国领导人如何基于 ISO 14001 的环境管理系统来实施环境政策，以解决在工业化程度较高的北方出现的许多环境问题，包括工业和发展导致的空气和水的污染、污水排放、工业和化学废物，以及其他地方的环境退化。
- 麦库（Mycoo）在 2005 年双子岛国家——特立尼达和多巴哥饮用水政策案例研究中，关注了三组问题：水政策的全球变化、岛屿政府将水资源作为公共产品的政策的历史，以及对 20 世纪 90 年代以来出现的新政策概念的回顾。

法院和公共政策

当立法决定不完整，没有明确法律解释或不解决法院认为应解决的问题时，司法就会推动公共政策成型（Gerston，1983）。例如，李和格林劳（Lee and Greenlaw，2000）研究了最高法院 1998 年的裁定促成了工作场所性骚扰政策的四个案例——这是国会和当时总统认为次要的问题。其中两个案例和公共部门组织有关；两个涉及私人部门组织的性骚扰。

在第一个公共部门案例（格塞尔诉拉戈维斯塔独立学区）中，法院裁定，如果监督人员不了解该事件，监督人员无法忽视或采取行动阻止骚扰，学区对学生的性骚扰就不承担责任。在第二个公共部门案例（法拉格诉博卡拉顿市）中，两名男性管理员涉嫌对两名女救生员进行冒犯性的触碰，并伴有攻击性言论，最终两名女性辞职。由于该市没有在海滩工作人员中广泛宣传反骚扰政策，于是，救生员在离开其职位之后很久才报告这些事件。

下级法院裁定对该城市有利，但最高法院裁定该城市可能负有责任，因为这些诉讼名义上发生在该城市管辖的地区。该决定的确赋予了雇主方为自己辩护的权利，理由是该雇主辩称在发生骚扰情况下采取了合理的行动，或者受害者没有报告骚扰或正式就平等机会投诉程序提出不满。

五　一个关于政策执行失败的案例研究

2002 年 7 月／8 月的《公共行政评论》期刊刊发的一项案例研究的主题是纽约市公立学校监管系统中反腐斗争的失败。在担任学校系统特

第十一章 公共政策和管理的案例分析

别调查专员期间，律师莉迪亚·西格尔（Lydia Segal，2002）指导了该市 1200 所学校的监管和行政人员的腐败和渎职行为的调查。

长期以来，公共部门改革者一直认为，公共机构的腐败可以通过加强监督、加强规制、内部审计、制裁、结构重组和绩效问责制等措施得到有效控制。然而，西格尔（2002）发现，上述举措和其他控制措施无法终止纽约市学校监管系统的腐败。几十年来根深蒂固的腐败产生了一个"深层的腐败体系"，在经过 80 多年的反腐努力之后，该体系仍然继续存在。学校系统监管部门的年度预算近 5 亿美元，员工人数为 8500 人。它是美国最大、最昂贵的监管系统。国家立法机构在 1993 年和 1994 年发布了改革政策。然而，管理层未能实施立法授予的控制措施，导致所有消除监管制度腐败的努力失败。

西格尔（2002）在她的研究中采用了三步骤数据收集方法。首先，她查阅了一些委员会的调查结果和发布的报告，其中包括政府机构和非营利组织编制的 30 多份研究报告、数百篇报纸文章和未公开的政府文件。政府文件包括该系统的城市和州审计、大陪审团报告、调查报告以及与监管人秘密记录的对话记录。

其次，西格尔（2002）对教育委员会的高级和中级管理人员以及监管系统的上级组织——学校设施部门进行了一些深入访谈。她还采访了许多学校校长、系统和政府审计员、调查员和市政官员。她调查的第三部分涉及在她担任学区调查委员会特别顾问期间进行的参与式观察。在参与这项活动时，她采访了学校系统各级部门雇用的许多证人和线人。

通过案例研究，西格尔得出结论，广泛的改革尝试未能遏制监管制度腐败的一个主要原因是管理层未能确定改革目标。造成这种失败的一个因素是，高层管理人员已经受到群体——**主导联盟**——的影响，其议程与改革尝试相冲突。因此，当这种情况发生时，主导群体"获得官方决策制定的权力，并建立一个组织的真实议程，以反映他们自己的利益，而不是反映公众利益。如果腐败控制威胁到它的权力，那么占主导地位的联盟将试图阻止控制的执行"（Segal，2002，450-51）。

监管人的工会被认为似乎是阻碍对该体系进行彻底改革的组织之一。当高层推卸责任并且未能支持改革使命时，它站在工会一边，反对"即使是减少滥用的最明智的执法建议"。此外，

（在研究中）所强调的改革陷阱……对许多与系统性腐败作斗争的机构具有启示。例如，一种根深蒂固的越轨文化和管理层未能执行规则，而不是规则缺失或不足，可以帮助解释纽约警察局等机构中腐败的持续存在。尽管他们进行了几十年的腐败控制，这些地方每20年左右还是会出现丑闻……比如针对医疗保险计划，联邦调查局已经针对涉及其中的欺诈行为进行了十多年的斗争，但几乎没有迹象表明这种欺诈行为正在减少。(Segal，2002，455)

一些人可能从这个案例研究中得出的结论是，在寻求对腐败严重的组织进行改革时，依靠传统的补救手段无疑是徒劳的。然而，通过描述芝加哥监管制度改革早期努力的成功，西格尔（2002）驳斥了这种悲观的观点。1995年伊利诺伊州立法机构通过"芝加哥学校改革法案"时，该监管制度的腐败开始加剧。

该立法赋予了市长任命的新市政官广泛的权力以推行许多公共服务的私有化，进而影响了一定数量的公职人员阶层。学校监察办公室的检查人员数量增加了一倍，设立新的欺诈热线以及学校内部审计部门的私有化，也有助于遏制芝加哥学校监管系统中的腐败和欺诈行为。对于被定罪或欺诈的人，也正在处以严厉的处罚。例如，1996年，一名学校设施主管因敲诈勒索和收取回扣被判处在联邦监狱服刑41个月。

六 公共管理改革的三案例研究

2002年，印第安纳大学的洛伊丝·怀斯（Lois Wise）教授进行了一项案例研究，她研究了20世纪80年代和90年代期间，在挪威、瑞典和美国推行新公共管理改革背后的力量。与受经济和市场力量驱动的更常用政府转型模式相比，怀斯采用了三种社会和价值导向因素作为研究的分析框架：社会公平的要求，更多的民主化和公民赋权，以及改进公共行政人性化；每种都在表11-1中有所定义。

政府提高效率和问责的努力导致这三个基于市场创新的国家也受到这三种社会力量的影响。其中，可能更重要的是，这三种因素持续在政府改革中发挥作用。从这个三国案例研究中得出的结论是，多种因素——不仅仅是经济因素和基于市场因素——有助于塑造政府的改革方式。在对三个国家进行研究的过程中,研究人员发现其他因素的采用或形式并不统一。然而,它们的存在支持了这样一种结论,即政府内部和整个社会已经普遍形成了"扩大社会公平"模式。

挪威和瑞典在实现薪酬平等方面似乎比美国更成功,而美国在实施工作场所多元化的方案管理方面取得了更大的进展。北欧国家女性在公共部门就业的比例大于美国。尽管公共部门在挪威和瑞典更为人性化,但这是这三个国家的共同趋势。

表 11-1 推动公共管理改革的社会因素

因素	意义与范例
社会公平的要求	这一运动以分配正义理论为基础,促成了促进社会经济平等的努力。方案包括公共部门工作提供平等机会和公平报酬,以及禁止私营和公共部门内部和之间相互歧视的法律
民主化和向公民赋权	这一趋势影响到政府为公民提供更多权力和问责制的计划。计划包括促进公民更多地参与政府决策、参与性决策、使用跨职能和自我指导的工作团队,以及增强员工和利益相关者团体的权能
公共服务的人性化	公共服务中的人性化是指旨在改善工作生活质量,促进工作场所多样性的接纳和提升受欢迎程度的人际关系计划。它还包括以员工满意度为中心的计划,例如工作丰富和交叉培训、陪产假和产假以及对人性化的人力资源政策和实践(例如弹性工作时间表)

资料来源:怀斯(Wise,2002)。

小 结

公共政策的案例研究往往侧重于三大领域或主题内的现象:(1)指导机构行动的政策,(2)关于政府服务生产和供给的政策,(3)关于绩效监测和增强政府服务的政策。政策案例研究的重点是政策制定以及实施过程中采用的管理实践和程序的变化。

公共政策案例研究侧重于诸如政府应该做什么和不应该做什么,应该在社会中参与多少以及应该如何融资这些基本问题。这些问题涉及政治和政体。因此,该领域的案例研究倾向于阐明政治对政策制定和/或执行中问题的利弊、成败的影响。公共政策案例研究涉及政策制定和实施的多个不同方面。

诸多因素带来了公共管理政策和实践的变化。两种最常提出的变革驱动因素是经济因素和基于市场的变化。诸如要求更大的社会公平，政府和政体的民主化与授权以及公共部门的人性化等因素也有助于实现这些改革。

第十二章　绩效管理的案例研究

在公共和私营部门中使用绩效管理的全球运动一直在进行，特别是在过去十年中。"绩效管理"侧重于计划绩效和长期改进。它适用于组织和组织中的个人。

——霍华德·里舍和查尔斯·H. 费伊（Howard Risher and
Charles H. Fay, 2007）

在20世纪90年代和21世纪的第一个十年期间，大部分发表的公共行政案例研究的一个关键主题集中在后来被称为公共管理的政策和实践的转变层面。一些观察家认为，政府的管理方法已取代（或即将取代）政府运作的传统观点，其中官僚制是公共行政的核心概念。澳大利亚、新西兰、英国、瑞典和挪威等国家经常被视为这一运动的领导者，美国也不甘落后。

公共管理模式催生了一种新的全球治理观，被统称为新公共管理（NPM）。在新公共管理语境下，绩效管理流程在政府内部和外部都得到应用（Milward, 1996; Lane, 2000; Kettl, 2005）。也就是说，它们既适用于组织，也适用于单个政府工作人员。本章的重点是探讨政府组织采用的绩效管理活动的案例研究。

一　绩效管理的构架

新公共管理的指导原则集中在三个核心方面：（1）绩效管理，（2）战略管理，（3）行政改革。第一个是绩效管理，包括比较标杆管理，绩效标准，绩效测量和基于绩效的奖励制度（Ammons and Riverbank, 2008）。其核心目标是改善政府绩效和问责。

战略管理是绩效管理的第二个核心概念。它包括计划政府机构的运作，以反映领导层对全球化、全球变暖、适应工作场所多样性的人力资本规划以及相关环境因素等长期趋势的看法。

行政改革包括通过基于市场结构形成的网络和协作模式来改变服务提供方式，即更多地依赖公共服务和选定的内部运营活动的外包。这项改革只是历史悠久的官僚机构改革的最新一章。早期的改革努力包括诸如重塑政府、重新设计工作流程和企业转型等变革管理计划，重点是将信息和通信技术整合到机构运营中。

政府绩效管理还指允许市场（即公民需求）决定向公民提供的政府服务的水平和类型，以及选择这些服务的提供方式（Heinrich，2003）。由营利性私营企业经营的监狱和学校、军事基地住房的私有化以及与政府组织签订合同的非政府组织提供的类似服务，都是不断发展的市场导向的例子。

在一些政府中，向机构管理人员提供的资源水平取决于对利益相关者满意度或计划有效性的衡量。这个主题的根本是一个突破性的思想，即很少有政府计划可以永远持续下去，没有任何政府的工作是永久的闲职。

政府采用公共管理原则背后的一个基本问题是，我们如何才能提高我们向公民提供服务的水平和质量？

自1991年第一次全国性会议以来，唐纳德·凯特尔（Donald Kettl）就一直关注公共管理运动。2005年他发现了公共管理运动的六个核心改革要素，其中两个是：（1）通过标杆管理和绩效等手段改善服务供给（2）政府服务供给的分权——也就是说，将公共服务递送从考虑提供者的便利性，转变为考虑公民需要和想要的服务地点、时间和方式。本章将对每种趋势进行更详细的讨论，其中几个案例说明了这些实践中案例研究的水平和范围。

二 改进政府服务

服务供给改革中的改进重点是加强体现公务员行为特征的服务精神。由于许多机构不愿主动变革，它把对保持组织稳定性的内部关注，转向满足公民和其他利益相关者需求的外部关注方面。一段时间以来，大政府被视为不愿回应公民。重建和提升政府工作人员的服务导向水平是服务供给改革的一个关键目标。本章前半部分提出的三种供给改进方法的案例集中在诸如公共服务的精神、持续的产品和流程改进以及使用互联网和电子邮件学习来提高政府工作人员的资质等问题上。

不论以哪种标准来衡量，美国的州政府规模都很大，而且越来越大。虽然地方政府继续扩大，但如果不是以美元花费衡量的话，联邦政府的规模正在缩小。2007年的政府人口普查报告指出，包括联邦、州和地方政府在内共计89527个政府单位——比2002年人口普查报告政府单位的近87000个，增加了2500多个。这个数字包括3033个县、37381个特别区（如图书馆、火灾、有害杂草、蚊子灾害等特别区）、29122个学区和36011个市镇（美国人口普查局，2008b）。

2006年（最近一年），州和地方政府雇用了超过1610万名全职员工，比上一次2002年人口普查时的1570万名员工增加了不到2.5%。然而，州和地方的工资增长速度要快得多。2006年，所有州和地方政府的工资总额为607亿美元——比2002年的526亿美元增加了13.3%（总和包括所有州和地方的行政、资源、公用事业、公共安全以及中小学教育支出）（原文统计的实际增加数据为13.3%，经译者计算核对后，实际增加数据为15.4%——译者注）。

虽然州和地方政府的就业人数持续增长，但联邦政府文职人员的就业率自1989年以来几乎每年都在下降，当时联邦文职人员的人数峰值达到323万。联邦文职人员就业人数处于269万的最低点。2006年，联邦工作人员的数量（270万）与2002年大致相同。出现的小幅增长主要归结于2002年新的国土安全部的成立。

尽管就业人数保持稳定，但联邦文职人员工资数字继续增加；1989年为9910亿美元，2002年为1.3万亿美元，2006年为1.6万亿美元（美国人口普查局，2008a）。由于人员和工资数字如此庞大，所以政府高管、立法者、管理人员和纳税人有兴趣继续改善各级政府的工作方式也就不足为奇了。

提高什么：效率还是效益？

试图改善政府服务的管理者和立法者将他们的变革战略引向两个经常相互矛盾的目标之一：他们寻求提高政府工作人员的效率，或者他们试图提高政府计划的有效性。效率方法侧重于以相同或减少的资源生产或提供更多（或更好）的政府服务。

由于雇员报酬仍然是提供政府服务的主要成本因素，所以长期以来改进工作的重点是提高政府效率（Frates，2004）。这一途径包括但不限于提高服务质量，在此期间限制资源成为次要考虑因素。改善顾客服务已成为许多政府管理人员的改进目标。为了衡量他们在改进计划中的进展，几乎所有政府管理人员都实施了一些旨在提高效率的绩效评估计划。

在为提高政府效益和效率而进行的一系列持续努力中，国会于1993年通过了《政府绩效和结果法案》（GPRA）。该法案要求所有联邦政府机构制定战略计划并制定衡量结果的方法。早些年所作的类似努力未能实现改善服务及提供服务的预期目标。然而，大家对《政府绩效和结果法案》抱有更大的希望，因为国会支持并通过了该法案。管理和预算办公室使用《政府绩效和结果法案》来制定机构计划。凯特尔（2005）预测，《政府绩效和结果法案》可能比早期的尝试更加持久。

政府服务有效性的提高可以采取多种形式（Epstein，1982）。政府管理人员可能会在以下几个方面寻求改进他们的决策：政策制定和执行、政府计划的有效性、计划传递系统、政府内部组织以及它们与相同或不同级别的其他机构的互动。表12-1比较了政府改进计划的类型、从其成就中获得的收益类型，以及成功实施这些计划的机构管理人员所获得的价值形式。

表12-1 政府改进工作、收益和获得的价值类型

改进类型	获益类型	获得的价值形式
改进政策决策	资源转移到更高优先级的社区需求上	当税收可以更好地满足他们的需求时，重新分配的资源为公众增加了价值；价值不能以"硬美元"价值表示
改善服务绩效的有效性	使政府服务对服务接受者的需求更具回应性，并对项目结果产生更大的影响	当接受者的需求能更好地满足时，他们就赢得了服务价值；价值不能以"硬美元"价值表示
提高服务供给效率	为相同级别的资源承诺提供更多服务；能以每单位较低的服务供给来衡量	可以计算出提高效率的"硬美元"价值，表示为实际节省、避免成本增加，或两者兼而有之
改善运行	组织可以实现变革，从而提高员工的创造力、效率和效益；还可以提高员工的满意度和动力	随着政府改变和改进的能力增强，政府运作对公众的价值也会增加；这很难用"硬美元"加以衡量

资料来源：爱泼斯坦（Epstein，1982）。

三 改进流程的标杆管理

标杆管理是绩效管理的核心概念。在政府中，通过确认该领域的领导者正在做的事情并调整这些战略，从而以最佳方式提供政府服务。施乐公司成为该流程的主要典范，该公司总裁将标杆定义为"针对最强大的竞争对手或被公认为行业领导者的公司来衡量产品、服务和实践的持续过程"（Kearnes，1986，20）。这一定义也适用于政府组织和公共部门。

标杆管理不仅仅是模仿行业或行业领导者。这是一个不断研究新的做事方式的过程：新的方法、实践和流程。这意味着采用最佳做法或调整其最佳功能并将其实施，以便将最强者融入到自己的组织中（Camp，1989）。标杆管理既是将另一个组织或机构的绩效结果用作绩效标准，通过该标准来比较自身绩效的一种惯常做法，又是选择一个组织要努力实现或效仿的目标。

政府管理人员曾经实施过三种标杆模型。第一种是在私营部门中普遍存在的公司比较模型。第二种是以基准为目标的模型，通常在公共管理文献中有相关介绍。第三种是绩效统计比较模型。它可能是政府中最常用的模型（Ammons，Coe and Lombardo，2001）。

绩效统计模型类似于公司模型，但绩效标准从不是武断得出的。相反，它们来自外部发现的绩效目标。具体示例包括作为专业标准公布的绩效成就，区域或国家统计中的绩效平均值，或可比机构或单位设定和达到的目标。绩效目标指向通常是在收集各种活动或职能的统计数据之后设定；这种方法很少涉及对工作流程的详细分析，这是企业标杆管理的核心要素。

安蒙斯、科埃和隆巴尔多（Ammons，Coe and Lombardo，2001）比较了地方政府绩效管理中应用标杆管理的三个案例。这些项目是参与者冀望他们用于比较的数据具有更高可靠性的结果。在这项多案例研究中，作者检验了两个国家项目和一个地方项目，国家项目一个由创新小组（Innovation Groups，IG）赞助，另一个由国际城市管理协会（International City/County Management Association，ICMA）赞助。地方项目由一群北卡罗来纳州的城市管理者在当地发起，并由北卡罗来纳大学教堂山分校政府学院与该州的地方政府进行协调,目标指向是在该州参与地方政府治理。下一部分包括三个项目中每个项目的选定结果。

(一) 创新小组项目案例

创新小组是一个市县的网络协会,致力于地方政府的创新和转型。该小组与国际城市管理协会和亚利桑那州立大学合作。1991年,创新小组组建了一个国家标杆管理中心,收集来自城市和县的绩效评估数据。该团队汇编了其他司法管辖区的数据,用于进行标杆管理比较。

创新小组工作人员测量了大约30个项目;他们为每个项目准备了资源投入、产出、效率、效果和生产率的衡量标准。创新小组向每个参与组织收取750美元的费用。在磁盘上分发数据调查问卷;最初参与的75个政府部门中,只有大约一半返回完成的问卷。数据收集方法已更改到新网站发布,但参与者认为问卷过于复杂。最终,每个项目的问题减少到十二个或更少。

该网站推出几年后,仅有大约30个辖区仍在使用该网站,相对于使用规模而言,该项目被认为过于昂贵,因此被终止。作者得出结论认为,该项目之所以失败,是因为在数据收集和解释过程中对数据准确性缺乏控制,导致了对数据可靠性的怀疑。

(二) 国际城市管理协会 (ICMA) 项目案例

国际城市管理协会绩效评估中心于1994年开始运行,最初有34个人口超过20万的城市和县加入该项目。该计划仅限于四项地方政府核心服务:公共安全、消防服务、邻里服务（包括执法服务、住房机会、公园和娱乐场所、图书馆、道路维护、垃圾收集和街道照明）和支持服务（包括设施和车队管理、人力资源、信息技术、采购和风险管理）。

由城市管理者和其他管理者组成的志愿政策委员会对该计划的方向和范围进行了指导。该委员会后来变更为由十个成员组成的指导委员会,四个服务区域中,每个服务区域有两名成员代表,还有两位是一般性财务委员。给予优先权去识别和收集被视为服务绩效的核心决定因素的数据。

截至2008年,国际城市管理协会绩效管理中心仍然获得持续关注

（ICMA，2008）。该项目由最初参与的34个城市和县，发展到美国和加拿大的220多个社区。相关数据收集会产生用于标杆管理和内部绩效评估比较的信息。

（三）北卡罗来纳州地方政府项目案例

北卡罗来纳州地方政府绩效评估项目于1995年组建，旨在为该州七个最大城市的相关管理人员提供绩效统计和可靠的成本数据。它在1996年扩大到县级政府；一年后，成立了一个第三方机构，为中小城市和县提供服务。最终有35个市县参与了该项目。城市项目提供三项数据服务：固体废物收集、警察和街道维护。县级层面的研究包括四项数据服务：建筑和环境检查、紧急医疗服务、监狱运营以及专注于儿童的特定社会服务。

（四）效果评估

项目参加者在报告中写道，参与这些方案通过改善与其他社区同行的沟通，确定了可能的服务提供替代方法，并强调了常见问题，从而提供了实质性的好处。尽管国际城市管理协会和北卡罗来纳州的四位参与者表示他们的参与促进了大量的计划或服务的实质性改善。只有少数受访者表示参与带来了切实的成本节约或计划和服务改进，最后，这三个项目都受益于早期参与者的高期望，同时也深受其害，最终无法达到规划者认为会产生的结果。

四 绩效改进中的绩效测量

如前所述，政府绩效管理包括公共管理的几个核心问题；它在生产力、强调市场和问责方面尤为突出。绩效管理始于既定目标，包括实现这些目标的战略以及衡量过程。这是在政府管理人员和行政人员中尝试实施绩效工资和其他激励措施的背后的想法。

珍妮特·泰勒（Jeannette Taylor，2006）分析了澳大利亚财政部门的绩效评估系统。根据通常建议的五个标准：有效性、合法性、可信度、公众可访问性和功能性，系统地对绩效测量进行评估。该研究的主要目标是评估研究对象达到上述五个标准的能力。

澳大利亚的绩效管理制度是经过两个阶段的应用并改良而形成的。

最初的步骤是在1987年至1997年由劳动党政府实施，政府采用了系统的集中式绩效评估方法，实施了一项要求部门负责人遵循集中指导方针的政策。第二阶段始于1997年，选举产生一个保守派联合政府。这一阶段集中式方法让位于最小化和分散化的政策，这一政策鼓励部门负责人的行动而不是具体指导他们的绩效管理。

澳大利亚建立了以权责发生制为基础的效果和产出系统，用以改善公共问责制和各部门的民营化治理。财政和行政部（DoFA）鼓励而不是指导政府部门努力进行绩效评估。绩效评估系统的责任由财政和行政部、澳大利亚公共服务委员会共同承担。

佛罗里达州的一个测量标准问题

在对佛罗里达州私人和政府供给服务绩效方法进行比较的案例研究中，费尔南德斯和法布里坎特（Fernandez and Fabricant, 2000）比较了佛罗里达州公共和私人服务提供商的有偏方法，并采用随机选择检验案例方法进行后续比较以做检验。最后他们分析提出了在评估过程中避免此类问题的建议。

本研究的主要目的是，通过比较私人服务承包商与州政府在公共服务供给绩效层面的相对效率，来确定该研究方法使用的有效性。其中一个比较的项目是，政府部门对抚养缺席的父母征收所拖欠的儿童抚养费，其征收效果有何差异。最初报告显示，州机构的收款率比私人或合同制企业高307个百分点。该机构的成本收益率比私人承包商高约109个百分点。

然而，在第二次征收效果的比较研究中，州机构的收款率为19%，而私营公司的收款率为22.2%。承包商的成本效益也较好，其中州和承包商的成本收益率分别为5.27%和4.56%。

费尔南德斯和法布里坎特（2000）发现，研究设计存在致命缺陷。该机构的成功报告是基于一个代表案件总体的样本，而私营公司处理的样本仅代表那些时间超过六个月且州机构在六个月内一直未能成功处理的案件。费尔南德斯和法布里坎特认为，子女抚养费拖欠时间与征收概率之间可能存在负相关关系，并且（随着拖欠时间越长）收取子女抚养费欠款的可能性就越低。如果使用相同的样本，研究人员很可能不会复制他们使用错误设计而产生严重偏差的结果。

五 政府的分权程序

分权改变了政府服务管理的决策和行政管理控制中心。联邦制背景下,分权涉及将权力和责任移交给较低级别的政府、非政府和非营利组织,以及外包公司的私营部门。计划推行分权项目的政府管理者提出的典型问题是:一些传统的政府公共服务,诸如市区重建、教育、公共援助、公共安全、社区矫正以及其他类似活动等,是否应由国家、州或地方通过政府或非营利组织管理,还是通过公共部门或私营企业进行管理?权力下放的实施也引发了一些问题,例如让一线公共管理人员有更大的决策权。接下来将检验分权中协作、伙伴关系和网络三个密切相关主题的案例研究。

在政府运行的权力下放领域,已经进行的大量案例研究都集中在形成协作结构所遇到的问题上——这是许多机构共同关注的问题。协作是政府机构实现分权的主要方式之一。政府协作的两个主要方法是伙伴关系和网络(Kamensky and Burlin, 2004; Linden, 2002; Schaeffer and Loveridge, 2002)。

政府协作将各种各样广泛分布的专业知识和技能汇集起来,共同努力,整合资源和管理决策以提供公共产品和服务。团队中的所有单位成员都为运营做出了贡献,且都可以共享所生产的产品或服务的所有权。根据卡曼斯基和柏林(Kamensky and Burlin, 2004)的观点,他们的协作重点是生产或提供政府服务。协作模式属于一系列安排的连续体,涵盖范围从松散关联的团体或对某个主题有共同兴趣的个体,到跨组织、政府和经济部门、正式的基于合同的网络或伙伴关系。表 12-2 列出了政府使用的合作模型。

表 12-2 联邦政府中的部分协作方式

协作模式
1. 部门内,例如农业、国防或国土安全部
2. 跨部门,例如司法和国土安全部
3. 联邦政府和州政府之间,例如交通

续表

协作模式
4. 联邦和市政部门之间,例如联邦调查局和地方警察部门之间
5. 联邦、州和市政之间,例如清洁水和清洁空气
6. 经济部门之间,例如政府与业务修正
7. 政府和非营利组织之间,例如基于信任的供给
8. 政府、企业和非营利组织之间,例如福利和教育
9. 联邦机构和国际组织之间,例如WTO
10. 联邦和单个国家之间,例如毒品执法
11. 联邦和一个以上国家之间,例如空中交通管制

资料来源：卡曼斯基和柏林（Kamensky and Burlin, 2004）。

六 通过网络合作

应用这些方法中的任何一种方法所进行的协作努力，都可以是正式的或非正式的形式。网络往往是最不正式的方法，通常由不同组织之间的松散关系组成。网络中的每个成员都有义务自愿采取某些议定的行动。成功的网络具有五个共同的特征：共同愿景和信任、独立成员、成员之间的自愿联系、多个领导者以及明确定义的角色（Kamensky, Burlin and Abramson, 2004, 10）。

兴趣共同体和实践共同体是合作网络的例子（Snyder and Briggs, 2004；McNabb, Gibson and Finnie, 2006）。虽然它们已存在多年，但这些网络直到最近才被辨析出将原始数据转化为有用信息，然后再将信息转化为知识的机制。这两类共同体也可以成为发展知识共享文化的重要基石，有助于创建学习型组织。

基于成员自愿联系的兴趣共同体，往往远不如实践共同体正式。一些机构中，兴趣共同体被用作实践共同体的同义词。然而，尽管它们的基本目标相似，但其功能和组织效益在结构和操作上却截然不同。通常，兴趣共同体由已经存在的团队（例如工作团队、部门或单位）组成，在服务提供过程中获得既得利益。实践共同体通常是一群非正式的人，他们通常分布在不同的地理位置，对主题、产品或服务有着浓厚的兴趣。美国陆军连长兴趣共同体（The U. S. Army's company commander community of interest）

就是一个广泛分布的兴趣共同体的例子。

（一）一个兴趣共同体的案例

一个早期的兴趣共同体案例研究就是联邦公路管理局（FHWA），这个案例是共同体如何建立和使用信息技术工具的另一种示例。联邦公路管理局的高级知识官员麦克·伯克（Mike Burk）帮助建立了一个联邦政府中最早和最常被引用的最佳模型（Snyder and Briggs，2004）。

联邦公路管理局认识到，联邦政府、州政府、地方公路管理部门以及安全部门的工作人员正在组建一个非正式的兴趣共同体，这一兴趣共同体利用互联网分享有关高速公路减速带的知识。减速带是沿着高速公路铺设的外边缘或在中心安装的锯齿带，当驶过时会产生很大的隆隆声。它们旨在让驾驶员知道，他们即将驶离高速公路或面对横穿车道驶来的车辆。它们对于在事故发生之前警告昏昏欲睡的司机特别有用。

兴趣共同体成员之间的联系往往是通过电子邮件或牵头机构网站上提供的可用信息。例如，该团体的知识共享活动得到了网站的支持（http：//safety.fhwa.dot.gov/roadway_dept/rumble/index）。该网站由联邦公路管理局纽约分部的资深经理、联邦公路管理局营销专家、多名高速公路安全工程师和外部顾问共同创建和维护。任何对高速公路建设和安全感兴趣的人都可以访问该站点以获取已安装设备的状态的报告、可用的各种类型的描述、关于其一些缺点的说明，以及有关各种类型的测试条以及如何安装的简短视频。

（二）实践共同体案例

实践共同体是一群人，他们有相同的兴趣、知识、关注点、技能和培训，他们在一些社会环境中聚集在一起，比如一个非正式的会议，分享他们所做的和不知道的事情。这些会议的目的往往是为成员提供互相学习的机会。这种知识的共享使共同体的所有成员都可以学习——由于即时反馈，这意味着参与共享的个人同时也在学习。从分享中学习与从实践中学习相似，它或许不会产生一种技能的默会知识，毕竟这种技能需要在工作中历经多年岁月洗礼才能形成，但它确实有助于避免重复并吸取过去可能发生的失败教训（Ash and Cohendet，2004）。

实践共同体也被定义为某些组织中参与共同任务或实践的成员紧密结合而成的团体（Wasko and Faraj，2005）。成员们互相认识，一起工作。他们经常面对面交流，并不断地与其他人直接进行谈判、沟通和协调。通过这种方式进行互动，实践共同体能够为组织做以下工作（Snyder and Briggs，2004）：

• 它们开发、收集和增强组织的知识资产。
• 作为社会学习系统运行，从业者相互联系以解决问题、分享想法、设定标准，并与同行和利益相关者建立非正式关系。
• 它们补充了以提供产品或服务为主要目的的组织单位的信息传递。
• 它们通常跨越正式的组织边界，从而增加知识、技能、专业信任和互惠的集体储存。

七 通过伙伴关系合作

通过形成正式的伙伴协议进行合作是指政府利用第三方或非政府组织来提供或管理被视为公共服务的内容。长期以来，合作一直是通过当地组织提供联邦服务的流行方法。这些伙伴关系使用的方法包括赠款、合同和官方备忘录。

有两种主要类型的合作备忘录。第一种是协议备忘录，是两者中较正式的备忘录，通常是合伙双方之间具有法律约束力的书面文书。第二种是谅解备忘录，它是一份文件，阐明了各方之间对某些事情的相互了解程度；它与君子协议相似但更正式。在法律意义上，它是意向书的同义词。

在实践中，伙伴关系可以存在于同一级别的机构之间、各级机构或政府机构之间、政府机构和非营利组织之间，或政府机构与私营企业之间。公私合作模式被定义为一种合作伙伴关系：

在提供服务、融资和基础设施开发以及政府管理方面共同发挥作用。[它代表]公共和私营部门之间的合作企业，建立在每个合作伙伴的专业知识之上，通过适当分配资源、风险和回报，可以最

好地满足明确定义的公共需求……实质是分担风险。（Klitgaard and Trenton，2004，11）

因此，对于被认为是高绩效的三种类型的伙伴关系中的任何一种，必须以这样的方式组织，即各个成员共享权力、资源和责任，以实现共同商定的目标。为实现可持续发展的伙伴关系，必须年复一年地定期发布重大成果。否则，这种伙伴关系将被视为纸老虎，并将很快重蹈其他成百上千已然失败的政府举措的覆辙。

八 改革的其他动力

并非政府改革中的所有案例研究都聚焦于全球新公共管理运动中发现的传统主题。事实上，自20世纪70年代以来，公共管理中发生的改革正在努力停用新公共管理的集体标签。该术语的批评者得出的结论是，新公共管理"不再是新事务，没有明确定义，也不是一种有用的结构"（Wise，2002，564）。相反，许多研究人员转向了另一种范式，即专注于社会基础而非经济基础。

传统的行政改革是新公共管理运动的一个关键要素；该模型强调通过实施绩效管理、绩效工资和服务私有化等基于市场运作的活动来改革政府以提高效率。

除了新公共管理是影响行政改革的力量以外，其他的力量还包括：态度、观点、价值观和公民品位的变化；经济发展的影响和社会经济制度的演变；以及知识和技术的添加、丢失和重新解释。该模型中案例研究的一个例子是比较研究，其研究侧重于政府改革，这些改革由三组社会价值观作为行政变革的驱动因素（Wise，2002）。

本案例研究的既定目标是确定以往研究断言的有效性，即许多行政改革的脉络始终存在，即使它们不如新公共管理相关的改革那么流行，但也存在推动变革的力量（Wise，2002）。怀斯并没有关注许多组织变革研究中常见的经济和预算约束，而是将社会价值作为行政改革的驱动力。

怀斯（2002）认为与公共行政改革特别相关的价值观是：（1）更大的社会公平需求，（2）民主化和赋权，（3）政府人性化。本案例研究考察了这些相关的社会价值观对政府改革的总体影响，然后比较了他们在挪威、瑞典和美国的影响。

社会公平是指平等主义、福利和公正社会等主题。它是公共产品和服务的公正分配以及公平和平等待遇标准背后的力量。自进步时代以来，这股力量影响了美国的政府改革，在斯堪的纳维亚半岛也很常见。它体现在政策、法律和协议中，表达为禁止歧视、促进公共部门就业中的宽容和公平待遇，以及价值多样性和政府工作人员的民主待遇等条款。

(一) 劳动力中更大程度的民主化

本案例中，所讨论的三种社会力量中的第二种力量是对公共劳动力更大程度民主化的需求以及政府工作人员的授权行为在行政改革中的作用（Wise，2002）。人们早已认识到组织能够从更多员工的参与和承诺中获益。这些获益的例子也是新公共管理运动中的共同要素，包括通过消除管理层来使组织扁平化；更加非正式的协调和沟通；减少命令和控制等级的依赖；以及让员工参与确立机构目标、目的和战略规划。努力将更多妇女、少数民族和弱势群体提升到领导职位也是新公共管理运动的一部分。

人性化——被认为是20世纪中叶公共行政最重要的趋势——60多年后继续影响行政改革。怀斯（2002）提供了人性化趋势的定义和范围：

> 公共行政的人性化一面与对工作生活质量和哲学的关注有关，这些关注将员工视为必须予以平衡的、具有不同需求和利益的整体人。公共行政的人性化强调参与和更高的参与度。它还需要努力将民主价值观纳入公共行政。（Wise，2002，558）

(二) 其他人性化改革

除公共就业外，人性化改革还表现在通过政府颁布法律来影响所有员工和公众的就业，这些法案侧重改善就业公众和未就业公众的日常生活。人性化改革还包括促进技能培训和再培训、为所有公众提供教育机会、要求更安全的工作场所环境以强制改善工作生活质量，以及许多其他的人力资源开发提升项目。

怀斯（2002）的结论是，该研究支持了这样一种论点，即行政改革的竞争驱动因素仍然有效，即使它们并不主导改革运动。此外，对三种社会力量作用的考察支持了这样的论点，即许多因素促成了不同国家改革运动的形式。怀斯在所考察的三个国家中找到了类似的扩大社会公平的模式；民主化和赋权导致以增加妇女和少数群体机会的类似的努力；虽然人性化在三个国家都存在，但挪威和瑞典比美国更发达。

小　结

本章研究了一些关于形成公共管理概念发展的案例，重点关注行政改革趋势的两个方面：通过标杆管理和绩效评估来改善政府服务以及通过网络和协作的政府服务分权。同时，注意到促进工作场所更加人性化的方案是案例研究的主题。

此外，本章探讨了如何实施与新公共管理趋势相关的公共管理计划，以提高公共部门工作人员和公共项目的效率和效力。本章还提出了新公共管理范式的持续有效性问题。

第十三章 可持续政府的案例研究

> 可持续性——满足当代人的需求而又不影响子孙后代满足他们自身需求的能力——是首要价值,各个层面需要组织进行最佳实践。公共部门的财政可持续是这一定义的重要组成部分。
> ——杰弗里·I. 查普曼(Jeffrey I. Chapman, 2008)

可持续性已成为各级政府组织的政策关注重点和战略规划目标。虽然很少有人会承认,在不久的将来的任何时候都无法实现"真正的可持续性",但全球各地的治理部门正在实施旨在实现该目标的政策和计划(Agyeman and Evans, 2003; Astleithner and Hamedinger, 2003; Ulhöi, 2004)。

虽然似乎没有统一可接受的可持续性定义,但阿杰曼和埃文斯(Agyeman and Evans, 2003)使用的是世界环境与发展委员会(WCED)和国际自然保护联盟(IUCN, 1991)提出的常用定义:可持续性是"需要以公正和公平的方式确保现在和未来所有人的生活质量,同时生活在生态系统可承受的范围内"(WCED, 1987, 36)。

美国政府问责办公室(GAO)在向国会提交的2008~2012年战略计划的报告中,确定了七个主题,作为其制定五年工作计划的框架。这些关键计划的主题之一是管理科学和技术进步能够促进经济增长和生活质量的持续提升。科学技术主题包括七个功能领域:(1)管理科学技术以促进生产力和经济增长,(2)信息和通信技术,(3)网络安全和个人隐私,(4)数据质量和可靠性,(5)空间探索,(6)选举和公民参与,(7)人性和伦理研究。政府问责办公室报告还用这些术语描述了科学技术对可持续发展的重要性:

第十三章　可持续政府的案例研究

科技影响着生活的方方面面。虽然信息技术是当今的主要力量——将世界各地的个人、组织和经济联系起来——其他类型的科学和技术进步也正在带来重大变化。科学技术的发展为改善生活质量、经济和政府绩效以及政府与公民的关系提供了巨大的机会。（GAO，2007，2）

科技已被列为政府问责办公室重点工作的关键要素之一，因为它现在是，而且很可能将继续成为各级政府实现其可持续发展能力目标的最重要贡献者。国际社会、国家、州和地方政府依靠科技，为影响全球政府实现可持续发展目标能力的许多制约因素提出解决方案。

这些制约因素包括人口增长和人口老龄化、医疗成本上升、不可再生资源的消耗以及对化石燃料的持续依赖、全球气候变化、自然资源枯竭、空气和水污染以及国家人口日益增长的多样化（GAO，2007）。

科技对社会保持经济增长的能力做出了重大贡献。技术特别有助于将这种能力融入到政府组织的运行中。由于技术可以实时收集、存储、提供知识和信息，所以技术使组织文化的要素——战略、能力和容量——可供所有组织层面的所有人员使用（Hill and Jones，2001）。因此，继续对新技术进行大量投资的主要理由之一是其应用对于实现可持续的政府运作是必要的。

一　对科学实现可持续发展的信心下降

科学不再是联邦政府的"宠儿"。在第二次世界大战后的几十年里，世界上70%的研发成果来自美国。今天，这个百分比下降到不到30%。此外，美国对基础研究的资助也在稳步下降。虽然私营部门的研究份额有所增加，但工商界并不愿意为很多纯粹的研究提供资金（GAO，2007）。

研究伦理和科学不端行为的问题是政府问责办公室战略重点中的主要关注点。质量差和可靠性低的数据事件减少了公民对科学界的信任，弱化了政府在资助该研究方面的作用。案例研究揭示了应对挑战者爆炸、批准怀孕妇女使用沙利度胺[①]以及塔斯基吉梅毒研究（以及类似的研究，被认为违反了研究伦理）等方面的问题。

[①]　沙利度胺（thalidomide），是一种镇静剂和止痛剂，被发现能导致胎儿先天畸形，尤其是四肢畸形，孕妇有可能在怀孕早期服用该药治疗晨吐。它在20世纪60年代早期就已经停止使用，但现在可以在极其严格的指导方针下被用于治疗某些疾病。——译者注

二 评估可持续发展

可持续性和可持续治理案例研究的一个增长领域是在决策制定之前开发用于评估其可持续性影响的工具。除了必须具有预见性和未来指导性这一事实外，可持续性评估此类工具的设计与传统的环境评估与规划研究没有太大区别（Gibson，2006）。

专栏 13.1 显示了可持续性评估工具应涵盖的八类标准。这些观点是在对已发表的可持续性研究文献进行荟萃分析基础上收集所得。

专栏 13.1　实际的可持续发展评估的基本组成部分

世界各地的政府、民间社会组织和私营企业正在尝试运用各种方式来评估项目和计划对维持它们运营能力的影响。许多人转向"三重底线"（即经济责任、社会责任、环境责任。——译者注）评估，其社会和生态因素的重要性与传统上经济因素的重要性相同。对可持续性的强调反映了越来越多的共识，即日益相互联系的世界不再能够支持当前状况和生物圈的退化程度。因此，成本效益分析所需的环境影响报告也越来越多地包括可持续性评估。

在对公共部门和私营部门的可持续性活动进行荟萃分析之后，吉布森建议将以下八类通用标准纳入可持续性评估。

1. 确保社会生态系统的长期完整性，包括保护不可替代的生命支持功能。

2. 在不影响子孙后代机会的前提下，维持人类的生计和增长机会。

3. 确保当今的选择不会加大穷人和富人之间在健康、安全、增长机会和其他方面的差距，从而保持代际公平。

4. 保持代际公平，以便子孙后代能够可持续地生活。

5. 保持资源的可用性和效率（用更少的资源做更多的事），同时减少对社会生态系统的威胁，以便所有人都能获得可持续的生活。

6. 通过更开放、更明智的讨论、审议和集体责任，维护社会生态文明和民主治理。

7. 采取预防措施并适应迅速变化的条件和要求，以避免对可持续性基础造成不可逆转的损害。

> 8. 立即应用可持续发展原则，以获得相互支持的利益和多重利益。
>
> 资料来源：吉布森（Gibson，2006）。

可持续发展评估应用案例

在加拿大多伦多城市水系统案例研究中，用于形成可持续性测量的各种标准的实际应用侧重于发展指标（Sahely，Kennedy and Adams，2005）。该研究的目标是：（1）检验用于衡量可持续性的不同工具，（2）提出理解基础设施可持续性的框架，（3）提出基础设施系统的可持续性标准和指标，（4）为多伦多的城市供水系统应用选定量化可持续性指标。

该研究的重点是基础设施与三个系统之间的关键互动：（1）环境可持续性，包括资源利用和废物产品；（2）经济可持续性，包括资本、运营和维护成本以及创新投资；（3）社会经济可持续性，包括可及性、健康与安全。从环境的角度来看，一种更可持续的系统是将资源使用和残留物最小化的系统，即当社会经济标准处于"成本最小化的同时对研究和开发、技术变革和创新、可及性以及健康与安全的投资保持在适当的水平"（Sahely，Kennedy and Adams，2005，75）。当绩效最大化或维持在可接受的水平时，可达到可持续管理目标。

该研究建议将环境可持续性分为四个层次，用于衡量城市供水系统的可持续性。对这四项标准中的每一项测量都被主观用于保持多伦多供水系统在适当的环境规模水平。以下是四种可能的类别（从最高可持续性水平到最低可持续性水平）。

- A级：环境与健康目标都能满足；资源利用效率高；浪费最小化；（废水）养分和水的回收到位。
- B级：达到或超过环境保护标准，但重点仍然是合规性和输出解决方案。定期监测水和废水质量。
- C级：符合环境保护和健康标准的最低标准。
- D级：未达到环境保护、健康和充足供应的目标；环境监测处于最低水平。

利用这个四要素分类系统，多伦多的城市供水系统被评为环境可持续性B级水平。这一决定是基于如下假设，即当时的环境和能源使用规范实际上是可持续的。研究人员指出，案例研究并非旨在全面评估多伦多水系统的可持续性，而是作为可用于选择适当指标度量的过程的示例。作者最后呼吁开展更多与可持续城市基础设施有关的跨学科研究和更全面的研究。

三 人力资源方面的可持续发展

可持续性不仅仅是确保政府能够获得财政和物质资源，以便使它能够完成工作（Liebowitz, 2004; Nigro and Kellough, 2008），此外，它还涉及促进人力资本发展的承诺，包括确保公职人员拥有他们所需的技能和知识。人力资源的可持续性是关于公共劳动与管理之间的合作而不是竞争。这也关乎恢复公民对政府的信任，公民对他们选举和任命的公共部门领导人和雇员的信任，以及公共服务精神的回归。人力资源的可持续性重视公务员的价值，并为公务员提供与私营部门员工同样的工作环境。

维持人力资源开发和保留所必需的人际关系政策是赛克雷和斯万贝里（Secret and Swanberg, 2008）对一项城市政府案例研究的主题。他们在美国东南部的一个中型城市进行了一系列焦点小组访谈，以识别一线员工和主管员工对"工作—家庭"冲突问题的关注情形。就其理论基础而言，该研究植根于"工作—家庭"溢出模型和组织分析框架。在回顾了现有文献后，赛克雷和斯万贝里提出了五个研究问题来指导他们的焦点小组访谈：

1. 与城市雇员的"工作—生活"问题有关的个人情况和期望是什么？
2. 工作环境的性质是什么？
3. 是什么将员工的家庭和工作联系起来？
4. 城市政府的组织文化和理念对工作环境有何影响？
5. 组织资源、结构和文化的哪些变化可能改善他们的"工作—家庭"条件？

研究结果强调了市政雇员在管理工作和家庭责任方面所面临与私营部门员工相同的挑战。受访员工表示，灵活的工作时间表、监督支持以及响应员工需求的组织文化能够更好地帮助他们应对挑战。员工将"家庭友好"(family-friendly)文化定义为一种工作环境,该文化反映并支持培育家庭系统的制度。

赛克雷和斯万贝里(Secret and Swanberg, 2008)还发现,市政雇员对社区的志愿工作保持高度承诺,并且对养老服务的需求很大。员工寻求一种制度,使他们能够更灵活地参与照顾家庭中的老年人。最后,在一项类似于监察员制度的建议中,受访者敦促聘用一个"工作—家庭"倡导者来帮助主管创建和维护一个更合适的家庭友好型工作场所文化。

四 州和地方政府的可持续发展

查普曼(Chapman, 2008)关于州和地方政府可持续性的案例研究侧重于政府长期履行其财务责任的能力。可持续政府是在不减少其对满足子孙后代需求的责任的情况下,满足当前公民和利益相关者需求的政府。在一个可持续发展的政府中,其理念已成为"一个需要各级政府组织进行最佳实践的首要价值"。为实现可持续发展的目标,政府必须首先确保财政可持续性。查普曼(2008, S115)将州和地方政府的财政责任定义为"政府长期履行其财务责任的能力,它反映了可用收入的充足性,以确保继续提供公众所需的服务和资本水平。"

查普曼(2008)回顾了五个结构性压力,这些压力显然限制了公共部门管理者在收支方面为其辖区构筑未来可持续性的能力:(1)人口变化(特别是婴儿潮一代的老龄化);(2)郊区化趋势加剧了城市扩张,同时对公共服务的需求过大;(3)人员和企业的流动性增加,现在许多公众在不同的辖区工作、购物和寻求娱乐,同时资本的流动性也在增加;(4)从商品消费转向服务消费,而这部分费用往往不包括在州和地方销售税税基中;(5)电子商务的重要性日益提高,进一步侵蚀了销售税税基。

(一)政府的三种压力

由于这些压力降低了州和地方政府税收收入的可靠性,所以也使制定计划和政策以确保子孙后代可持续发展变得更加困难。查普曼(2008)检验了这些压力对三个计划领域的影响:医疗补助、养老金和基础设施。

在现有政策下,医疗补助支出的增长路径不可持续。此外,它可能成为未来州政府预算将面临的可持续性问题的最可能原因。预计未来几十年，医疗补助支出将从每年7.3%增长到8.3%。

成千上万在婴儿潮时期出生的公务员现在正满足退休资格，他们的养老金支出的增长速度超过了总人口的增长速度。而且，由于过去许多州对养老基金的缴款经常被资金短缺的政府作为现成资金来源，所以许多公共养老金计划资金严重不足。除养老金的问题外，许多州和地方政府还面临其他一些与退休人员相关的成本，包括医疗和处方药费用、牙科、视力检查和听力检查费用、人寿保险、长期护理和伤残福利。

维修和更换大部分物理基础设施的高成本是公共管理人员面临的另一个可持续性问题。一些联邦拨款和援助将用于所需的部分工作，但是大部分设施建设工作可能无法获得联邦资金的资助。基础设施是指道路和桥梁、铁路和机场、水和废水分配、收集和处理设施、固体废物处理场、实体工厂和办公室以及类似的设施。

（二）一些可能实现的解决措施

查普曼（2008）推荐了一系列短期和长期解决方案，以实现更强的政府可持续性。行动方案分为三大类：收入解决方案、支出解决方案以及行政和管理解决方案。收入解决方案涉及对现有收入来源进行调整，包括销售和财产税。查普曼总结说，不幸的是，仅靠这种"修补"（tinkering with）无法解决财政可持续性问题。其他潜在或部分解决方案包括仅对营业税、财产税或规费和使用者付费进行修补。最终可能的收入解决方案是开发新的收入来源，例如私有化，向私人公司出售道路或桥梁，这些私人公司会对使用设施收取通行费，并对电子商务和服务征收新的税费。

支出解决方案受到福利待遇、特殊利益集团压力、安于现状的公民以及政治压力的限制。但是，一些小的变化可能包括养老金缴款的变化以及员工对健康保险和其他福利计划的更多缴款。另一组变化可能包括从与年龄相关的福利和公共服务的变化到以收入为基础的收益和服务的变化。

行政和管理解决方案包括改进和简化税法（消除当前的漏洞）以使收入来源趋于平稳，以便经济衰退的年份不会导致税收收入急剧下降。此外，一项重要的建议是所有州和地方政府都建立并维持风险准备金。

查普曼（2008）的结论是，公共部门管理人员可能要做出的最困难的改革是"改变大多数居民认为确实有免费午餐的深层次信念"。

五 可持续发展的国际案例研究

显然，可持续性案例研究被认为是全球性问题，而不是国家或地方问题。不同国家的许多研究人员正在从诸多不同的角度研究这个问题。这里包括三个例子。

第一个案例是关于丹麦政府在制定可持续发展政策方面的作用。该案例的作者乌尔霍伊（Ulhöi, 2004）是奥尔胡思商学院工商管理系的成员。第二个案例由中国南开大学环境科学与工程学院的何绪（He, 音译）领导的研究小组撰写。他们（2006）的研究着眼于地下水资源减少的可持续管理。第三个案例研究了作为一种新治理形式，奥地利首都维也纳实施可持续发展的障碍和机遇（Astleithner and Hamedinger, 2003）。

（一）丹麦的政府机构和可持续发展

乌尔霍伊（2004）的案例研究基于一项发展政策，该政策曾一度关注环境限制对商业和工业竞争力的潜在负面影响，并转变为平衡经济利益与环境利益的发展政策。20世纪即将结束时，丹麦贸易和工业部（the Danish Ministry of Trade and Industry）与环境和能源部（the Ministry of Environment and Energy）合作制定了一项政策，要求将环境问题视为丹麦工业的战略资产。

丹麦政府的绿色国家企业战略（Green National Enterprise Strategy, GNES）于2001年启动，其使命是在环境问题和冲突方面发挥更积极主动的作用。绿色国家企业战略是商业界成员与可持续发展利益团体之间开创性的伙伴关系的产物。合作伙伴关系面临的挑战是看是否有可能将环境限制纳入市场。基于市场的绿色国家企业战略提出的规则和条例侧重于自我监管而非传统的命令和控制监管。在撰写案例时（Ulhöi, 2004），评估该计划的有效性还为时尚早。

（二）中国的水资源可持续管理

保持可持续经济增长的政策——特别是考虑到全球变暖以及能源和

其他自然资源减少等问题——已成为影响各国政府的棘手问题。面对保持长达30年的经济增长和繁荣之路，中国经常被指出可能面临无法克服的环境问题。然而，仔细查看记录表明，中国领导人关注可持续发展问题，并开始采取措施确保经济持续增长。

自1978年开始的经济改革以来，中国经历了两次重大变革。第一次是从计划经济向市场经济体制的转变。第二次是从农村到工业化、高度城市化的社会转变。然而，这些转变并不是没有代价。从积极方面来看，过去20年来每年的平均经济增长率为10%或更高。大部分中国人的生活质量都有了显著提高。

然而，令人难过的是，这种增长对环境带来了巨大压力，中国人呼吸的空气和饮用水质开始退化。目前，这些压力有可能破坏中国长期经济增长的可持续性。

来自中国北方南开大学的教师和研究生团队发表了一份关于地下水资源管理挑战的案例研究结果（He et al.，2006）。由于过多的地下水用于农业和城市消费，地下水位已大大下降。陆地表面正在下沉，在许多地方，盐水正在侵蚀该地区300多万口地下水井中的大部分。因此，研究小组得出结论：

> 中国面临以下严重问题：（1）原水资源不足，分布不均，污染严重；（2）水和废水处理基础设施供应不足；（3）不协调的管理政策。所有这些都造成了水污染和严重的水资源短缺——这是中国面临的最严峻的环境挑战之一。（He et al.，2006）

（三）奥地利首都维也纳的城市可持续发展案例

奥地利首都维也纳市于1996年加入《奥尔堡宪章》（又称《欧洲城市和城镇可持续发展宪章》），据此同意遵守包括1992年在巴西里约热内卢签署的《21世纪议程》和1994年在丹麦奥尔堡批准的《地方21世纪议程》在内的全球可持续发展计划（见专栏13.2）。与此同时，维也纳市政府官员同意实施《地方21世纪议程》，他们还通过了维也纳气候保护计划——这是一项总体规划，重点关注《地方21世纪议程》实施成为城市政府变革的必要手段。

阿斯特莱特纳和哈梅丁格（Astleithner and Hamedinger，2003）选择了可持续发展计划所要求的维也纳市政府结构变化作为其案例研究的重点。他们描述了一种新的城市治理，认识到需要组织合作过程，同时建立合作和非等级的利益相关者谈判制度。这些变化需要根据反映新公共管理治理模式的新的"话语和交流"民主模型来建立。

> **专栏 13.2 欧盟的可持续发展**
>
> 1992年在巴西里约热内卢举行的地球首脑会议通过了《21世纪议程》，这是一项促进可持续发展的行动计划。《21世纪议程》建议各国政府制定国家可持续发展战略。联合国大会1997年特别会议将其通过的预定日期定为2002年。2002年，在南非约翰内斯堡举行的可持续发展问题世界首脑会议提出了一项计划，敦促各国在形成国家可持续发展战略方面取得进展，该计划于2005年开始实施。
>
> 1994年5月，来自80个区域组织的代表在丹麦奥尔堡举行了欧盟可持续发展城市城镇会议。代表们批准了《欧洲城市和城镇可持续发展宪章》（通常被称为《奥尔堡宪章》）。该宪章的主要倡议是为每个地区制定一项实施可持续发展治理的地方计划，这一计划称为《地方21世纪议程》。
>
> 欧洲理事会商定了一项可持续发展战略，其原则是所有政策的经济、社会和环境影响都应以协调一致的方式加以审查，并在决策过程中加以考虑。为了评估实施和进展情况，可持续发展战略制定了一系列可持续发展指标。正如奥尔堡会议所概述的那样，欧洲城镇可持续发展计划的主要要求如下：
>
> 城镇对可持续发展的责任；
>
> 接受可持续发展的概念和原则；
>
> 可持续发展是一种创造性的、本地的、寻求平衡的过程；
>
> 城市经济向可持续方向发展；
>
> 城市可持续发展中的社会公平；
>
> 可持续土地利用模式；
>
> 可持续的城市出行方式；
>
> 对全球气候的责任；

> 预防生态系统污染；
>
> 公民作为可持续发展的主要推动者和社区参与的作用；
>
> 作为城市管理实现可持续发展的手段和工具。
>
> 资料来源：阿斯特莱特纳和哈梅丁格（Astleithner and Hamedinger, 2003）；乔斯和格兰霍姆（Joas and Grönholm, 2004）；经济合作与发展组织（Organisation for Economic Co-operation and Development, 2004a）。

截至本案撰写之日，作者发现，维也纳——实际上是奥地利整个国家——并没有像其他欧洲国家那样进步迅速，特别是与斯堪的纳维亚半岛国家、德国和英国相比。他们认为，维也纳批准可持续发展条款缓慢的一个可能原因是该城市的规模——2003年人口为180万。解决规模问题的策略是制定一个总体规划并处理影响整个城市的问题，然后再提出仅影响城市的一个或几个地区的建议。

小　结

本章探讨了在全球环境中建立和维持可持续运营水平过程中政府角色的部分案例，这些案例包括能源和自然资源短缺、空气和水污染、有毒废料的危害以及应对可持续性挑战的财政资源缩减等。案例研究已在各级政府以及国际协议和伙伴关系领域进行。

本章以有关可持续发展问题的三个国际案例研究实例作为结尾：第一个是丹麦政府新推出的以市场为基础的环境保护政策，第二个是关于中国北方地下水可持续管理的研究，第三个是以维也纳市采用《21世纪议程》中的城市可持续发展计划为例，将其作为新公共管理行动的新治理模式，并进行了案例分析。

第十四章　技术管理的案例研究

> 国会政策制定者担心联邦政府运作中可能出现效率低下和效果不佳问题，特别是在涉及信息技术投资的决策方面。随着每年联邦信息技术支出增长到约700亿美元，这些担忧也有所增加。
>
> ——杰弗里·W. 塞弗特（Jeffrey W. Seifert, 2008）

长期以来，技术对政府运作的影响一直是学术界和实践研究人员深入研究的课题。今天，各国政府特别担心更换旧的"遗留"系统所产生的高昂成本。管理者支持这样一种观点，即在政府机构和组织中应用科学和技术产品的核心目的是帮助组织实现更高的绩效。为了实现这一目标，他们赞同这样一种观点，即新技术的采购应该满足四个关键的运作目标：（1）提高运营和财务效率；（2）提高政府项目和服务质量；（3）设计和实施创新流程；（4）提高机构对客户、顾客、立法者和其他利益相关者的响应能力。这些目标都为案例研究提供了极好的机会。

美国管理和预算办公室已经确定了许多部门和机构共有的业务，其中包括财务管理、补助金管理、个案管理、人力资源管理、联邦卫生服务和信息安全。过去每个机构都保留了一名员工，并投资于信息技术以提供服务。同样的模式也出现在大多数州和许多市政府。技术管理计划的目标是，将大部分后台活动从每个单独的部门或机构剥离出来，转移到为多个部门提供服务的整合或共享服务中心。

整合并不像看起来那么简单。为了成功地实现更大的合并，相关机构管理人员认识到，对任何组织的管理人员来说，实施新的或不同的技术都不是一项简单的任务。许多因素限制了管理人员将新技术纳入机构运营的能力。

这些限制因素包括：技术及其实施的高昂初始成本；与选择错误的技术系统有关的惩罚；充分实施技术变革所需的时间；培训和/或雇用新员工操作该系统的高昂费用。因此，案例研究往往是研究的首选方法，旨在告诫其他用户与给定技术相关的困难。

例如，库珀（Cooper，2000）的一个案例研究报告说，人们普遍认为信息技术可以促成组织和工作流程的根本性变革、再造或其他转变，但很少证明这种看法是完全正确的。组织惰性通常会抑制这种变化，这会导致获取或发展信息技术反而会维持甚至强化组织现状。

技术通常以其供应商未计划或认可的方式使用（Orlikowski，2000）。以误解或缺乏理解的形式出现的错误，或者是通过蓄意破坏、惰性或创新而产生的错误，往往会扭曲新技术的意图。用户可能会忽略、更改或绕过其初始技术属性；用户还可以通过添加外围设备、新软件或数据来扩展或改变技术属性。

技术应用的方式就是用户理解技术属性和功能手段的产物。这种理解受到内部和外部环境的影响。技术的心理图景是由外部来源如供应商、其他用户和意见领袖所提供的描述和演示建构而来。这项技术的市场营销人员、记者、咨询顾问、拥护者、培训师、管理者和"高级用户"都通过他们对这项技术的用途和价值的看法为这一图景添墨加彩。

即使采取了所有正确的步骤并具有每一个重要的前提条件，但科学和技术往往也不能产生支持者所声称的通过这些而促使组织拥有巨大改善的效果，正如不止一位研究人员指出的那样："信息技术有可能放松对组织实践的层级束缚，创造网络化结构和横向关系，从而带来新的组织形式和实践"（Orlikowski，1991；Cooper，2000）。专栏14.1中的案例研究报告说明了技术正在改变政府的工作方式。

一　政府中的技术案例

信息技术领域已经进行了大量的案例研究，包括多项分析政府机构和部门的管理人员如何解决许多花费较多的与信息技术相关问题的研究。当其他行政管理者在其技术项目中遇到相同或相似的困难时，这些案例研究可以为他们提供重要的指导。

这种案例研究的指导性特征在下述几类管理问题中特别有价值。首先，当研究和理论在某种程度上仍处于形成阶段时，案例研究方法具有很好的洞察力。例如，政府机构采用企业资源管理系统以及在州和地方一级实施电子政务方案。案例方法被认为适合于获取政府工作人员所掌握的知识并从中发展理论：

> 从业者所从事的（学习）过程是知识积累所必需的。科学家有责任将这一知识正式化，并进入检验阶段。在这种形式化之前，可以使用案例研究来记录实践经验。（Benbasat, Goldstein and Mead, 1987, 370）

其次，分析其他管理者的经验和所采取行动的案例研究被证明非常有价值。案例使管理人员能够在自然的、可识别的情况下研究技术问题。新的尖端技术应用案例描述使管理人员可以了解技术进步的情况和其他操作工具的进展情况。

专栏 14.1　技术在政府中的好处：澳大利亚的案例

斯蒂文·奥尔福德（Steve Alford）是国家信息经济办公室商业战略分部的总经理，他提供了许多例子来说明技术的应用如何帮助澳大利亚政府转型。技术带来的最大变化是越来越多地使用公私和跨层次的伙伴关系，以及在政府和利益相关者之间实行（市场模式的）"买方—供方"体系。根据奥尔福德（2002）的理论，这些发展已经改变了澳大利亚政府实施业务的方式；它还改变了政府行政管理人员的工作方式。现在有更多的知识工作者，更少的流程工作者，更智能的在线系统，使用有偿和志愿中介提供政府服务也更加频繁。

奥尔福德（2002）描述了技术驱动澳大利亚政府工作变化的三个例子。

1. 商业入口站点（www.business.gov.au），是企业感兴趣的所有政府服务的单一入口点，汇集了来自多个机构和多级政府的信息，包括交易服务。

> 2. 电子税务网站，这是旨在将税务部门内部的工作推向中介和纳税人自己的流程的一部分。这一举措的成果之一就是大大简化了税收制度。
> 3. 澳大利亚求职网站，提供全国各地的职位空缺信息。
>
> 奥尔福德（2002）认为，澳大利亚电子政务的发展可能带来的主要好处是，将政府公共服务前移到用户更容易接受到该服务的程度，公共服务递送的范围更广，而且使用的人更少，成本更低。他最后呼吁，希望学者和实务部门承认"电子政务不仅仅是政府的另一个渠道；它也是建立更好政府、推动更好变革和提供更好客户服务的方式。"
>
> 资料来源：奥尔福德（Alford, 2002）。

通过一个完成的故事，研究人员可以深入研究并回答其他行政管理人员感兴趣的问题，如"如何"和"为什么"。

- 机构管理人员如何有效地引进新的信息或通信技术？
- 执行小组遇到了什么问题？他们采用了什么策略来解决这些问题？
- 项目是否按预算和时间进行？成本和时间是否超支？
- 在实施该计划之前，哪些关键问题没有得到考虑？

（一）早先示例

本巴萨特、戈尔茨坦和米德（Benbasat, Goldstein and Mead, 1987）是早期研究技术应用案例的人员。在一项荟萃分析案例研究中，他们评估了从信息系统期刊中提取的案例研究报告样本，从五篇关于案例方法研究理论基础的前沿论文中确定了较大的清单，从中筛选出一组特征（见表14-1）。

本巴萨特、戈尔茨坦和米德（1987）从更大的清单中选择以下四个问题来评估这些案例：（1）这种现象是否可以在案例所处自然环境之外进行研究？（2）必须关注当代事件吗？（3）控制或操纵受试者是否必要？（4）这种现象是否具有既定的理论基础？研究人员审查了在五种期刊上报道的案例研究和发表的会议记录，最终选择以下作者撰写的四个案例研究作为案例研究优缺点的最佳例证：（1）达顿（Dutton, 1981），（2）马库斯（Markus, 1981），（3）奥尔森（Olson, 1981），（4）派伯恩（Pyburn, 1983）。

达顿（1981）的案例尤其相关，因为它涉及塔尔萨市采用财政影响过程模型，并最终被否定。该研究的目的是检查人际关系、组织、政治和技术方面的限制，因为它们影响了该模型的实施。该案例包括各种数据收集方法：报纸报道；政府报告，备忘录和文件；对参与该过程的个人进行的20多人次非结构化访谈；实地考察前后的电话采访。达顿的结论是，政治环境是该市未能实施创新进程的主要原因。

表 14–1　技术管理类型案例研究的选定特征

	项目特征
1	在自然环境中考察有趣的现象
2	数据是通过多种方式收集的
3	检查一个或几个实体(个人、团体、组织)
4	该单元的复杂性得到了广泛的研究
5	案例集中在知识构建过程中的探索、分类和假设阶段；研究人员对探索持接纳态度
6	不涉及实验控制或操作
7	研究人员不能预先指定自变量和因变量的集合
8	所得结果在很大程度上依赖于研究人员的综合力量
9	当研究者提出新的假设时，选址和数据收集方法可能会发生变化
10	个案研究在研究**为什么**和**如何**等问题方面很有用，因为这些问题需要关注随时间推移而需要追踪的运行关系，而不是关注频率或发生率
11	重点是当代事件

资料来源：本巴萨特、戈尔茨坦和米德（Benbasat, Goldstein and Mead, 1987, 371）。

（二）费城无线电技术的发展

贾田、曼德维瓦拉和班克（Jain, Mandviwall and Banker, 2007）发展了一个关于费城市实施市政无线网络（MWN）的行政案例研究。研究人员认为，费城的经验可以为其他城市在选择和实施信息技术方面提供有用的指导，同时也说明了如何利用信息技术促进社会和经济变革。他们将市政无线网络定义为在当地政府参与下形成的无线互联网接入网络。

他们的案例报告分为三个部分。第一部分讨论了无线网络作为新的信息技术基础设施的出现。第二部分是对费城无线项目的详细分析。这一部分描述了项目发展的几个阶段，同时也强调了这一进程中的重要里程碑。第三部分包括预期结论和经验教训总结，以及研究人员对未来这一新兴技术发展所感兴趣的一些问题。

这些数据通过12个焦点小组收集完成,这12个焦点小组包括一直与城市项目任务组保持联系、涉及费城市市政无线网络覆盖计划(MWN)的120名主要利益相关人员,焦点小组对私营承包商(供应商)和其他社区的市政无线网络覆盖计划项目的参与者进行了面访,并分析了费城市早先进行的一个街区试点项目。

费城市面积约135平方英里,有近66万户家庭。在实施无线网络系统之前,约有40%的城市人口表示他们不是互联网用户;只有45%的人在家上网,而美国整体的这一比例为70%;这两项参与指标都低于全国平均水平。

费城市政无线互联网案例也是公共部门和私营部门成功合作的一个例子。该系统在设计初期需要1000万美元的投资。12家私营企业通过项目征询书递交了申请。最终合同于2006年2月生效,预计完成安装需要两年时间。中标者在整个城市的135平方英里范围内承担了建设和运营网络的全部成本,为1000万美元。完成后,公司将拥有该系统,并有权向个人和商业终端用户出售零售访问权。

承包商同意为低收入和弱势群体设定特定价格,先期向市政府支付200万美元,以获得建设该网络的权利,并支付使用市属电线杆和灯柱的租金。运营第二年后,承包商将把该市5%的收入支付给一个被称为"无线费城"(Wireless Philadelphia)的新公民组织。该组织旨在促进低收入和弱势群体对互联网的使用,以减少城市中存在的"数字鸿沟"。

从这个案例中可以得到两点经验。首先,它为行政管理人员考虑在他们自己社区范围内建设无线网络提供了一个成功的模型。其次,它描述了在缺少相关政府机构提供资金的情况下,地方政府如何与私营部门公司开展合作以提供服务的情形。案例作者给出了这样的结论:

> 通过外包项目的所有关键技术、服务和管理要素,该市对通常超出其专业范围的活动避而远之。从本质上讲,市政府所做的就是将其固定资产(如路灯柱和其他路权财产)货币化。它创造了一个新的收入来源,而无须投资任何东西。(Jain, Mandviwalla and Banker, 2007, 1001)

二 技术何时衰落了

发表在《管理信息系统季刊》上的一个案例研究描述了主要实施信息技术投资项目未能实现预期转型目标的原因。库珀（2000）描述了一个组织在安装成像信息技术系统时的经验。该技术最初是为了改进存储、索引和检索文档图像的工作流程，并使一个单独的文档可以同时提供给几个人。此外，这项技术还可以自动分发正在进行的工作，以及对文档所做更改进行审计跟踪。除了这些工作流程的改进之外，负责该项目的高级经理还希望利用这项技术，通过改变或消除部门边界、工作描述和工作流程，从根本上改变他的部门。该案例呈现的经验是，系统的有效性和效率目标已经实现，但组织变革没有实现。

库珀（2000）认为，实现信息技术支持的组织工程目标中存在的问题，可以归结为几个形成因素，其中包括工作人员的惰性、缺乏适当的组织氛围，以及缺乏关于该技术可能带来的潜在好处的适当沟通。尽管变革的许多要求都已到位——高层管理人员的全力支持、大量用户的参与以及强大的拥护者——但创造力培养要素（如鼓励冒险的奖励结构）并未到位。

库珀（2000）可以访问所有与项目有关的文件，包括会议记录、办公室内部备忘录、提案和演示材料。他还对员工进行了15人/次的访谈，这些员工（1）代表了受项目影响的所有领域，（2）密切参与了决策过程。

库珀的案例分析将组织在采用新技术方面仅取得的部分成功经验与这八种理论创新构想进行了比较。

1. 知识：有证据支持这样一种观点，即通过提供更多关于潜在信息技术能力、工作任务和应用信息技术过程的知识，可以提高实施的成功率。

2. 认知因素：通过提供个人创造力改进技术或工具，可以限制或增强创造性信息技术的发展。

3. 内在激励：通过提供增加自主性、提供专业成长的机会、被团队成员视为令人愉快的任务，可以提高新技术的开发和接受度。

4. 外在激励：通过奖励结构来提供激励，比如增加薪酬和晋升，以及奖励不管成功与否的冒险行为。

5. 团队任务：通过确保在实现明确发展目标过程中具有相当大的灵活性，可以改进技术的应用。

6. 群体规范：通过确保群体规范促进明确的角色和责任、合作和信任，可以提高采纳度。

7. 群体多样性：通过工作丰富化、交叉训练和相关的员工授权计划实现员工多样化，可以优化员工选用流程。

8. 群体问题解决：通过使用与高度不确定性相称的系统分析和设计方法，以及小组创造力改进技术，可以提高采用率。

研究表明，该组织不存在顺利选人用人所需的氛围。原因之一是政策要求采用尽可能少干扰的技术，并且该技术与现有的工作流程和程序最为匹配——"一个尽可能少耗费用户精力开发的系统，对用户日常活动的干扰最小，并且模仿了他们当前的系统"（Cooper，2000，263-264）。因此，该计划似乎旨在支持一切照旧，而不是期望的转型变革。

荷兰：取消自由裁量权

在世界许多地方，大型公共机构中的官僚机构正在经历一场根本性的变革（Bovens and Zouridis，2002）。过去大量的街边"窗口职员"（window clerks）通过面对面的互动，为顾客在一定时间内提供服务的模式，正在被基于规则且不露面的互动，以及基于市民通过互联网提供数据的计算机决策所取代。在许多公共服务类别中，先进的信息和专家系统正在取代个案管理人员，并取消了曾经允许他们在有争议的情况下进行裁决的自由裁量权。

然而，重要的是要谨记，信息和通信技术环境能够有效取代传统一线工人的情况，并不适用于所有公共服务供给情境。相反，传统的一线工人，仅适合例行处理大量几乎相同的正式事务的工作。

荷兰的一项公共机构技术案例研究中描述了两个成功的应用，其中基于规则的数字决策树场景应用有效地取代了低级别公务员的自由裁量权（Bovens and Zouridis，2002）。这两项服务中的一项是处理学生贷款和补助金的申请，另一项是通过在交通地点安装固定摄影机系统执行交通规则、规定违规罚款时间表以及自动计费和跟踪罚款服务。

在这两种场景应用中，技术首先将旧的街道层面的官僚机构转变为

屏幕层面的官僚机构，公民通过计算机屏幕与公务员进行互动。然而，随后，这些和类似的屏幕层面的系统被作者所描述的**系统层面**官僚所取代，在这种情况下，公职人员不再参与申请信息的收集或处理表格。由于需要不断提高系统的效率，客户服务人员正在被程序员和其他信息通信技术人员所取代。

1. 学生贷款制度

20世纪90年代中期，由基层社会工作者协商确定高等教育资助和贷款资格及发放金额，是通行的做法，这一旧做法正在被以技术为基础的体系所取代。在旧做法下，由基层社会工作人员决定谁能得到什么资助以及为什么得到资助；社会工作者根据他们对个体学生的经济状况、学术能力和是否具有资格等方面的了解作出决定。

直至20世纪80年代，社会工作者的自由裁量权已经在很大程度上被计算机软件所产生的接受或拒绝决定建议所取代。到了20世纪90年代，在20世纪80年代设计和使用的传统单用途的"烟囱式"（stove-pipe）软件系统正在被替换和互连，以便使所有申请人信息都可用于决策过程。

经过几次改进系统的努力，公职人员不再参与处理个案；相反，他们专注于改善系统和信息处理之间的联系。现在申请人通常通过互联网直接将信息输入系统。决策和奖励金额规则被内置到程序中，并相应地做出决策。与客户的联系，虽然仍然被认为是重要的，但已降级为由柜台职员为申请人提供申请协助和信息，交易现在完全实现了自动化。

2. 执行交通规则

交通法规的执行通过警察亲自签发罚单的方式进行，当警察观察到有违规行为发生，许多情况下会当场收取罚款。如果违规者支付了罚款，就可以避免刑事诉讼。如果司机不付款，案件将被转移到检察官办公室。如果继续不支付，可能会导致案件被转到更高一级的法院。在每一个步骤中，罚款的数额都会增加。

在以新技术为基础的系统中，处理违反交通规则的工作已从地方警察部门和小型法庭转移到专门为管理这一过程而新建的计算机网络。刑法已被行政法所取代。摄像机记录违章者的车牌号码。这些数据被输入网络，案件档案在网络中处理，罚款在没有任何人为干预和刑事诉讼的情况下发送给违法者。大多数罚款是立即支付或在一个或多个计算机生成的催收信息之后支付。违法者可以向检察官提出上诉,但很少发生此类上诉。

在这两个例子中,信息和通信技术的引入极大地改变了公共组织的工作性质。公共组织管理的高层正在发生以下变化:

> 与市民的接触不再发生在街道上、会议室或窗户后面,而是通过照相机、调制解调器和网站接触。[技术]已经在组织的运作中发挥了决定性的作用。它不仅用来登记和存储数据,就像在自动化早期一样,还用于执行和控制整个生产过程。日常案件在没有人为干预的情况下得以处理。专家系统已经取代了专业工作者。除了间或看到的公共信息官员和柜台工作人员,没有其他街头官僚[根据利普斯基1980年的定义]……发布决策的过程实际上从头到尾是由计算机系统来执行。(Bovens and Zouridis, 2002, 180)

公共机构组织的这些变化也将对政府机构的工作性质,以及负责履行机构使命的工作人员的技能和知识基础产生重大影响。在系统层面,将需要三类工作人员来取代正在消失的社会工作者:(1)熟悉系统设计、立法程序、法律政策和系统管理的技术工人;(2)擅长控制公共服务生产和供给的公共管理专家;(3)熟练的沟通者,如公共信息官员和服务台工作人员,经过培训以解决投诉和消除误解的人员,以及在管理与外部供应商的合同方面受过法律培训的人员。

博文思和祖里迪斯(Bovens and Zouridis, 2002)提供了一些建议,如果读者必须处理相同或类似的公共管理情况,本案例可能对读者有所助益。作者推荐三类创新来帮助系统层面的官僚机构进行变革。

第一,高级行政人员和立法机构应坚持加强对信息技术采购和实施的监督。对信息技术架构计划和建议进行系统的审查将有助于这方面的工作;随着时间的推移,信息技术监督甚至可以制度化,成为定期审计的一部分而发生作用。

第二,在严格的、基于规则的制度下,通过在决策过程中引入艰难情势条款和小组审查,可以解决在交易过程中因切断与人的接触而经常出现的挫折感。

第三，通过允许公民和相关利益组织访问用于组织决策的电子表格、决策树和核对清单，可以更容易地访问专家系统。这种可及性可能导致对系统层面的官僚机构进行更大程度的民主控制，同时使系统设计人员对程序中的问题因素保持警觉。

三 衡量技术对绩效的影响

多年来，政府在技术管理方面最大的问题之一是确定信息技术投资对绩效的改善程度。研究者一直在努力寻找一种能够有效衡量任何特定技术对机构绩效影响的标准。许多经济层面的研究揭示了技术和绩效之间的负相关关系。在行业层面，研究结果喜忧参半，而在组织层面，许多研究发现了绩效和技术之间的正相关关系。

戴瓦拉杰和科利（Devaraj and Kohli, 2003）对医疗卫生机构中技术应用案例研究的文献进行分析并得出结论，研究越集中，确定技术对绩效影响的机会就越大。

为此，他们建议，衡量信息技术影响的更合适方法是关注信息技术的使用，而不是投资。此外，尽管这种方法存在许多问题，但过去使用情况的研究继续通过信息技术使用的自我报告来收集数据；戴瓦拉杰和科利（2003）通过监测信息技术的**实际**使用情况而不是使用自我报告方法（他们的重点）来控制这些困难。

研究设计包括对八家医院在三年时间里的各种财务和非财务绩效指标的检验（Devaraj and Kohli, 2003）。所涉及的技术是决策支持系统的实施，该系统旨在帮助管理人员提高组织效率和生产力。在本研究所包括的八家医院中，这一系统被用于分析与保险公司的合同；比较预期服务和支付的成本；确定可以改进操作、降低死亡率和适当削减成本的领域。研究者只检验医院提供的决策支持系统报告，以确保他们仅测量系统的实际使用情况。

八家医院的案例分析为这一假设提供了强有力的支持，即这种特殊技术的使用提供了显著的经济和非经济效益。戴瓦拉杰和科利（2003）发现，决策支持系统的使用与医院绩效的衡量有着密切而重要的关系。

小　结

多年来，科学技术一直是美国经济增长的关键因素。科学进步极大地改善了大多数美国人的生活质量，同时也推动了工业和政府生产率的较大提高。在日益复杂和竞争的环境中，政府组织必须发挥作用，同时必须继续改进他们所做的一切，这就要求公共部门管理人员以多种方式改变他们的组织。帮助实现这些变化的是正在信息和通信技术方面进行的大量投资。

然而，这些新技术的实施似乎更多地强化了组织现状，而不是促成了重大的组织变革。因此，公共部门管理人员面临的信息技术问题是，确定哪些因素最有助于他们以最高的效率和最高的有效性来完成组织的使命。本章探讨了一些管理者如何利用案例研究来解决政府组织和机构中的信息技术管理问题，最后回顾了关于技术对组织绩效影响的多案例研究。

第十五章 国家安全问题的案例研究

2001年9月11日标志着一种新型恐怖主义的出现，这种恐怖主义与一些国家或地区的零星恐怖分子所构成的孤立威胁截然不同：国际恐怖主义，其规模难以预测，任何国家都不能声称免受攻击。

——经济合作与发展组织（OECD，2004b）

鉴于2001年9月11日恐怖分子袭击的后果，国会和总统开始采取措施来提高国家的能力，以防止再次遭受袭击，并加快未来可能发生的袭击和其他灾难的恢复速度。布什政府于2002年7月发布了第一个《国土安全国家战略》。该文件于2007年10月更新，其中包括一项通过加强联邦、州、地方和私营部门组织的合作和伙伴关系来加强国土安全的计划，还确定了22个对安全措施负有一定责任的联邦机构。表15-1列出了国土安全部五个最大的机构及其雇员数量和雇员2006年12月的工资单。

表15-1 国土安全部五个最大的机构及其雇员数量和雇员2006年12月的工资单

机构	文职人员总数(人)	全职文职人员(人)	文职人员工资(百万美元)
美国海岸警卫队	7522	7403	44.66
美国特勤局	6578	6441	44.33
海关与边境保护局	43640	46148	244.75
联邦应急管理局	26944	7410	133.23
运输安全局	56829	46806	213.28
所有其他机构	28236	27735	187.13
总计(国土安全部)	169749	138953*	867.34

资料来源：美国人口普查局（U.S. Census Bureau，2007）。

* 译者注：原文统计的全职文职人员数量为138953人，经译者计算核对后，实际全职文职人员数量为141943人。

为了合并和协调这些不同的职责领域，2002年11月国土安全部（DHS）根据《国土安全部法案》成立［美国政府问责办公室（U. S. Government Accountability Office，GAO），2008a］，并于2003年3月开始运转，它将几个机构置于一个新的内阁级办公室的领导之下。

政府问责办公室对所有联邦机构进行年度审计。在这些审计中，政府问责办公室确认各项管理职能的进展情况。此外，还对各部门完成任务的进展情况进行分析。这些绩效报告被提交给机构管理者、白宫、相应的国会监督委员会和公众。

政府问责办公室调查人员检查进展和遵守规定标准情况，确定成功之处和工作仍待完成的领域，并公布其结果，供其他管理人员审查，以帮助他们积极实施自己的管理举措。以下关于国土安全部的讨论摘自已发表的政府问责办公室报告。它揭示了在联邦、州和地方的安全与应急管理行动中进行案例研究的诸多机会。

一　提供国土安全部计划

国土安全部的大部分工作都是通过向州和地方政府拨款以及与私营部门和非营利组织签订合同来完成。与所有联邦机构一样，该部门通过五个关键职能领域的管理项目来运作：采购、金融交易、人力资本、信息技术以及建筑和设施（不动产）管理。通过对这些领域的有效管理，国土安全部能够集中精力完成其边境安全方面的关键任务，包括：移民执法和移民服务，航空、地面运输和海上安全，应急准备和应急响应，关键基础设施防护，科学和技术安全（见表15-2）。

（一）伙伴关系与协调

国土安全部与其他联邦机构、州和地方政府、私人和非营利组织以及国际合作伙伴密切合作，以实现其维护和保障国家安全的根本使命。这类合作努力的例子包括：国土安全部与运输部建立伙伴关系，以确保地面运输公司和组织的安全，与航空公司合作确保空运安全，与航运业合作检查集装箱货物，以及与联邦应急管理局（其是国土安全部的一部分）、州和地方政府合作开展灾害应对和恢复工作。

表 15-2 国土安全部的管理职能

管理职能	主要任务职能
采购管理 财务管理 人力资本管理 信息技术管理 不动产管理	边境安全 移民执法 移民服务 航空安全 地面运输安全 海上安全 应急准备和应急响应、关键基础设施防护 科学和技术安全

资料来源：政府问责办公室（GAO，2008a）。

（二）国土安全部向州、地方和部落政府拨款

联邦政府将国土安全拨款作为提升州、地方和部落政府应急准备能力、应对恐怖袭击能力以及应对自然灾害能力的主要手段（GAO，2008b）。自 2002 年以来，已经为相关计划、设备和培训拨款 190 多亿美元。在 2006 年《卡特里娜飓风后应急改革管理法》通过后，联邦应急管理局被赋予分配和管理这些拨款的责任。

联邦应急管理局在国土安全部的作用是，向地方政府提供国土安全部进行的威胁评估，核实基础设施数据，审查地方安全投资计划，为地方政府筹划拨款申请提供技术援助，以及举行授标后会议以收集过程反馈。国土安全部根据一个测量系统确定向州和地方合作伙伴提供补助的规模和范围，该系统建立在对该地区潜在恐怖主义或自然灾害风险的评估基础上（GAO，2008b）。在这里，**风险**被定义为**地方脆弱性**和**灾害破坏性**之和乘以**威胁** [$R = T \times (V + C)$]。

联邦应急管理局和国土安全部在拨款过程中面临的一个主要问题是，繁文缛节和官僚主义障碍使其难以及时、迅速地将拨款提供给需要的地方。许多州和地方的规定有时会导致地方机构在使用拨款之前拖延数月。在某些情况下，在县、市或特别地区机构接受联邦拨款之前，需要州立法机构的批准。当州议会不开会时，可能会增加更多的时间。从 2002 年到 2007 年，国土安全部已经承付了大约 200 亿美元的应急准备和响应拨款。然而，截至 2008 年 1 月，大约 70 亿美元仍未支出。

(三) 州级层面的协调

为了努力协调联邦和州的关系，从2002年开始，各州建立了自己的国土安全和/或应急管理办公室或部门。在大多数情况下，这不是一个额外增加的政府官僚层级，而是一个协调办公室。通常，这些办公室在现有的公共安全部门内设立，或者附属于当地州长办公室。

对这些州级项目网站主页的非正式审查揭示了一些共同的特征。例如，所有文件都包含之前和现在的国土安全部的威胁分布的某些版本；设立了一些办事处，但只在州一级发挥作用；其他还包括航空器进出美国领空可能产生的威胁状况。所有的项目都包含一些其他信息的链接，如居家应急准备、移民和旅行与风险提示、新闻发布应急方案及更多信息。

许多州的国土安全网站还包括一个任务声明和其他战略管理主题。表15-3显示了从国家安全和应急准备办公室网站中随机选择的一些使命说明示例。

二 州和地方层面的国土安全

亚拉巴马州的国土安全项目是这些州项目的典型（亚拉巴马州，2003）。亚拉巴马州是第一个建立州级国土安全部的州，并于2003年6月18日以法律的形式加以确认。亚拉巴马州国土安全部划分为四个主要功能区：边境、港口和交通；科学和技术；信息管理和预算；应急准备和响应。自成立以来，亚拉巴马州国土安全部已经管理超过1亿美元的联邦国土安全拨款。

国土安全、灾害准备和响应已经成为地方、州和联邦各级政府的重要活动。美国最大的城市和人口最多的县正在利用国土安全部的补助和奖励来扩大安全和应急准备部门的规模，并推动其现代化。芝加哥市是其中一个范例，在那里，应急管理办公室和沟通团队协调城市的减灾、备灾、响应和恢复规划及实施计划（芝加哥市，2006）。

在另一个例子中，旧金山市的应急服务部门管理其国土安全活动（旧金山市，2009）。应急服务部门是旧金山市应急管理部门的一个单位。该部门为旧金山市和县制定和维护应急行动计划，并与10个湾区县、奥克兰市和圣何塞市一同协调区域应急计划。

表 15－3　随机选择的州国土安全局使命

州	使命宣言
亚拉巴马（State of Alabama,2003）	亚拉巴马州国土安全部的任务是与联邦、州和地方合作伙伴进行合作，以防止在亚拉巴马州发生恐怖主义行为；保护生命和保护财产；如果需要，应对亚拉巴马州发生的任何恐怖主义行为。为了完成这项任务，亚拉巴马州国土安全部与公共和私营部门的利益相关者在广泛的领域内密切合作：执法、紧急情况管理、紧急医疗、消防、公共工程、农业、公共卫生、公共安全通信、环境管理、军事、运输等
阿拉斯加（State of Alaska,2008）	国土安全局的使命是成为全州范围内的唯一协调中心，负责协调该州预防恐怖袭击的组织活动，降低阿拉斯加州对恐怖主义的防范脆弱性、最大限度地减少生命损失或关键基础设施的破坏，如果受到攻击能够尽快恢复
俄克拉荷马州（State of Oklahom,2008）	俄克拉荷马州国土安全局的职责是： • 发展并实施全面的全州国土安全战略。 • 计划并实施全州应急响应系统。 • 管理国土安全咨询系统。 • 协调、申请和分配联邦国土安全补助金。 • 实施国家国土安全计划
宾夕法尼亚州（State of Pennsylvania,2007）	该部门的任务是管理本州的总体保护框架，监督本州关键基础设施保护计划的实施，并进行持续评估。这包括五个任务： • 确定关键基础架构、关键资源和重大特殊事件。 • 评估风险（后果、漏洞和威胁）。 • 确定应急响应能力方面的差距。 • 与联邦和本州机构以及市、县和私营部门实体合作制定减轻风险的策略。 • 确定优先级并实施基于风险的保护计划
田纳西州（State of Tennesse,2008）	田纳西州国土安全局在指导全州范围内与恐怖主义相关事件预防和保护有关的活动上具有首要责任和权威。这项责任包括制定和实施一项全面协调的战略，以确保本州免受恐怖主义威胁和攻击。此外，国土安全局办公室还充当联邦、州和地方机构与私营部门（组织）之间同本州和公民安全有关的联络员。职责包括以下几点 • 意识——识别和了解田纳西州的恐怖威胁。 • 预防——发现、阻止和减轻恐怖分子对田纳西州的威胁。 • 保护——保护我们的公民，公民的自由、财产和经济不受恐怖主义行为的伤害。 • 响应——协助协调对与恐怖主义有关事件的响应。 • 组织卓越——优先考虑公民安全

洛杉矶县和市的国土安全规划由国土安全部治安官办公室管理（洛杉矶治安官办公室，2009）。该部门还负责县界内80英里海岸线和800多平方英里海洋的安保和安全。该国最繁忙的港口，圣佩德罗港口位于洛杉矶县。

正如这几个案例研究所描述的那样，各州在很大程度上依靠自己的资源和优先事项来决定如何最好地实施地方国土安全和应急准备项目。在下面的案例研究中，有关地方执法部门在恐怖主义预防和应对中相应作用的探讨，揭示了在国土安全治理进程中联邦、州和地方之间的衔接问题。

（一）一个关于安全拨款问题的案例

南卡罗来纳大学犯罪学系进行的一项案例研究的主题是：地方执法人员在开始实施联邦预防恐怖主义项目时所面临的问题。这项研究揭示的主要困难是，虽然各州被赋予了开展反恐战争活动的广泛责任，它们几乎没有收到执行这些任务的指导方针，以及如何最好地使用联邦拨款的具体指示。

地方执法机构应发挥的作用在《国土安全总统指令》（HSPDs）中有详细说明，其中两项指令于2003年公布。《国土安全总统指令》第五条主要处理联邦一级机构管理"国内事件"的程序和责任。《国土安全总统指令》第八条明确了各州和地方政府为国家防范计划制定的处置步骤。这一作用包括采取措施，确保"在联邦、州和地方各级制定必要的计划、程序、政策、培训要求和设备要求，以最大限度地提高预防、应对重大事件和从重大事件中恢复的能力"（Pelfrey，2007，314）。

2003年美国国内应急办公室发布的指导方针进一步确定了地方机构的任务和职责，但它们没有包括评估或审计州和地方政府行动的步骤或程序。由于未能认识到事件预防和响应之间的区别——两者具有明显不同的目标、目的、程序和重点领域——出现了更多的混乱。

（二）为期半年的调查

佩尔弗雷（Pelfrey）在2007年的案例研究中使用了调查数据。这些数据是2004年在对南卡罗来纳州近290个执法机构进行的为期半年的调查中收集的。调查问题涉及机构应对恐怖主义的准备工作、国土安全、准备水平、培训项目和资金申请等问题。响应机构包括 135 个警察局，32 个治安部门和 4 个州机构，其中一个是州高速公路巡逻队。调查结果显示，虽然许多机构在防范恐怖主义方面取得了重大进展，但仍存在一些问题，其中包括：

- 不到一半的应急响应机构制定了应对恐怖主义威胁或事件的政策。
- 少数机构举办过各种类型的预防恐怖主义培训或响应演习；举行的演习并不总是涉及紧急医疗服务。
- 很少有机构任命应急管理协调员，而是将任务分配给该机构现有的首席官员。
- 联邦政府仍未决定如何分配资金，哪些机构应该为应对恐怖主义事件做好最充分的准备，以及联邦、州和地方执法机构的等级序列在发生恐怖主义事件时如何发挥作用。
- 联邦、州和地方的资金可以广泛获得，但通常很少包含如何最好地使用资金的指导方针。大多数地方机构都用这笔资金购买设备和材料。

尽管该案例报告（Pelfrey，2007）出色地描述了当地执法机构面临问题的范围，但对于执法机构管理人员、当选官员和当地政府管理人员，该报告几乎没有提供指导，说明如何平衡南卡罗来纳州调查中发现的制度设计与执行现状的差异。这样看来，该案例是描述性研究，而不是规范性研究。它指出了一个问题，但没有提供补救办法。

三 国土安全部警报系统

另一个例子是夏皮罗和科恩（Shapiro and Cohen，2007）对一个多辖区政府系统的案例研究：2001 年 9 月 11 日，纽约、宾夕法尼亚和华盛顿特区发生恐怖袭击，在这之后六个月建立了美国恐怖分子警报系统。2002 年，新成立的美国国土安全部（DHS）开始使用一种新的彩色编码的恐怖分子预警系统——国土安全咨询系统（HSAS）。这一彩色预警系统是国土安全部就恐怖袭击的可能性和潜在严重程度向政府机构、紧急事件和安全响应人员发出警报的三个分支之一。该系统由三个部分组成，包括使用彩色编码的威胁级别系统传播威胁信息，脆弱性评估，以及面向政府、公共安全响应者和公众的威胁信息通信系统（DHS，2008）。

在任何多级警报系统（例如国土安全咨询系统）中，以下三个原因中的任何一个都会提高警报级别：(1)阻止袭击；(二)阻止、转移和延缓攻击；(3)减轻无法预防的攻击的影响。尽管采用彩色编码预警系统的意图是好的，但它显然不仅没有实现其目标，而且很快就被描述为彻底失败。夏皮罗和科恩(2007)在他们的案例研究中报告说，被设计用来协助该体系的机构和组织，要么在警报级别上升时不明白自己应该做什么，要么对警报的有效性失去了信任。在实施后的短短几年内，州和地方政府应急响应计划者对该系统的不信任状况，导致该系统在州和地方国土安全计划中几乎完全消失。

(一) 颜色编码预警系统

国土安全咨询系统的核心是一个五级彩色编码预警系统。该防恐警报系统旨在以一种快速、易懂的方式，汇集该国任何地区发生的恐怖袭击的可能性和潜在严重程度的信息，及时通知所有需要了解相关信息的机构和组织。根据警报级别，响应者将能够确定采取何种预防措施和反应姿态。咨询系统将恐怖主义危险分为五个风险等级，每个风险等级都有一个颜色代码和标签（见表15-4）。

表15-4　HSAS预警系统中以颜色编码的恐怖威胁等级

颜色代码	威胁等级	描述
红色	严重	遭受恐怖袭击的严重风险
橙色	高	遭受恐怖袭击的高风险
黄色	偏高	遭受恐怖袭击的中等风险
蓝色	保守	遭受恐怖袭击的一般风险
绿色	低	遭受恐怖袭击的低风险

资料来源：国土安全部(2008)。

国土安全部将**风险**定义为攻击概率与关键基础设施和生命损失的潜在严重程度或损坏程度的乘积。然而，当没有进一步定义风险等级的差别时，一个主要问题出现了。例如，响应者无法区分高风险和严重风险。这很自然地导致当警报级别转移到更高或更低的风险级别时，人员对于需要采取什么样的行动并不明确。

威胁等级之间的这种模糊性，加上人们认为提高警戒级别是出于政治原因，导致响应人员对该系统的信心在其运行两三年之后严重下降。

在2004年大选前的几个月里，当国土安全部将警戒级别从黄色提高到橙色或从橙色提高到红色后，没有发生攻击，这导致了一种看法，即国土安全部正在利用该系统来提高公众对布什政府的认可——这进一步增加了对该系统的不信任。

（二）三大弱点

夏皮罗和科恩（2007）认为国土安全咨询系统存在三大弱点。第一，系统中的矛盾降低了它在政府和私人用户中的可信度。反过来，这可能会导致参与者出乎意料或没有计划的反应。第二，系统没有考虑到响应人员做出的任何错误假设。他们对系统中变化的反应并不一致，因为系统没有明确定义每个警报级别的行动。第三，系统的复杂性可能会导致意想不到的反应。国土安全咨询系统的结构使得规划者无法预测警报级别变化所引起或导致的任何次生影响。

该系统的复杂性使得它在大都市地区特别难以管理。夏皮罗和科恩（2007）确定了至少七种受到警报系统影响的不同类型参与者：联邦政府机构、州政府机构、地方政府机构、媒体、商业和工业、公民个体，当然还有恐怖分子。一个地理单位可以包括来自每个团体的许多不同的机构。作者以纽约大都市区为例。那里的事件将涉及恐怖分子、至少四个联邦机构、四个州、三十六个县、许多小城市、至少九个地方电视台、一百多个广播电台和报纸、成千上万家公司和数百万公民。

夏皮罗和科恩（2007）提出了一种替代国土安全咨询系统的系统。它将补充一个非常基本的彩色编码警报系统，并为不同地区和不同类型的响应人员提供具体的指示。彩色编码警报系统将适用于任何紧急情况的简单的功能。补充指令将包括高度具体的行动，例如，在指定的基础设施地点增加警卫力量。此外，需要明确定义每个警报级别的要求，并计算每个风险和潜在响应的反应成本。提议的替代系统有以下四个优点。

• 它将减少在危机活动期间就合规性进行公开谈判的需求，这些谈判可能为恐怖分子提供有用的信息。

• 通过事先协商每一级警报可能采取的行动，将大大减少混乱和重复。

- 高级别谈判将暴露许多潜在问题，并减少错误假设的影响。
- 高级别谈判还可以帮助组织解决行动计划中可能出现的不兼容问题，从而降低系统的复杂性。

夏皮罗和科恩以以下结论和建议结束了他们的评论：

> 一个功能性警报系统必须充分增强对保护价值的信念，并且必须产生与警报目的相匹配的可预测结果。美国目前的警报系统在这两项任务上都失败了……在研究这篇文章时，我们访谈的对象中没有人相信国土安全咨询系统是有效的。考虑到国土安全咨询系统的失败，是时候迎接挑战、创造一个更好的系统了。（Shapiro and Cohen, 2007, 153–154）

四 国际安全的案例研究

防止恐怖主义袭击和外部干涉各国内政已成为全球各国政府的主要关切点。因此，许多研究者把注意力集中在这些问题上。以下的案例研究关于一个国际组织如何努力控制威胁其内部金融系统的洗钱活动，以及它们如何扩大行动范围以识别和阻止支持恐怖主义活动的全球资金流动。

打击新一波恐怖主义

2001 年 9 月 11 日发生在纽约世贸中心和五角大楼的恐怖袭击，仅仅是包括在中非、巴厘岛、卡萨布兰卡、马德里、沙特阿拉伯、巴基斯坦、土耳其、伦敦、印度、车臣和其他苏联国家的一系列袭击中的第一次。这一恐怖主义浪潮——主要追溯到基地组织网络——已经导致联邦、州和地方政府的时间、人员和物质资源的巨大消耗。联合国金融行动特别工作组（FATF）的反恐战略被选为"应对资助全球恐怖主义特殊挑战的有效措施的理想案例研究"（Gardiner, 2003, 326）。

在这个案例研究中，加德纳（Gardiner, 2003）确定了新一波恐怖活动的三个关键特征。第一，恐怖主义活动具有全球特征，在中东、非洲、亚洲、欧洲南部和中部有关联的恐怖主义基层组织。第二，自"9·11"

事件发生后，恐怖事件的发生率有所上升。第三，有证据表明，恐怖组织改变了组织结构，扩大了支持基础，以应对全球反恐行动。控制恐怖组织的资金运作是本案例研究的重点。

联合国金融行动特别工作组有三个主要战略目标：（1）拒绝向恐怖团体提供资产；（2）获取和传播关于恐怖主义威胁的知识；（3）使国家严格遵守全球和地区计划、程序和原则。当然，确保全球伙伴关系的目标和计划得到遵守，对于已经资源匮乏的州和地方政府机构来说，是一个沉重的负担。

加德纳（2003）对打击恐怖主义活动所采取的行动的研究，涉及对联合国金融行动特别工作组的案例研究，该组织于1989年在巴黎举行的八国集团首脑会议上成立，目的是审查洗钱趋势和技术，审查各国已经采取了哪些行动，并确定仍需采取的行动。一年后，最初的16个工业化国家成员国提出了一系列关于洗钱的建议，这些建议现在被认为是打击非法转移资金的国际标准。最初的四十条建议涵盖了刑法、国家法规和国际合作。合作的一个核心进程是国家监测和记录跨界资金流动。截至2007年，联合国金融行动特别工作组已扩大到包括31个成员国和两个国际组织。

这些建议分别在1996年、2002年和2003年进行了修订。"9·11"事件之后，金融行动特别工作组的任务扩大到包括制止资助恐怖主义活动。2002年采纳了八项专门针对制止资助恐怖主义的特别建议；2004年增加了第九项建议。其中的建议分别是：将洗钱和资助恐怖主义定为非法；授权调查机构追踪、扣押和没收犯罪所得资产；在成员国之间共享相关信息；扩大反洗钱条款的范围，将其他汇款系统包括在内；确保非营利组织不被用于资助恐怖主义活动。因此，联合国金融行动特别工作组目前在全球打击洗钱和其他资助恐怖活动的行动中处于领先地位。

评估联合国金融行动特别工作组的总体成功率一直存在问题，原因有几个。首先，很难确定成员国是否因为是联合国金融行动工作组成员而遵守反恐怖主义和反洗钱规定，或者他们是在无视相关条款的情况下这么做。其次，原则和建议没有被优先考虑。此外，没有服从程度的衡量，也没有检控率或罚金的衡量。最令人不安的是，随着人们对"9·

11"事件的记忆逐渐消失,新的问题和担忧引起了公共管理者和政治领导人的注意,国际上对反恐计划的热情正在减弱。

小　结

本章首先考察了一些案例研究,这些案例研究是关于制定和管理防止美国及其海外设施遭受恐怖袭击方案的问题。接下来是关于如何应对和管理遇袭事件中的安全和安保问题的案例研究,这是各级政府都关心的问题。由于国土安全部是大多数反恐怖主义活动的牵头机构,所以第一部分的重点是与国土安全部一个或多个方面有关的案例,以及24个现有的负有一定程度安全责任的联邦办公室和机构,这些办公室和机构合并组成了新的内阁级部门。

此外,还介绍了国土安全部及州和地方合作伙伴的准备进程和程序,随后介绍了国土安全部拨款制度及相关问题。最后一节考察了一些关于州和地方政府机构的反恐活动和责任的案例研究。

本章还讨论了一个国际组织的案例,该组织的成立初衷是打击洗钱和监管支持恐怖主义活动的国际资金流动。

第十六章　应急和灾害管理的案例研究

最近发生的自然灾害、2002年的急性呼吸系统综合征（SARS）[①]、流感大流行的持续威胁以及2001年恐怖分子对世界贸易中心的袭击，公共安全专家们都强调需要有计划地对大规模的公共卫生紧急情况采取协调一致的应对措施。他们还强调了联邦政府在计划如何保护美国公众、国家的关键基础设施以及参与救援、恢复和清理活动的过程中所扮演的角色。

——美国政府问责办公室（GAO，2008c）

本章对几个涉及联邦、州和地方应急及自然灾害准备计划的结构与运作方面的案例进行了研究。本章从现有的灾害和应急管理理论研究出发，并提出了新的理论。尽管这项研究不符合案例研究的条件，但也将它纳入进来，目的是为读者提供一个结构模型，以便应用案例研究来提出或检验理论。通过用真实案例代替研究中描述的假设案例，可以采用与本研究相同的方式引入新理论。

第二部分随后简要回顾了联邦应急管理局（FEMA）的历史、各种计划以及政策。第三部分着重于州和地方政府以及非营利组织准备计划的案例研究。

应急和灾难规划是世界上许多地方的先进成熟做法，只是响应能力差别较大。救灾费用昂贵，并非所有国家都能负担得起维持和分发救灾物资的费用，也不是所有国家都可以迅速做出反应，提供紧急医疗服务和基础设施维修。

---

① 这个威胁现在已经发生了严重的转向，2009年6月11日，世界卫生组织宣布甲型H1N1流感病毒种类（猪流感）暴发了流行病。

一 灾害与应急管理理论

在一项当前形构灾害管理研究范式的多案例研究中,麦肯泰尔等学者(McEntire et al.,2002)得出的结论是,灾害管理研究的主要理论方法在某种程度上都未能为应急准备政策制定者提供足够的指导。相反,作者提出了一种他们认为更适合帮助学者和实践者理解并减少灾难破坏的新模型。表16-1中展示了现有模型和麦肯泰尔等人提出的新模型,即全面脆弱性管理。

表16-1 综合应急管理范式

范式	定义	活动示例
抗灾社区	该模型可帮助社区最大限度地减少其面对自然灾害的脆弱性,同时最大限度地将减灾的原理和技术应用于其发展和/或重建行动	减灾活动包括危险性和脆弱性分析、预分区方法、土地使用规划、沟通教育以及更严格的建筑法规和规章
防灾社区	目前尚无统一的定义,但该术语暗指灾难发生后自我修复或恢复正常的能力。它是衡量系统从灾害中恢复速度的指标	计划对经济、情感和文化基础设施进行快速修复/重建;可能不仅仅包括物理科学和工程学。社会学家、经济学家、人类学家和心理学家可能会发挥作用
可持续发展和可持续减灾	可持续发展是既满足当代人的需要,又不损害后代满足其需要的能力;可持续减灾与抗灾模式密切相关	可持续发展是环境、发展、贫困、生活质量和灾害规划的相互作用,减灾涉及更合理的土地利用规划;建筑规范;灾害受损保险;更好地预测、预报和预警系统
反脆弱性发展	以反映社会的环境、经济和社会脆弱性的方式进行发展	规划决策和执行行动的目的是降低风险性和敏感性并增强对灾难的抵抗力和韧性
全面脆弱性管理	一个整体和综合的活动系统,该系统旨在通过减少风险和降低敏感性、建立抗逆力和应变力达到减灾的目的	全面脆弱性管理的相关决策和政策是相关部门对物理环境、社会环境和组织环境的责任和能力进行审慎和连续性评估之后,在此基础上制定的

资料来源:麦肯泰尔等(McEntire et al.,2002)。

目前在灾害研究中占主导地位的三种框架范式是:(1)抗灾社区,(2)防灾社区,(3)可持续发展和可持续减灾。在本研究中将这些作为案例进行检验。本研究还提出了第四个模型,即反脆弱性发展,以作为研究范式和政策指南。

麦肯泰尔等学者(2002)提出的全面脆弱性管理模型,替代了这四种灾难研究和规划范例。这一模型的最大优点是它的全面性,也就是说,它综合了减少紧急情况和降低灾害影响的所有活动。这一范式代表了确定并减少所有灾害脆弱性的努力。

反脆弱性发展是为降低突发事件和灾害造成的损害数量、频率和程度而实施的治理过程。这是通过减灾能力建设和减少不必要的责任来实现的。该过程包括以下三个步骤:
- 改变公众对灾难的人文态度。
- 将发展与减少脆弱性结合。
- 建立和完善应急管理机构。

二 联邦应急管理局

联邦应急管理局由总统吉米·卡特(Jimmy Carter)于1979年成立,其目标有两个:第一个目标是提供灾难预防和救助,并减轻地震和飓风等大规模灾难造成的破坏;第二个目标是充当对核攻击民事反应的协调员。与第二个目标有一定关系的是对国家安全威胁的计划和协调反应。专栏16.1涉及了该机构在应对自然灾害方面的最新问题。

专栏16.1 联邦应急管理局是如何在卡特里娜飓风过后的救灾中失败的?

耶鲁大学社会学名誉教授查尔斯·佩罗(Charles Perrow)对于联邦应急管理局在飓风救援中的表现如此差劲的原因,提供了富有洞察力的分析。

克林顿总统领导下的联邦应急管理局的工作重点是备灾和自然灾害紧急救援。"9·11"事件之后,工作重心转移到了打击恐怖主义。结果造成救灾能力下降,使得该机构在应对卡特里娜飓风(Katrina hurricanes)和丽塔飓风(Rita hurricanes)的挑战时毫无准备。佩罗描述了由此产生的一些不必要的问题:

卡特里娜飓风之后,空空的卡车漫无目的地从没有水、食物或防晒品的"难民"面前驶过。记者来来去去,但食物、水和医疗

> 用品却没有。红十字会不被允许运送货物，因为这可能会妨碍疏散……空中疏散慢到犹如爬行，因为联邦应急管理局表示，"9·11"事件后安检流程较长，（按照灾民的人数）需要配备50多名联邦空警一同乘坐飞机，并且要找到愿意执行安检任务的安检员。（离开）登机口时，由于检测仪的电力不足延误了登机，直到官员们让步才允许对绝望而筋疲力尽的人们进行费时的手动安检……他们仅有的食物——金属罐中的应急定量配给品被没收了，因为官员们认为金属罐中可能装有爆炸物……志愿医生只能无力地旁观，联邦应急管理局不允许他们提供帮助，因为他们没有在该州获得执业许可。
>
> 佩罗为联邦应急管理局的这些做法和失败提供了部分解释：在被纳入国土安全部之后，该机构失去了必要的灵活性和创新能力。在缺乏经验丰富的领导和明确定义的应急响应任务的情况下，现场的中层管理人员只能遵循规则，照章办事。"这些员工不懂得灵活和创新，即使面临巨大挑战，似乎只剩下了死记硬背的训练，坚持遵守不当规则，并异常害怕未经官方许可行事。"
>
> 资料来源：佩罗（Perrow，2006）。

在罗纳德·里根总统的领导下，第一个任务目标被认为不是那么重要，因此，该机构的应急和备灾部门获得的资源要少得多。第二个任务目标受到了更多的关注；一个例子是联邦应急管理局成立了下属的公众安全处（该部门已撤销，相关职能并入响应与恢复办公室。——译者注），该局为一千多名警察提供了防暴和政治骚乱控制程序的培训。1982年，总统下命令要求联邦应急管理局与军方协调。联邦应急管理局人事部门开发了一个经济有效的电信网络，该网络已被军方和情报部门接管。

在比尔·克林顿总统的领导下，许多先前的应急准备职责已交还给该机构。一个特别的成功例子是建立了积极的计划以最大限度地减少未来灾难的破坏。典型做法包括政府购买泄洪区土地以防止未来的开发，从而降低了建设—洪水破坏—重建的循环及相关成本。

在乔治·W. 布什总统的领导下，强调将联邦应急管理局的许多服务和项目私有化已成为一项政策指示。"9·11"事件之后,该机构合并为新的国土安全部。这又一次迫使该机构将注意力集中在反恐活动和应对恐怖主义袭击方面,再次减少了救灾准备。因此,联邦应急管理局无法有效应对卡特里娜飓风和丽塔飓风等大范围的自然灾害,其初始任务能力减弱的结果显而易见,肉眼可辨。

三 灾害与应急管理案例研究

在2001年9月11日恐怖分子袭击世界贸易中心和五角大楼之前,很少有公共卫生专业人员投入大量时间来准备应对此类紧急情况(Glicket al.,2004)。但是,在袭击之后,备灾成为公共安全和卫生组织的当务之急。本节描述了四个案例研究,讨论了案例呈现的灾难与应急的部分计划及实施状况。第一个是针对本地应急计划的单案例研究。接下来描述了两个不同组织在卡特里娜飓风中的经历。最后一个是对佛罗里达州各县应急管理计划的多案例研究。

四 灾害管理案例研究实例

第一个单案例研究与地方公共卫生团体有关:弗吉尼亚州夏洛茨维尔市(the Charlottesville,Virginia)卫生部门的应急准备活动。"9·11"事件之后的工作在2004年的案例研究中有所描述(Glicket al.,2004)。

(一)夏洛茨维尔的灾害管理规划

夏洛茨维尔市拥有45049名常住人口和近80000户住户,它也是弗吉尼亚大学医学院和拥有529张床位的学术医疗中心的所在地。当地还备有176张床的社区医院,地方公共卫生部门以及附近许多与健康相关的机构都被纳入了备灾网络。该市位于华盛顿特区西南110英里处,位于美国海军基地弗吉尼亚州诺福克市以西162英里。如果这两个高优先级地点中的任何一个遭受恐怖袭击,夏洛茨维尔都是其主要后援地点。

弗吉尼亚大学卫生系统融入国家灾难医疗系统,并采用了医院应急事件指挥系统进行应急管理。该系统定义角色和职责,并为所有紧急响应者使用通用语言。弗吉尼亚大学对于恐怖袭击的防范准备定义如下:

恐怖主义袭击救助准备工作包括人事、专业或社区知识以及预防或减轻灾难的计划。此外，它需要跨学科的努力，其中包括所有卫生专业人员的最佳技能。为了做好及时响应的准备，需要建立涵盖公共卫生和医院工作人员在内的公私伙伴关系，包括应急响应人员，警察和消防部门；实验室和药房资源；心理健康支持；社区志愿者。（Glick et al.，2004，267）

联邦应急管理局要求所有接受联邦资金进行应急管理的辖区都必须进行年度应急行动计划演练。其中一项演练于2004年在夏洛茨维尔举行，有400多名专业人员参加了这次联合演练，其中包括模拟非法倾倒有毒化学物质和恐怖集团劫持人质的情境。

对该演练的描述是为了构建本案例的主要知识。除了帮助参与机构了解哪些地方需要额外关注之外，该案例中描述的应急演练经验还可以作为其他应急响应网络的信息来源。

（二）两起应急响应案例

卡特里娜飓风和丽塔飓风造成美国墨西哥湾沿海地区数百人死亡，造成数十亿美元的损失，其中受灾最严重的是路易斯安那州和密西西比州。本节陈述了两个截然不同的关于卡特里娜飓风毁损的案例。

1. 拯救新奥尔良的动物

这两个案例研究中的第一个描述了新奥尔良一个非营利组织在遭遇卡特里娜飓风之前、期间以及之后的全过程。这篇精心编写且信息丰富的案例研究，描述了2005年新奥尔良洪灾中为数不多的一个成功救灾的故事，可以作为其他机构应急准备和灾害响应的良好范例。里祖托和马洛尼（Rizzuto and Maloney，2008）描述了在紧急情况发生前、中、后，路易斯安那州防止虐待动物协会（LA／SPCA）的行动。自2005年8月卡特里娜飓风袭击墨西哥湾沿岸以来，当地的动物庇护所是被洪水摧毁的众多民间组织之一。

灾难发生前，防止虐待动物协会是该州最大的动物福利机构，也是新奥尔良唯一的动物庇护所。它由65名带薪工作人员和数百名志愿者组成，年度预算为300万美元。本案例描述了防止虐待动物协会管理层在飓风发生之前采取的应急准备行动、在洪水期间采取的行动以及在洪水后期的清理和早期重建期间采取的行动步骤。

尽管许多组织未能应对飓风为他们带来的挑战，包括联邦应急管理局的最初响应失败，但防止虐待动物协会是灾难中为数不多的成功者之一。许多缺口造成的洪水摧毁了动物收容所以及新奥尔良的下九区。但是，在飓风袭击城市之前，防止虐待动物协会的迅速行动使工作人员能够解救所有动物，并将其置于庇护之下。

2. 一个三阶段响应

该案例描述了该机构在灾难的三个响应阶段中所采取的行动。第一阶段包括登陆前的预计划和应急准备（8月26日至28日）。在卡特里娜飓风袭击新奥尔良的四十年前，防止虐待动物协会就开始计划其动物救援和恢复行动。1965年贝齐飓风（Hurricane Betsy）袭击该市时，人们就明白了什么是不该做的。当时，该庇护所没有制定尽早撤离其所照顾的动物的计划。结果当庇护所被洪水淹没时，许多动物丧生了。

但是在2005年，庇护所在卡特里娜飓风登陆前几天就启动了应急计划。该计划要求在任何3级或更高级别的风暴登陆前72小时紧急疏散所有动物。卡特里娜飓风原为5级风暴，后来级别有所降低，但仍为3级风暴。因此，在飓风袭击前三天，工作人员将所有动物撤离至得克萨斯州休斯敦的庇护所。

第二阶段涉及危机期间的行动，即8月29日至10月15日。因为这是路易斯安那州新奥尔良唯一的动物庇护所，防止虐待动物协会将成为当地应急计划中负责动物事务的主要应急机构。但是，该机构的许多工作人员和志愿者在洪水中也失去了家园。这些工作人员既是应急人员，又是受灾人群。

在此期间，防止虐待动物协会流失了超过75%的员工；许多员工选择与成千上万的新奥尔良公民一起撤离。留在当地的防止虐待动物协会的工作人员和志愿者不得不营救遗留在这座被摧毁的城市中的数千只流浪动物。救援人员必须在一个充斥着"暴力、无政府、火灾和有毒的洪水"的环境中行动（Rizzuto and Maloney，2008）。该市以西约60英里的位置被指定为动物营救活动的中心，此次营救被称为"美国历史上最大规模的动物营救"行动，共救出了15000只动物。

第三阶段是从 2005 年 10 月到 2006 年 8 月。其中，该阶段被识别为合法化危机，机构实施了四项策略：增加动物的安置场所；在建造新的庇护所（2007 年投入使用）期间改善临时庇护所的结构；形成新的工作结构（包括程序、政策、工作头衔和职务描述等，以应对高压力和高员工流动率）；继续进行改进计划和危机准备。在此期间，固定员工人数增加到 45 名。

3. 防止虐待动物协会的经验教训

遵循皮尔森和克莱尔（Pearson and Clair, 1998）提出的宗旨，"研究者和管理者尚待学习和传播的危机管理知识对组织而言至关重要"，里祖托和马洛尼（2008，83 - 84）总结了他们的案例报告，为参与危机和应急准备计划的组织推荐了五种策略。

• 扩展计划范围以包含其他组织。防止虐待动物协会的计划运营因其他组织不充分的计划和失败而受到损害，努力实现最佳的自给自足和对其他组织的有限依赖。

• 发展危机应急措施并组织突发情境的演练。为关键操作（例如交流、决策、救援和恢复以及内部员工和团队支持）组建危机管理团队；建立知识收集、共享和归档系统。

• 确保领导能力贯彻于整个组织。领导不能只在最高层出现；所有员工都必须知道何时以及如何在紧急情况下做出快速、自主的决策。

• 发展并维护员工与雇主之间的承诺，以保持员工之间的相互信任。在 2005 年救援任务期间，这种承诺演化出工作人员的英雄主义和自我牺牲。

• 建立接受变革的组织文化。管理者必须表明他们重视创新，愿意接受新的任务和程序，并且可以改变行为。该策略的重要目标是建立一个以变革为机遇的学习型组织。

五 公共设施的飓风灾害管理

下面将要阐述的一家大型公用事业公司的案例说明，灾难和应急管理的规划和实施不仅仅是政府机关关心的问题。虽然本案例（Ball, 2006）中描述的组织是一个私人投资者拥有的公用事业公司，但公用事

第十六章　应急和灾害管理的案例研究

业服务中断对公共福利是具有影响的，因此它被作为灾难可能造成损害的一个例子。此外，因为公用设施通常受到州和地方政府的严格监管，所以私人公用事业公司被视为准政府机构（McNabb，2005）。本案例研究了公用事业员工进行准备计划和灾难响应培训的好处，研究侧重于卡特里娜飓风对墨西哥湾沿岸的发电和配电设施造成的损害（Ball，2006）。

卡特里娜飓风于2005年8月29日早晨袭击了密西西比州—路易斯安那州际线路；这是南方公司密西西比电力子公司80年来遭遇的最严重的灾难。密西西比电力公司的近200000名客户全部断电；近2/3输配电系统受到损坏或被摧毁；该公司的122条传输线中，除了3条线路外，其余全部关闭。300多座输电塔遭到破坏。近65%配电系统设施受到损坏；损失了9000根电线杆和2300台变压器。

恢复密西西比供电系统的总成本估计超过2.5亿美元，此次损失是该公司历史之最。总体而言，2005年飓风造成的所有损失总计估计为1250亿美元，这是美国历史上代价最大的自然灾害。损失居于第二位的可能是2008年9月飓风艾克（当时有记录的最大大西洋飓风）在该县石油生产中心登陆时造成的损失，估计超过270亿美元（NOAA，2009）。

卡特里娜飓风后恢复供电

输变电计划和运营部高级副总裁编写了一个有关使南方公司得以相对快速恢复计划的案例研究，该案例在飓风过境一年后发布在美国国家工程院网站上（Ball，2006）。电力公司的五个运营子公司中都分别制定了详细的灾难恢复计划，确定了特定的响应措施和资源。每年在飓风季节开始之前，员工都要接受风暴损害培训，以确保所有员工都了解恢复计划的方方面面，包括恢复任务分配。

一个示例是，密西西比电力公司的预案计划包括为预计受风暴破坏的服务区安排人员、材料和后勤保障。其中包括近3000名生产线工人和1750名修剪树木的工人。已安排了可移动卧铺拖车、军事和大学设施、帐篷、汽车旅馆，电力公司大楼还提供了近4800张床位。风暴登陆前三天，在预定的疏散地点建立了便携式厕所、淋浴间和废物处理设施。甚至在风暴破坏开始之前，该公司就花费了将近700万美元用于开展相关活动。

从这场灾难中吸取的许多教训被纳入了未来灾难响应计划。其中包括为更坏的情况做准备，甚至要为超过预期的损失做准备，并提前计划协调并寻求联邦、州和地方政府机构的支持。

六 应急管理的多案例研究

接下来的两个案例主要涉及灾害和应急活动的不同领域。第一个案例是选择佛罗里达州的 67 个县进行分析，以评估应急方案支出增长的差异（Choi，2004）。第二个案例分析的是英国发生铁路事故时政府机构、私人公司和志愿救援组织之间缺乏沟通和救援协调（Smith and Dowell，2000）。

（一）佛罗里达州各县应急支出增长

长期以来，地方政府一直被认为是对自然灾害（洪水、火灾、地震、冰暴等）和其他类型的灾害（包括但不限于有毒废物泄漏和恐怖袭击）做出快速反应最合适、最有效的组织（Comfort，1985；Waugh，1994；Choi，2004）。

为此，县政府经常被认为是最佳结构的政府。县通常也具有最好的规模和范围以领导区域规划、政策制定以及灾难和应急计划的实施。然而，正如各县的规模和财政实力差异很大一样，它们在制定应急计划和响应能力方面也各不相同。限制此能力的主要因素之一是各县指定用于应急和救灾活动的资源数量。

为了确定影响应急响应有效性的前因，崔（Choi，2004）在一项涉及佛罗里达州 67 个县的多案例研究中检验了经济、政治、制度和人口统计学特征。选择佛罗里达州进行这项研究有几个原因。首先，在研究之前的几年中，该州经历了许多自然灾害，包括飓风、洪水和野火。该州绝大多数居民（78%）居住在沿海地区，因此面临风险的人数比国家中任何州都要多。自 1992 年安德鲁飓风造成广泛破坏以来，该州实施的应急管理活动和计划数量比其他州都多。

崔（2004）在这项研究中发现，县级应急管理支出的增长可以用五个因素来解释：县政府的结构（"理事会—经理"的组织架构在应急管理职能方面的支出较少，但在公共安全计划方面的支出较多），财产价值变化，面对自然灾害的脆弱性，人口的增长和人口的分布密度。

（二）跨部门救援协调失败

史密斯和道威尔（Smith and Dowell，2000）报告了英国的三个应急和灾难响应机构间协调问题的多案例研究。触发事件是对1995年一次小规模铁路事故的响应，分析重点在于如何将伤亡人员从偏远地区运送到医院的决策。

两列火车相撞发生在雨中的一个偏僻的地方，铁轨在车道上方，唯一的步行通道在陡峭的湿滑斜坡上。救援人员讨论了将约30名事故受害者送往医院的三种选择：（1）用担架将他们抬到湿滑的斜坡上；（2）将他们沿着铁轨的崎岖小路带到立交桥，然后将他们转移到救护车上；（3）呼叫第三辆备用撤离列车（约60分钟路程）。在最后一种情况下，伤者可以在有轨电车中保持温暖和相对舒适。由于太危险，在医务人员的建议下放弃了第一种选择。第二种选择先让受重伤的第一列火车的驾驶员予以尝试，志愿者用担架抬走伤员。但它也被证明太难了。有人打电话给铁路公司，询问是否有急救列车可用。一个小时后救援力量到达，没人知道是谁呼叫的。

史密斯和道威尔（2000）将有关救援机构之间缺乏协调描述为灾难响应管理中的"顽疾"。这些机构包括应急服务（如警察、消防、救护车等）、地方和国家政府机构、私营部门组织和志愿者团体（此处主要是指地方山区救援团体）。

显然，在这种情况下，问题的核心是尽管参与人员有良好的意愿和表现，但在没有人负责的情况下，有些事情被忽略了，而别处却出现了重复工作。当现场人员有多个选项时，这尤其成问题，因为每个选项的后果都不清楚。

英国火车事故现场的决策仅限于现场人员；无论其级别如何，不在现场的个人都不会试图指挥行动。现场的问题在于，不清楚谁应该做出什么样的决定。在这种情况下，将发生以下情况：

> 每次灾难都会引发成立所谓的事故处理组织，也就是说，它是从许多机构那里获得不同资源的临时机构。在事故处理组织内，与资源分配有关的那些配置人员、技术和程序都可以统称为灾害管理系统。机构间协调的问题在于这种新兴灾害管理系统的结构

与个体和团队决策技术之间的相互作用。(Smith and Dowell, 2000)

七 海啸后的灾难管理

库德洛尔(Cuddalore)是印度东南部的行政区和区域中心,它是整个印度次大陆最易发生灾害的地区之一,这一点毫无疑问。这个多灾区易遭受飓风、洪水、干旱、地震,并定期遭受破坏性海啸的袭击。本章最后一个案例简要介绍了其中一种灾害。

最近一次袭击库德洛尔的特大灾难发生在2004年12月26日,当时印度洋海底发生了里氏9.1级地震,之后引发了海啸。在仅仅7个多小时的时间里,印度洋周围的海岸就遭到了破坏。仅在库德洛尔,就有618人死亡。该地区97000多人的生活受到不同程度的影响——许多人在几分钟之内无家可归。超过80000人接受了某种形式的医疗救助,约有24000人被迫身无一物地逃离家乡。

库德洛尔的印度行政服务中心(Indian Administrative Service,IAS)官员阿努·乔治(Anu George)在2006年进行了一项案例研究,其研究主题就是印度民众、地方政府机构、志愿者以及许多非政府机构应对海啸破坏以及协调救灾工作。印度行政服务中心最初是英国统治下的印度公民服务中心,在印度实现独立后成为行政服务中心。印度行政服务中心管理着国家和邦政府层面的公共事务。该案例详细描述了印度政府和地方政府在海啸之后如何管理救援行动,包括防止滥用全球以财政和其他援助形式表达的慰问。

许多非政府机构(NGOs)也迅速向海啸受害者提供援助。印度库德洛尔行政服务中心管理人员的一项主要任务就是处理上述工作以及其他团体和个人事务。案例报告列出了一系列重要经验教训,任何遇到类似情况的人都将从中受益。他们释义如下。

1. 受媒体高度关注的一些非政府组织和个人不得不去容忍他们的破坏性价值;

2. 与所有大型组织一样,非政府组织倾向于官僚化。其规模越大,声誉越高,官僚主义越严重。通常它们是第一个到达灾难现场的人,但是其僵硬的结构使项目进展缓慢。

3. 警惕过于分散援助的机构。恢复工作应该是有组织的，以防止受到来自邦或政治的压力。

4. 大多数非政府组织需要当地人来倾听他们的故事，即便这需要一次"重温往事"。

5. 无论他们做什么，都需要给予志愿机构中心舞台。通常他们做什么取决于他们被要求做什么。通常来说，提出具体要求比简单地寻求帮助会更好。例如，最好请求一个带有特定造船工具套装的工具箱，附带上特定数量的工具套装的总成本，而不是仅仅说"我们需要给船匠使用的工具"。

6. 永远不要让任何出现的帮助消失。每一分钱都很重要；每个人都可以做些事情。给像非政府组织这样的组织一些选择，打电话提醒他们你正在等待他们的消息。通常是你的呼唤推动了行动；这让他们觉得自己的努力对整个过程很重要。

7. 做好在村庄各机构或非政府组织之间斡旋的准备。

8. 后续工作必须继续进行，直到恢复阶段结束。在这个时候，非政府组织协调会议是有价值的，因为这可以帮助对这些组织施加友好的压力，使其履行承诺。

乔治（George，2006）在总结该案例报告的同时，还提醒人们，灾害管理需要完善的行政管理和健全的制度体系，以便于在需要时做出积极反应。与本报告中研究的许多案例一样，"除了预警系统和通信设备外，我们最终需要的是能够在各种不利情况下管理局势的人。再加上培训和准备工作，有助于这个世界成为一个更好、更安全、更宜居的地方"（George，2006，21）。

小　结

为了加深对联邦、州和地方政府的应急和自然灾害方案与政策的理解，本章探讨了五个州如何响应联邦命令、规定本州的安全与应急准备方案、确立应急响应计划以及成立行政办公室的案例。

本章后半部分聚焦于国家和地方组织在应急准备和响应方面的案例研究实例。第一个案例描述了一个市县计划，以提高卫生部门的效率。

第二个案例描述了一家非营利动物收容所组织的实践经历。该组织开展了针对卡特里娜飓风和新奥尔良市大部分地区洪灾的应急准备和响应行动，被认为是为数不多的应急准备和响应行动。此外，还讨论了公共部门如何为卡特里娜飓风等灾害做好预案和应急准备，佛罗里达州各县的应急管理方案案例，铁路事故现场的灾害应对失误案例，以及2004年印度海啸的案例。

第十七章 社会和卫生服务的案例研究

健康相关费用的增长是国家和地方部门长期面临着财政挑战的主要驱动因素。医疗补助是该成本的关键组成部分……在收入下降和可获资本减少时期,各州和地区都面临着医疗补助服务需求的增长。在这些挑战中,联邦政府继续依靠(州和地方)部门提供服务,例如医疗补助(Medicaid),其为联邦和州为对某些低收入人群提供的医疗保健联合融资计划。

——斯坦利·J. 切尔文斯基(Stanley J. Czerwinski, 2008)

联邦、州和地方政府提供的社会和卫生服务旨在提供福利和有关项目,例如教育,食品安全和营养支持,卫生保健,住房补贴,以及其他旨在改善美国儿童、残疾人、弱势群体、老年人和贫困人口健康、生计和生活条件的项目。所有这些程序都在一定程度上反映了实际提供服务的州和地方政府。但是,自1983年以来,州和地方政府首次在2008年和2009年减少了社会福利方面的支出(根据通货膨胀和需求进行了调整)。减少支出的主要原因是联邦政府对州和地方政府的拨款急剧下降,这主要是由于医疗补助项目的变化(Gais and Dadayan, 2008)。这些服务提供的方法、时间、原因、提供者以及服务本身的性质是案例研究的目标。

美国卫生与公共服务部(the U. S. Department of Health and Human Service, HHS)负责管理涉及健康与福利的联邦项目。卫生与公共服务部管理着300多个项目,拥有近65000名员工,2008年预算为7077亿美元。这些旨在提高整个社会整体福祉的社会服务项目吞噬了整个美国联邦预算的近1/4。

223

与其他联邦机构的总和相比,卫生与公共服务部管理的拨款更多(HHS,2008)。由于该部门几乎所有服务都是通过与州、县、市、宗教组织以及其他非营利组织和私营公司签约的方式提供给目标客户,所以,卫生与公共服务部的项目对大多数州和地方政府的经济以及公民的福祉有着巨大的影响。

卫生与公共服务部的一些主要项目包括:卫生和社会科学研究;预防疾病;确保食品药品安全;管理医疗保险和医疗补助;向低收入家庭提供经济援助;改善母婴健康;启蒙计划、宗教组织和社区行动计划;防止虐待儿童和家庭暴力;为美国老年人和印第安人提供的服务;应对紧急情况和恐怖活动的医疗准备。

卫生与公共服务部支持的社会服务是由州和地方政府通过三种主要管理方式提供:(1)直接通过政府工作人员提供服务;(2)间接使用补贴或者与私营非营利组织、宗教组织和私营企业签约,向符合条件的个人和团体提供服务;(3)通过向符合条件的公民提供凭单,以供他们使用这些凭单间接地从经批准的公共或私营部门提供者处购买服务(Savas,2002)。

一 国家层面的社会服务

国家层面的社会服务案例研究往往侧重于政策问题,而不是提供服务的方法或手段,而在州和地方一级,案例研究往往侧重于社会服务的应用和提供。因此,本章将集中于州和地方层面的案例研究。

二 州一级的社会服务

社会服务部门通常是州政府中最大的机构。例如,北卡罗来纳州卫生与公共服务部的19000多名员工管理着产前计划、儿童成长、疗养院规制以及其中的健康和福利项目,对该州几乎所有的养老产生影响。该部门分为三个主要部门:医疗救助,社会服务,以及精神健康、发育障碍和药物滥用服务(北卡罗来纳州卫生与人事服务部,2008)。

内华达州卫生和公共服务部的5200名员工管理着一系列多样化的项目,这些项目划分为五个部门:老年和老龄化服务;儿童和家庭福利;卫生服务,包括食品、药品和医疗设施;医疗保健筹资和政策,包括医疗补助；精神卫生和发展服务，包括药物滥用、福利和支持服务（内华达州卫生和公共服务部，2006）。

北达科他州公共事业服务部拥有约 2000 名员工，每两年预算为 19 亿美元，它是拥有规模较小的州立公共事业服务部门的州之一（北达科他州公共事业服务部，2007）。该部门所提供的服务包括精神卫生、迟滞和医院部门对残疾人的照顾；儿童、青年和家庭部门提供的儿童保护和社会服务；卫生部门和公共事业服务部门的卫生项目；公共事业服务部提供的财政援助和社会服务；老年人事务部提供的药品援助和家庭保健。

罗德岛州的公共事业服务行政职能部门分为五个：儿童、青年和家庭；老年人事务；健康；人类服务；以及精神健康、发育迟缓和护理。这些部门每年为 284000 名罗德岛州公民提供服务。这些部门的预算超过 23 亿美元，占州预算的 41%（罗德岛州公共事业服务部，2005）。

密西西比州的福利改革和私有化

1996 年的《个人责任与工作机会调解法》(the Personal Responsibility and Work Opportunity Reconciliation Act，PRWORA) 允许各州在承担实施该福利改革计划要素的责任方面拥有极大的自由裁量权。布鲁（Breaux）等人在 2002 年的案例研究中讨论了密西西比州福利改革的经验。密西西比州选择通过与私人和非营利组织签订合同，将该项目的三个主要职能中的两个私有化。

直到《个人责任与工作机会调解法》签署成为法律，联邦政府已向所有希望尝试改革和改善其福利体系的州提供许可证书。43 个州乘势而上，福利改革初具规模。颁布成为法律的最终方案汲取了部分州政府改革经验的精华，合理吸纳了密西西比、俄勒冈州和威斯康星州三个州已经通过的法律文本中的大部分条款。早在 1994 年，密西西比州就实施了一项"工作优先"（Work first）的福利改革试点研究，比联邦法律通过的法律提早了整整两年。密西西比州的"工作优先"计划使福利待遇的领取取决于工作要求履行情况。《个人责任与工作机会调解法》通过后，密西西比州在全州范围内实施了试点计划。然而，新制度还包括有关私有化的重要规定。

1. 困难家庭临时援助

新的体系用"贫困家庭临时救助计划"（TANF）取代了州"对有子女家庭补助计划"（AFDC）。根据补助计划的要求，一旦居民满足资格要求，福利的获得就没有时间限制或工作要求。但是贫困家庭临时救助计划规定了严格的工作要求和时间限制。据此，州的公共服务人员发现公共事业服务机构的使命从福利提供者转变为向工作项目过渡的促进者。

密西西比州的贫困家庭临时救助计划由三个部分组成。首先是建立公共**客户资格**。当地公共服务办公室的州公共服务部（DHS）人员做出了这些决定。拥有资格认定权力的工作人员还要确定客户是否可以被允许免除工作要求。州的资格认定体系被划分为六个管理区。每个县都有一名公共服务部的主管，他们需要向当地6名地区主管中的其中一名主管报告。

2. 转至第二部分

一旦确定资格，客户就被转移到第二部分：案例管理。在这一阶段，评估了诸如儿童保育和交通需求之类的工作障碍。作为案例管理系统的一部分，要求每个客户签署一份合同，阐明其对维持其资格的责任。案例管理服务由案例管理部门（CME）的工作者提供。

案例管理服务外包给该州的十二个地区。密西西比州经济发展部——较早的工作机会和基本技能（JOBS）计划的延续——它负责合同谈判和受托承包商的绩效管理。12个地区都有各自的主管。与系统第一部分中的公共服务部的工作人员相比，案例管理部门的薪水高，对工作技能的要求也较低，这也是州政府工作人员之间的一个争执点。

3. 转至第三部分

在案例管理之后，将客户转到该程序的第三部分：区域就业安置承包商（JPC）。相应的安置服务被分配到9个不同的区来提供，每个区都有自己的主管。就业安置合同由州公共服务部管理。承包商为客户安排工作，确定工作准备培训（并在必要时提供）的需求。案例管理部分和就业安置部分都外包给了各个地区的私人或非营利组织服务提供商。

案例研究人员认为，要想计划取得成功，就需要系统三个组成部分的代表紧密合作，而这种合作和协调水平却很少达到。因此，这些复杂的系统很快就被解散了。起初，大量客户的资料被系统快速审核通过，导致成功率过高。当客户数量下降时，成功率也随之下降。承包商的合同要求是按照服务客户的数量付款，所以客户数量逐步下降，承包商的收入也随之大幅下降，他们想要重新谈判，对合同条款进行修订。一个争议的焦点是，当客户数量断崖式下跌时，只剩下最难服务的客户，因而承包商要求修改他们的合同。另一个争议的焦点是,就业安置提供的许多工作都是低层次、低收入、以服务业为主的,引发了客户的不满。

4. 更多问题浮出水面

另一个问题是各个地区的工作机会的可获得性。工作岗位的分配取决于社区可提供的工作机会数量——而这一比例在整个州的差异很大。在提供所需服务方面,具备项目所需质量和经验的合适资质的安置承包商的可获得程度,在私人和非营利机构之间存在显著差异。作者总结了系统中以这种方式出现的问题:

> 有关密西西比州贫困家庭临时救助计划的案例作为复杂合同关系的一种叙事模式,呈现为多方委托—代理关系,然而,这种关系没有被充分监管。此外,合同中的激励机制常常与公共服务部的目标甚至公民的长久目标背道而驰。系统无力去调和各种目标……只是在公民、政府和各种合同实体之间建立了一个追求平庸(如果不算是彻底失败的话)的执行结构。(Breaux et al., 2002, 99 - 100)

建立复杂的公私合作伙伴关系两年后,系统管理方面的问题迫使私有化试验告一段落。尽管出于人员短缺的原因,公共服务部与个人签订一些人事服务合同(附带五天取消条款)来提供工作准备训练,所有私人和非营利性就业安置承包商仍然被剥离出了系统,公共服务部接手并负责管理系统自身的三个组成部分。基于绩效的合同已被按小时收费或固定收费服务所取代。通过将系统的三个组成部分引入内部,人事服务部重新获得了直接的绩效监控权限。研究人员总结了他们的报告,并警告说,这种复杂的公私合作和合同体系结构,需要公共管理者决定哪些项目目标优先于其他目标,同时在行政控制和政治权宜之计之间取得平衡。

三 地方一级的社会服务

地方层面的社会服务问题和项目的案例研究通常与递送时运作的活动与项目有关。这种案例研究的一个例子是1988年约克大学格伦达·劳斯(Glenda Laws, 1988)的研究案例,该案例聚焦于三个研究人员提出的与加拿大多伦多案例相关的问题。

首先检验的是社会服务社区中的组织采用哪种方式应对由城市边界以外的变化而引起的社会问题。在这些外部力量中，主要包括重构国家、地区和地方经济结构，从以制造业为主转向以服务业为主，同时缩减私营部门的规模并转移生产重心。

生活在贫穷水平以下因而需要某种程度的社会援助的公民是这种重构的结果。它还包括将国家的资源从社会服务部门转移到其他部门，从而减少了可用于援助日益需要帮助的人口的资源。因此，出现了服务私有化的趋势。

该案例涉及的第二个问题是对社会服务私有化可能影响地方社区社会服务提供方式的检验。将私有化定义为一个过程，涉及将提供社会服务的责任从公共部门转移到私营部门组织，包括私有营利性企业以及传统的非营利组织和基于信仰的组织。

私有化的广泛发展

在本案例发生时，私有化正在许多不同的公共服务领域发生，包括公共运输业务和设施、公用事业和社会服务。这也是全球公共管理运动和许多国有公共企业私有化广泛发展的时期。

然后，该案例研究了当地经济私有化可能产生的四种后果：(1) 政府工作岗位的流失，(2) 私营部门内部对政府公共服务供给合同的竞争，(3) 地方政府对地方私营组织的监管和资助的增长，(4) 地方对私有化的回应。

该研究的第三个组成部分是对当时多伦多大都市社会服务中发生的一些变化进行检验。该地区承受着"理性化"公共服务并减少整体支出的巨大压力。需要社会服务的公民居住地分布已从多伦多市中心转移到若干郊区，伴随贫穷的"郊区化"，这些地区对粮食援助、经济适用房和医疗服务的需求增加。许多私营部门组织发展了更多的粮食银行、应急住房和其他服务，但这显然需要对公共和私人服务进行协调，为此，多伦多市设立了协调委员会来满足这一需要。

两大社会政治力量被认为是多伦多当地社会出现问题的主要因素：首先是对当地经济结构重构的反应程度（经济变化的影响越大，对社会服务的需求就越大），其次是该地区社会服务结构重组的形式（公共部门如何通过私有化，或者通过两者结合来满足这些更大的需求）。在多伦多，私有化是满足社会服务需求选定的手段。

四 地方和农村两个层面的案例研究

诺里斯、曼德尔和海瑟薇（Norris, Mandell and Hathaway, 1993）的一份案例研究报告的主题是在农村地区和小社区志愿提供紧急医疗服务（EMS）。在研究期间，拥有约18万会员的紧急医疗服务志愿者组织向近30%的美国民众提供了服务。相较于研究更大范围的志愿紧急医疗服务系统，研究者聚焦于马里兰州威科米科县这单一单位的紧急医疗服务供应问题。这个主要是农村的县约有74000名居民，其中约60%的居民居住在县政府所在地索尔兹伯里镇附近。

（一）三个结论

诺里斯、曼德尔和海瑟薇（1993）通过对实证文献的回顾得出了三个结论。第一，紧急医疗服务志愿者组织在农村很普遍；事实上，如果没有志愿者，许多这样的地区就不会有紧急医疗服务。在研究期间，至少18%的地方政府使用了志愿组织提供紧急医疗服务。

第二，紧急医疗服务对志愿者的依赖程度可能比研究显示的要高得多。支持这一结论的几个例子有：新泽西州92%的救护车服务由非营利性组织的志愿者提供；宾夕法尼亚州有74%的紧急医疗技术人员是志愿者；阿拉斯加州66%的急救服务由志愿者提供；在爱荷华州，多达70%的紧急医疗服务由志愿者提供；马里兰州的所有县，包括巴尔的摩市郊区的高度城市化地区和华盛顿特区，紧急医疗服务都由志愿者提供。

第三，许多紧急医疗服务组织报告说，提供足够的服务越来越困难，特别是在工作日的白天。造成证明困难的原因包括：（1）志愿精神普遍下降；（2）由于当地人口增长和人口老龄化，对紧急医疗服务的需求迅速增长。案例研究所在县的所有志愿组织都报告说，由于志愿者覆盖面不足，很难维持足够的服务。

紧急医疗服务由该县农村地区的志愿消防部门和索尔兹伯里消防局的专业人员提供。7个农村部门每年都从县政府那里获得2万美元的津贴，用于提供紧急医疗服务；对于索尔兹伯里消防局在城市范围之外提供的任何紧急医疗服务，该县都给予了补偿（截至研究时，补偿总计为14.7万美元）。

研究过程中发现，除了马里兰州要求所有紧急医疗服务供应商需要获得州政府认证外，各级政府几乎没有对此进行监管。不过，可以以区域911中心传送所有紧急呼叫的方式，进行某些服务协调。

（二）决定采用紧急医疗服务系统

该县提供两种类型的紧急医疗服务：高级生命支持（Advanced Life Support，ALS）和基本生命支持（Basic Life Support，BLS）。经验表明，该县行政人员几乎在所有情况下都建议使用高级生命支持服务以回应所有紧急医疗电话。问题是由于缺少高级生命支持认证的志愿者，所以在白天缺乏足够的高级生命支持系统覆盖。

紧急医疗服务的志愿供给者委员会建议该县通过购买"移动救援车"来帮助解决问题，这些车辆将配备付费的专业人员，以在工作日白天提供高级生命支持服务。这项服务在街区的年度费用预计在200000美元左右。但是，委员会没有任何经验数据来支持这一论点。因此，在批准该支出之前，该县要求对该问题进行独立审查。案例详细描述了审查结果。

（三）研究发现

诺里斯、曼德尔和海瑟薇（1993）以多种方式收集数据。首先，他们对县政府、911中心、志愿消防公司、索尔兹伯里消防部门、马里兰紧急医疗服务的管理机构以及当地医院急救人员进行了一系列深入的个体和小组访谈。其次，研究团队对所有志愿紧急医疗服务提供者进行了电话访谈。最后，研究人员分析了二手数据，包括过去6年的紧急医疗服务电话总记录，以及对开始前12个月的紧急医疗服务电话样本进行了详细分析和研究。

访谈显示，所有受影响的组织都一致认为，高级生命支持服务在工作日白天的提供存在一个严重问题。对综合数据的分析显示，紧急医疗服务供给者的经历差异很大；电话数据跳到最高点的是索尔兹伯里（在前六年增加了63.6%）。该城市接到的呼叫比所有志愿消防队接到的呼叫加起来还要多。对样本的详细检查显示，问题比当地官员预期得更为严重。这不仅仅是白天、工作日的问题；这是一个每天24小时，每周7天，一年365天的问题。

（四）建议

诺里斯、曼德尔和海瑟薇（1993）研究了19种替代方案，然后在提出针对高级生命支持覆盖范围不足问题的潜在解决方案清单，其建议范围包括从根本不采取任何行动（立即被拒绝）到两组解决方案。这些解决方案可以根据不同成本变化提供不同水平的服务。第一组替代方案集中在志愿部门和索尔兹伯里消防局之间，彼此提供"增强的互助"，而无须购买"移动救援车"。第二组备选方案包括十六种变体，所有这些都涉及购买1~2辆救援车，这套替代方案的变体还包括使用有偿或自愿的高级生命支持人员。"超立方体排队模型"统计分析为研究者提供了所需数据，预测替代方法对高级生命支持服务覆盖率的影响。

诺里斯、曼德尔和海瑟薇（1993）总结了他们的报告，并提出了三个研究发现。其中第一个发现的影响远远超出了维克米克县，即使是出于最善意的个人意见，在对建议采取任何行动之前，也足以证明对其他公共管理人员有利。不论危机看起来如何"具有直觉上或政治上的吸引力，未经审查的主张"实际上都不是事实。因此，对这些申明不加批判的接受只会导致不良、过于昂贵或不合适的解决方案。实际上，在维克米克县，案例研究确实证明了这场危机的主张是正确的。更重要的是，调查结果中确定的最具成本效益的替代方案使民选官员有理由采取行动解决紧迫的卫生服务问题。

五　卫生和公共服务管理的案例

在21世纪早期，公共管理的巨大问题就是婴儿潮一代的老龄化。这一现象影响到大多数领域和各级政府的决定，尽管最大的影响可能是退休人员数量的增加，这正在并将继续对卫生医疗系统产生影响。医疗保险的高昂花费使得其已经远远超出了大量公民的承受能力。

登哈特和米勒（Denhardt and Miller, 2000）在一个简短的教学案例中提到了这个问题，这个案例是他们为城市人力资源经理开发的，用于处理为城市雇员健康福利费用支付的问题。这座拥有3.7万居民的城市的行政管理人员认为，该市已无力负担自己投保的员工健康保险福利。问题在于，没有一个商业保险计划提供与现有计划相同的承保范围，失去灾难性医疗保险的风险是该市员工最大的担忧。

(一) 堪萨斯州公共服务承包案例

堪萨斯大学研究人员约翰斯顿和罗姆泽克（Johnston and Romzek，2000）进行了一项案例研究，讨论了20世纪90年代后半期堪萨斯州对五种公共服务进行私有化时遇到的问题和陷阱。他们指出，签订社会服务合同面临着"一系列"挑战，其中一些挑战是政治和财政方面的，而另一些则与项目和合同的设计、实施以及绩效管理相关。以下是他们案例中描述的州对服务交付合同的关键要求：

> 良好的合同要求对成本有清晰的了解，对工作范围的陈述可理解并且清晰，同时对绩效预期要有清晰的说明，明确定义签约的代理商和承包商应承担的义务。合同需要明确其可交付成果，包括承包商报告，以方便州对成本和绩效进行监控。尽管所有参与州外包的人员都知道这些条件是成功的关键，但他们并不总是能够满足这些社会服务合同的条件。（Johnston and Romzek，2000，9）

1996年堪萨斯州议会通过了一项缩减州政府规模的政策，特别是要求缩减该州的社会和康复服务部（the State's Department of Social and Rehabilitation Services，SRS）的规模，之后社会服务外包便出现了。由堪萨斯州绩效审查委员会通过以下一项或多项程序来管理：私有化、淘汰、保留或修改。约翰斯顿和罗姆泽克（2000）将这一运动称为推动合同外包过程的政治力量。

该案例讨论的五种承包服务类型，代表了州级层面的社会服务外包的不同方法；所有这些都是州为了解决与贫困有关的问题而作出的努力。其中包括源自《个人责任与工作机会调解法》中与工作有关的计划，以及与向该州的贫困人口和老年人提供医疗补助和其他服务的有关计划。以下介绍了此案例研究中检验的五个外包项目。

1. 老年人医疗补助个案的管理服务

这项改革的主要目标是增加为老年人提供的所有服务，并建立进入州卫生和社会服务的单一入口。通过增加以家庭和社区为基础的服务，同时尽量减少使用昂贵的技术化护理设施，以节省成本。老年人医疗补助的管理服务职责已从社会与康复服务部移交给堪萨斯州老龄化管理部，而社会与康复服务部继续是联邦医疗补助计划的指定联系机构（提供给各州的医疗补助资金由美国卫生与公共服务部下属美国卫生医疗筹资管理局管理)。

2. 健康维护组织的医疗补助管理型护理服务

1994 年,立法机关规定,到 1997 年 7 月 1 日之前,该州大多数非老年患者和非残疾患者医疗补助人群通过健康维护组织(HMO)负责的项目获得卫生医疗服务。随着最后期限的到来,全州 105 个县中只有 7 个县拥有超过 1 个健康维护组织,而且大多数健康维护组织只维持运行了一年。到 1998 年 12 月,只有一家财政状况不佳的健康维护组织继续与州政府保持合作。

3. 医疗补助管理型护理服务的管理和监督

州立法机关对私有化和成本控制的要求也导致许多与医疗补助管理型护理服务有关的行政和监督活动开始外包。健康维护组织与堪萨斯州的蓝十字/蓝盾组织(Blue Cross / Blue Shield,BCBS)(也是该州的医疗补助财政机构)签订了一份重要合同,与堪萨斯州医疗保健基金会(KFMC)签订了一份规模较小的合同。蓝十字/蓝盾组织负责理赔和数据管理,客户和供给商的注册管理,信息系统和行政管理以及客户服务,例如申诉程序和免费热线。通过分析健康维护组织绩效,医疗保健基金会协助监督卫生保健组织合同的执行效率。

4. 与供给商达成的公共就业准备协议

1996 年《个人责任与工作机会调解法》的通过导致该地区活动的增加。因为州政府强调工作第一,所以该领域的合同侧重于供给者提供的短期的、针对特定技能的培训。这些合同由社会与康复服务部的地方办公室监控,由地方学校、大学和社会服务组织(例如,慈善超市)进行监督。在进行案例研究时,无法确定该州现有协议数量的准确数字,只能估计有 5000~8000 份供应商协议。与医疗救助计划(Medicaid programs)相比,这些服务所需要的金额非常少,而且提供了更多的供应商选择,也使得地区办公室工作人员和合同代理人员之间的关系更灵活、更友好,联系更加紧密。

5. 一份全面的就业准备总合同

它是下放的工作优先培训计划的附加部分;它只涉及州政府和柯蒂斯律师事务所之间的单一合同,该公司将在该州的 11 个县提供全面的就业准备服务。

(二) 研究方法

堪萨斯案例研究的数据是在两年的时间里通过75项个人访谈收集的。研究者采用了一种半结构化的访谈指南，所有受访者都回答了一系列旨在解决关键问题的问题，包括（1）受访者对其合同理解的评价，（2）绩效监督特征，如州和机构管理合同的能力。为了补充访谈数据，研究者回顾了与合同和合同订立过程有关的行政和立法文件。

(三) 案例研究结论

研究者通过访谈和文件分析得出了8个主要结论。表17-1包含了这些结论和作者提供的描述中的选定评论。

表17-1 堪萨斯社会服务合同的研究结论

结论	评价
1. 尽管国家机构和承包组织参与决策过程，但它们都没有为合同协议要求的变更做好准备	研究项目的共同主题包括承包商对政府监管的要求、信息系统的问题、某些机构人员对变革的抵制以及协调问题（例如安排每周会议和回拨未接电话）等出乎意料的内容
2. 国家与大多数签约组织之间通常存在真正的善意	政策专业人士之间有着共同的使命感；"团队"和"伙伴关系"等词很常见；机构人员和承包商人员共同致力于为目标人群提供服务
3. 国家机构和签约组织都无法准确估算项目成本	州的政策改革者发现很难准确估算合同中的成本。他们在提供服务的实际成本方面没有明确的初始数字，部分原因是国家计划管理中经常存在交叉补贴。该州"千篇一律"的方法在现实生活中行不通
4. 对合同管理和监控培训的需求经常被低估	在缺乏供应商竞争的环境下，合同管理培训尤为重要。这一情境中合同管理人员在强化合同管理和合同监督方面处于特别弱势的地位。此外，绩效评估指标的制定工作进展非常缓慢
5. 合同决策和执行过程受政治因素影响	大部分承包活动产生的初衷是立法部门对社会与康复服务部不满，社会与康复服务部被认为规模太大、行为笨拙，并且对立法机关规定的责任回应性不足
6. 当只有少数服务提供商可用时，就会出现承包问题	对于大多数合同服务来说，只有一两个潜在的供应商存在。外包的压力迫使政府与那些提供服务能力尚未充分确定的机构签约
7. 合同关系可能会产生问责制问题	承包商在遵守法规和报告要求方面面临着高昂的成本。依靠先进的信息系统来降低成本和加强问责制是一种不可靠的战略；几乎所有的缔约方都报告了信息系统存在严重困难
8. 与游说组织签约可能会过于成功	游说组织很可能会使用非常成功的外联程序来最大限度地为有需要的客户提供服务，从而导致需求超出计划

资料来源：约翰斯顿和罗姆泽克（Johnston and Romzek, 2000）。

（四）对其他政府机构的建议

与许多案例研究一样，约翰斯顿和罗姆泽克总结了一些建议，供那些计划进行社会服务外包及其他政府服务外包项目的机构管理者参考。

- 花足够的时间去考虑方案设计、机构和承包商员工的需求和关注点、成本因素以及承包商的责任。
- 避免一刀切的方法。
- 提前就机构和承包商的绩效预期进行谈判。
- 彻查所有费用。
- 寻找并评估在财务和管理上能够提供服务的供应商。
- 对于那些将风险从政府转移到承包商的合同提案，机构和承包商必须审查和预测可能产生的财务后果。

小 结

联邦、州和地方政府提供的社会和卫生服务规模巨大，所以，卫生服务以及公共行政领域的研究者在该领域进行了大量案例研究。这些案例研究包括健康教育的此类方案；食品安全和营养支持；卫生医疗；补贴住房；以及其他旨在改善儿童、残疾人、弱势群体和老年人的健康、生命状态和生活条件的项目。联邦一级管理的服务和项目在一定程度上反映在实际提供服务的州和地方政府中。在所有这些服务和项目以及各级政府中都可以找到案例研究。

美国卫生与公共服务部管理着300多个项目，拥有近65000名员工，2008年预算为7077亿美元。这些服务项目几乎占用了整个美国联邦预算的近1/4。

美国所有州和大多数地区政府都设有类似于其国家级机构的社会和卫生服务组织；在大多数县和某些城市中经常可以找到类似的组织。本章简要介绍了社会和卫生服务供给系统的结构，也包括一些案例，说明了在联邦、州和地方各个层面进行了许多案例研究。

第十八章　公共基础设施的案例研究

如果我们相信新闻媒体和政治言论，那么我们正处于一场基础设施的危机之中。

——罗伯特·布吕格曼（Robert Bruegmann, 1993）

美国需要制定一项国家基础设施投资计划，以满足其未来40多年在水、能源和交通方面的需求。

——罗伯特·L. 里德（Robert L. Reid, 2008）

如何满足人们对国家基础设施日益增长的需求，同时翻新和修复迅速瓦解的基础设施，是各级政府面临的一个关键和花费较大的问题。这个问题已经存在了近四十年或更长时间，是一个需要立即引起人们关注的问题。2007年8月1日，明尼阿波利斯市横跨密西西比河的35W跨州大桥的坍塌，导致13人死亡，145人受伤，这场坍塌揭示了采取相关行动的必要性。

布吕格曼在其1993年关于基础设施管理的文章中谈到了政府管理人员面临问题的原因以及政府需要采取的行动：

美国在基础设施方面的投资落后于其他所有工业化国家；高速公路、供水系统和公共交通维护不及时会阻碍我们的生产力；新系统的资金不足会危及我们在世界经济中的地位……我们需要大量资金注入，以协调我们所有的基础设施需求，包括高速公路、桥梁和隧道的维修，同时进行新的规划，包括高速城际列车线路，废物和水处理系统以及数据传输网络（Bruegmann, 1993, 7）。

第十八章　公共基础设施的案例研究

尽管像布吕格曼（1993）以及和他类似的观察家发出了警告，但仍不足以解决公共基础设施衰败的相关问题。相反，我们的基础设施系统仍然"破败不堪"（Katz，2007）。尽管经济学家和工程师们至少从20世纪70年代以来就一直在理论与实践层面就这一问题的危险性直陈时弊（Crain and Oakley，1995），但基础设施方面的公共支出却一直在下降。他们一直试图传达的信息很简单：这个国家的许多公共基础设施不停衰败，需要尽快采取措施，否则会有更多像横跨密西西比河的明尼阿波利斯大桥那样的悲剧发生。

一　一个长期存在的问题

国家基础设施的崩溃并不是一夜之间发生的。政府管理人员多年来一直能够意识到这一问题的存在。美国的大部分道路、桥梁、隧道、铁路、水和废水处理系统、电网和配电系统、水坝、内河航道、电信系统、机场和港口以及类似的设施都在逐渐崩塌，至少已经过时了。而且，除非我们的政府尽快采取行动，否则基础设施将很快会破败不堪，以至于其将在短短几十年内表现出与第三世界国家基础设施相似的情况。《经济学人》杂志的编辑对这一问题的理解一针见血："美国传统的大型国家项目已逐渐减少。国家基础设施不断破败，现在是时候重振它了"（Economist，2008）。

尽管每个州都存在这样的问题，尽管问题的规模很大、未能采取行动的后果严重，但是公共管理文献中却很少对此主题进行研究。显然，我们缺少的是国家对解决这一问题的承诺——就像20世纪50年代支持国家州际公路系统建设的国家愿景一样（Charan，2008）。

公共行政管理者可能忽视基础设施问题，把它当作工程部门的问题来处理。但是，除非政策制定者批准这些计划并拿出建设资金，否则工程师们将无能为力。工程师通常很少接受公共行政方面的培训。科罗拉多州立大学土木工程教授尼尔·格里格（Neil Grigg）在其关于配水系统水质的案例研究中提出了这一点：

　　从事实习培训的土木工程师建议学生接受非技术领域的培训，尤其是管理方面的培训。然而，"管理"的概念并不能完全满足参与公共部门项目的土木工程师的培训需求，毕竟，这些项目的特点是政府流程、公众参与以及机构介入，这些对他们来说可都是新问题。例如，土木工程师可以从事基础设施项目，该项目在涉及政策、政治和法律的政府环境中具有共同或跨辖区责任，所有这些议题通常不能在管理课程中学到……特别是，工程师应该能够分析与"政府艺术"相关的问题。(Grigg，2005，152)

二 一个大问题变得越来越大

尽管很少有人会反对布吕格曼（1993）提出的论点，但显然也很少采取行动来纠正这个问题。在布吕格曼的文章发表12年后，美国土木工程师协会（American Society of Civil Engineers，ASCE）发布了一份关于美国基础设施状况的报告，报告的累积等级为D级。道路、饮用水系统及其他公共设施的状况甚至比2001年收到的总体评价D+更低。从固体废物的C+等级到饮用水、通航水道和废水的D-等级，饮用水的等级比先前的报告中获得的D有所下降。只有两个类别得到了改善：航空的等级从之前的D提高到了D+，全国学校的等级从2001年获得的D-上升为D。

报告引述了ASCE主席威廉·P.亨利（William P. Henry）的话："美国人花在堵车上的时间更多，而与家人在一起的时间更少。我们需要建立一个全面的、长期的基础设施计划，而不是采用我们当前的'修补和祈祷'方法，以确保每个人都有更高的生活质量"（Dixon and Buhrman，2005，1）。亨利预测，未来五年将需要1.6万亿美元的投资来修复国家不断崩溃的基础设施。

国家现有的基础设施状况并没有发生太大的好转，至少民众感知是这样的。2007年8月1日，明尼阿波利斯州际公路35W大桥发生坍塌事故后，美国众议院交通和基础设施委员会主席詹姆斯·奥伯斯塔（James Oberstar）（明尼阿波利斯民主党人）警告说，在全国约60万座桥梁中，近8万座桥梁被评为"功能过时"，应立即予以更换（Gordon，2007）。这座有40年历史的明尼阿波利斯大桥的设计与俄亥俄河上的一座桥相同，那座桥在1967年倒塌，造成46人死亡。

修复和更换国家公共基础设施所需的巨额资金无疑是许多工作被搁置一边的一个重要原因。公民呼吁政府满足许多其他需求，所有这些需求都在争夺不断下降的公共资金总额。这意味着在对基础设施投资变化进行任何审查时，都必须考虑政治因素。

克雷恩和奥克利（Crain and Oakley，1995）分析了除阿拉斯加外的所有州的数据，并在分析基础设施投资时评估了各种各样的政治因素，包括州长任期限制、一党在州议会中控制的稳定性、州选民的波动性、倡议状态、预算周期（年度与两年期）、不包括运营预算的资本支出、国家预算中用于福利的比例、国债评级、人均私人资本和人均国民生产总值的百分比。

尽管克雷思和奥克利（1995）的研究不是案例研究，但这里提及他们的研究有两个原因。第一，其为案例研究提供了大量可能的主题；第二，它还为公共行政人员更多关注其辖区内基础设施退化问题提供了额外的支持。在没有联邦政府支持的情况下，更多的公共基础设施资金将只能来自州和地方组织。

三　基础设施对经济的重要性

现代经济依赖于基础设施，基础设施使商品、人员、信息和能源流向全国乃至全世界。基础设施包括港口、道路、通信网络、电力线、通信系统和许多其他设施，代表一个国家经济的重要投入。美国基础设施的低质量和无效率已成为一个重要问题。

美国、欧洲和新兴发达国家的经济发展和人口增长导致对基础设施的需求急剧增长。这些需求部分缘于持续的经济增长，还可以归因于政府对基础设施消耗大户的相关行业实施成功的放松管制。例如，自1980年以来，美国道路上的车流量几乎增加了一倍；航空运输里程增加了150%；能源需求量迅速超过了供应量。最重要的是，现有的道路、桥梁、客运站、港口设施、输电线路和其他基础设施已达到或即将达到其最大容量。共识非常明确：我们必须立即开始投资数万亿美元，用于修复和升级国家的基础设施。

呼吁加强联邦政府的支持

2008年7月，美国商会（U.S. Chamber of Commerce）宣布，它

正在尝试，让国会分配更多资源用于修复和改善美国的基础设施。为支持其立场，商会提出了以下几点关注事项（U.S. Chamber of Commerce，2008）：

• 除了虚耗时间外，老化的交通系统每年造成的燃料损失超过780亿美元。

• 美国需要在50年内每年投资2250亿美元，以维护和优化地面运输系统。

• 尽管公共交通客流量的增长速度快于任何其他交通方式，但公共交通资金却不断下降（美国交通系统在2005年获得了ASCE的D+评级）。

• 到2015年，由于拥挤和陈旧的航空管制系统，航空公司延误的成本预计将增加三倍，达到300亿美元。

• 到2020年，美国每个主要的集装箱港口的吞吐量预计将至少增大一倍。

• 未来20年美国铁路需要投资近2000亿美元来满足预期的货运增长。

• 自20世纪70年代以来，美国没有新建任何炼油厂或核设施。美国的炼油能力实际上已经下降；1981年，美国有324家炼油厂，日产能为1860万桶；2005年，只有132家炼油厂，日产能为1680万桶。

• 虽然电力需求增加了约25%，但输电线路的建设却减少了约30%。

四　基础设施筹资

各级政府组织关注的主要问题是如何筹措资金以解决国家基础设施崩溃的问题，地方政府尤其关注这一问题。主要基础设施建设的资金的大部分要么由联邦政府直接资助，要么是通过拨款和转移支付的方式。

转移支付的资金大部分已经分配给了城市机构，这并不意外，因为人口集中在城市地区。这使得许多规模较小或级别较低的管辖区争先恐后地为它们负责的基础设施改善融资寻找门路。在许多情况下，这些问题彼此密切相关，需要各级政府和各种机构的密切合作与协调。

帕加诺和佩里（Pagano and Perry，2008）研究了联邦和城市层面的决策者和公共部门管理人员现在所面临的基础设施投资和财政政策问题。他们还研究了公共管理领域的一些趋势，这些趋势正在加剧与基础设施投资相关的困难。他们检验了政府和金融机构的分权和碎片化等趋势——在2008年全球信贷危机之前，市政基础设施项目的借贷成本远远高于正常水平。

其他政策趋势包括地方政府决策者需要与邻近辖区进行协商，共同参与那些涉及多个区、市、县或政府机构的项目，此外，还呈现出在基础设施项目的设计、开发和运营中建立更多公私合作伙伴关系的政策趋势。由于这些以及其他相关因素的影响，基础设施项目融资只是复杂问题的一个方面："几十年来，看似有组织的混乱演变成一个复杂的（如果不是一直理性化的）基础设施筹资和治理体系问题，而如今城市和其他地方政府却发现自己身处其中。"（Pagano and Perry, 2008, 22）

（一）地方资金

尽管地方政府官员不能影响或控制政府间赠款和监管基础设施体系的变化，但他们在一些重要的相关领域具有重大影响。例如，地方政府官员能够影响以下政策（Pagano and Perry, 2008）。

- 推动区域基础设施政策达成政府间协调和合作协定。
- 在政治权力下放和聚焦市场行为（例如更多地使用收费和私有化）的时代，地方政府官员能够弥合系统用户和纳税人利益之间的鸿沟。
- 通过实施预算改革，地方政府的资本和运营预算可以更好地说明现在作出的关于基础设施的决策未来将产生的成本，以及未履行的与基础设施投资相关的义务的影响，包括延迟维护的实际成本。
- 通过出售资产或回租计划创收有助于支付现有基础设施的维护费用。例如，供水和废水处理厂、对公路和桥梁征收通行费以及租赁其他交通设施等。
- 为社区基础设施的初步建设和长期维护提供充分资金可能是公共决策者面临的最重要的政策问题。
- 所有基础设施投资提案必须包括充分披露基础设施资产的当前和未来成本，包括全面评估未来成本的资金来源。

（二）州政府资金

州政府已经找到了许多新的筹资手段来资助基础设施项目。一个关键的进展是联邦层面政策的出现，现在允许各州对由联邦资助修建的高速公路和桥梁征收通行费用。这包括在非高峰时间，对占用率较高的车道上不符合使用要求的车辆收取车道使用调节费。除了新的收费和用户收费举措外，各州还可使用多种筹资手段（PA Times，2008）。

- **拥堵收费**：拥堵收费是指在交通流量大的时期收取较高的费用或相应通行费，作为对稀缺道路空间进行配给的一种手段。它也是一种收入来源，可用于资助运输、道路维护或满足其他基础设施的需求。
- **车辆行驶里程税**：车辆行驶里程税可以通过鼓励合并或取消一些不必要的出行来补充或可能取代现有的燃油税。其中一个相关的项目是基于里程数的车辆保险。
- **项目融资**：项目融资方面的创新为各州提供了更高的灵活性来资助新的建设。其中包括与私营部门组织签订的设计—建造—运营合同。
- **公私合作伙伴关系**：公私合作伙伴关系（PPP）是新项目的另一个潜在资金来源。PPP售后回租就是一个例子。

五 基础设施问题的案例研究

虽然可能不被认为是一个"具有诱惑力"的问题，但国家基础设施显然是越来越多的公共部门管理人员不得不面对的问题。问题是，许多行政人员并没有直接参与基础设施决策（Gospodini，2005）。可能正因为如此，公共管理研究生教育课程往往没有在课程中给予这门学科太多的关注。

因此，关于基础设施问题的案例研究在公共管理专业和学术文献中很难找到。相反，它似乎被认为是一个工程问题，经常被分流到工程类期刊上。以下收录的一些基础设施案例研究示例就摘自工程和规划杂志。

（一）一个关于基础设施发展的案例

在发展中国家的许多较大城市，越来越多的贫困人口发现自己被迫在不合格的住房中、没有基本公共服务的情况下勉强度日。在人口增长和农村缺乏经济机会等条件的驱动下，大量人口涌入快速发展的城市和郊区贫民窟，这已经超出了地方政府提供人口居住所需基础设施的能力。

2008年，亚洲理工学院的特雷萨尼亚和佩雷拉（Trethanya and Perera）使用案例研究方法对曼谷市区未经规划的基础设施开发对环境的影响进行了研究。他们认为，发展基础设施是城市发展的基本要求之一。曼谷市区的人口从 1958 年的 160 万增加到 1999 年的 560 多万。为了更好地控制在正式发展规划之外城市边缘地区的增长，作者建议对所有"无规划的基础设施开发项目"实施环境评估制度。

应对无计划的城市化

如何应对这种无计划、无节制的城市化所带来的问题，已成为这些地区公共管理者面临的一大难题。发展中国家城市人口增长方面的问题是这些城市的公共管理者必须处理的，包括：

- 如何提供充足的城市基础设施和服务
- 缺乏良好的住房和定居点
- 无法提供足够的安全保障
- 土地所有权问题
- 土地使用规划无效或无法执行
- 能够影响土地使用和产生土地开发风险的政治压力
- 缺乏长期发展计划
- 区域计划之外的城市经济发展
- 空气、水和土壤污染
- 未收集的固体废物或处理不当的液体和固体废物
- 赤贫和贫穷孕育的许多社会弊病

在进行本案例研究时，只需要对大型基础设施项目和由国家组织实施的项目进行环境评估。特雷萨尼亚和佩雷拉（2008）提出，小型项目和边缘区行政机构需要在实施任何基础设施开发项目之前进行环境评估。他们总结说，这样做将是"将环境管理文化带到地方政府组织层面的第一步"。

（二）基础设施损坏案例研究

对公共管理者有意义的案例研究既可以基于模拟数据进行，也可以基于事实来源的真实数据进行。一项案例研究对此进行了说明，该研究估算了假设 2004 年在密苏里州圣路易斯发生 7.0 级地震可能造成的破坏成本（Tirasirichai and Enke，2007）。该案例研究考察了此类灾难造成的直接和间接损失。研究人员使用联邦应急管理局的常用模型来估算修复假想地震所造成损失的直接财务成本。根据这一研究估算，他们分析了地区桥梁受损而导致的交通系统中断给当地经济造成的间接成本。这项研究的目的是向决策者说明，在做出灾前和灾后基础设施决策时，需要考虑间接成本和直接成本。

这项研究的直接成本部分集中在修复或更换圣路易斯大都会区公路系统中因地震损坏的桥梁的成本。直接经济损失是指自然灾害直接造成的物质损失。它包括对建筑物、道路和桥梁、生产和商业设施、室内财产等的损害。联邦应急管理局模型通过估计更换或修理的成本来衡量这些费用。

评估间接成本

随后，案例研究中的间接成本部分评估了因桥梁损坏而被迫改变该地区交通模式所产生的成本。间接经济损失是指灾害造成损害的后果。在这项研究中，间接损失被定义为"超出直接物理影响的任何损失，如收入损失、商业投资损失等"。间接损失也被描述为因经济体中发生的"乘数或连锁反应"而造成的任何损失，可追溯到由此产生的交通瓶颈和绕道。营业中断和临时失业成本也属于间接损失的一部分（Tirasirichai and Enke，2007，368）。

在这一研究假设中，地震造成的直接损失估计超过13亿美元。显然，这一规模足以引起决策者的注意。然而，在灾难发生后的头500天里，单是受损的桥梁就会造成7.05亿美元的额外损失；管理人员预计大部分损失（6.84亿美元）将发生在灾后的第一年内。

作者用这些估计来警告公共部门，传统的损失估算方法存在不足：过于注重直接成本，忽视了间接成本。以下内容描述了这种危险：

> 有时，决策者只关注自然灾害的物质损失或直接损失。当然，这些直接损失很容易被发现和观察，因为它们是由灾害事件直接造成的。然而，这些只是灾害事件造成的全部损失的一部分。与直接损失相比，决策者倾向于忽略随后的间接损失，间接损失的特点是其产生原因更加模糊，损失金额不确定……这些间接后果也很重要并具有意义（Tirasirichai and Enke，2007，368）。

(三) 协同基础设施开发案例

在20世纪初,随着美国和加拿大当地公用事业系统中的水源性疾病以及电力行业的严重渎职现象再次浮出水面,公用事业基础设施问题成为公共管理者特别关注的紧迫问题(Fox-Penner and Basheda,2001)。虽然公共事业监管机构对管理渎职的关注焦点有所减弱,但他们仍然关注以下问题:老化的供水和废水处理系统问题;落后的发电、输电和输送基础设施;对电力和供水的需求居于历史高位,还在继续增长,需求也越来越多;全球变暖导致的水和电力短缺;等等。

然而,到2008年情况发生了变化,要求重组、能源行业分拆、更多放松管制、私有化、批发和零售竞争以及外包的呼声已被搁置一旁,立法者和行政人员对国家经济崩溃的担忧取代了这些呼声。然而,在地方一级,这些呼吁仍然非常现实。麦克纳布和巴诺维(McNabb and Barnowe,2008)在本章后面讨论的一个小型水处理和污水处理系统的案例研究就证明了这一点。

1. 治理问题

公共事业行业的治理比大多数行业都复杂。例如,电力和天然气部门的所有权由两种截然不同的企业形式共享,即公共和私营("投资者所有")系统。供水和污水处理系统是典型的公共企业,但必须在联邦、州和地方政府严格许可和控制下运行。此外,水权问题,特别是在美国西部各州,是所有的资源"所有权"问题中最容易引起法律争端的问题之一(Keohane and Nye,2000)。

在大多数城市地区,尽管少数城市仍控制着自己的配电网,但电力由私营企业提供,投资者拥有的电力公司服务于全国75%的人口。大多数市政系统和公共事业区从联邦所有企业,如博内维尔电力管理局购买大部分电力。直到最近,它们还得到了特别低的费率和优先获得联邦生产的电力的保障。现在,私人公用事业面临供应短缺和使用小型燃气轮机生产高峰期电力的高昂成本的压力,这些压力使得上述已经享有的优惠权利逐渐消失。

在美国,尽管已经有一些私有化的改变,但供水和污水处理系统仍然很少是私有的,在半农村和农村地区,电力零售供应通常由消费者合作社提供,这些合作社为不到25%的人口提供服务。小城市通常拥有并经营自己的供水和污水处理系统，但在最小的社区，水可以由当地合作社或私人供水区提供。在农村地区，私人水井和污水化粪池系统普遍存在。国内企业和外国公司对供水系统具有私有产权在欧洲大部分地区很普遍（Dysard 2001；Heller, Von Sacken and Gertsberger, 2001）。

2. 谢尔顿基础设施改善案例

21世纪初，华盛顿州谢尔顿市的农村社区发现自己和数百个类似的社区处于同样的状态：水资源正在枯竭。谢尔顿的主要产业是木材和木材制造以及贝类养殖和加工。其老化的污水处理设施急需修复和扩建，以满足当地的需求，现在这两种服务都无法满足该地区发展产生的新的服务需求。

社区内和附近的水由水井提供，其中一些水井属于城市所有。尽管近期几个较小的地区将其安装系统的运营权移交给了一个并不想管理这项事务的县公用事业部门，但是，各种小型、独立的供水区为该县各个地区提供服务。在大多数农村地区，水由私人水井提供，污水处理服务由化粪池系统提供，固体废物服务由私人垃圾收集公司提供，该县的电力服务由两个公用事业部门提供，液化石油气由几家私营公司提供。

20世纪90年代后半期和21世纪头几年，谢尔顿市所在的梅森县全县人口迅速增长。2000年县人口为49405人，仅7年后为54600万人，增长率为10.52%。在同一时期，谢尔顿的人口增长了9.4%，从2000年的8442人增加到2007年的9236人。该地区的乡村性质和众多的娱乐设施，再加上它相对靠近塔科马和奥林匹亚（州首府）以及几处大型军事设施，该地区成为受欢迎的邻郊居住区和第二故乡。这里也成为退休人士的热门居住地，他们中的许多人在这里度过夏季，在阳光地带度过冬季。

谢尔顿市与以下相关组织签订了临时性的政府间协议：（1）谢尔顿港，它在服务区内经营着前美国海军辅助机场和工业园区；（2）州惩教局，该机构在服务区内经营惩教设施；（3）当地县级小公用事业部门；（4）州巡警队，其军官培训学院位于项目服务地区；（5）为该县部分地区供电的公用事业区。其他相关组织，包括当地美洲土著部落、联邦和州环境保护机构，以及鱼类和野生动物保护机构，也作为"沾边"的参与组织与谢尔顿市签署了协议。城市公用事业部门被任命为此次合作的牵头机构（Golat，2005）。

3. 城市发展地区

所有由扩建系统提供服务的设施都位于国家规定的谢尔顿市和梅森县城市开发区内。为了控制城市扩张并确保未来的发展受到区域规划的指导，该州所有社区都需要制定开发区规划。

该协议要求耗资4200万美元扩建城市下水道和配水管道，为州惩教中心、州巡警培训学院和港口工业园区服务。该协议还包括：扩建城市污水处理厂，以满足新的和不断增长的需求；开凿新井和安装新的水处理设施；改造和升级现有的污水处理设施，包括位于服务需求中心附近的城市自有场地的废水处理、污泥收集和清除设施。新设施建设的资金将通过赠款、贷款和债券进行混合融资。每个主要参与者都要支付一定比例的建设成本和正常使用费。

作为领导机构，城市公用事业部负责事务的保存和记录，并监督项目规划和建设。该市为地区项目设立了两个专项业务基金和账户，每个基金有四个"客户"：城市、港口、培训学院和惩教中心。同时，聘请私人顾问进行必要的环境分析和建筑规划。

在一个典型的多组织基础设施开发协议中，没有一个机构会被自动视为上级或下级，也没有中央参与者提供指导和控制。在这种情况下，城市公用事业部在其他机构的同意下担任领导机构的角色。原因很清楚：其他机构没有城市公用事业管理经验。此外，该开发计划还包括其他机构提出的建设完善现存城市所有权范围内的水资源和废水服务的基础设施。

4. 计划的修订

扩建没有按计划进行。在系统开始建设之前，港口和县政府都退出了合作协议，它们的退出也意味着它们将不再支付约定的建设成本份额。

这个基于管辖区的水处理设施案例满足了阿格拉诺夫和麦圭尔（Agranoff and McGuire）所述模型规定的大部分要求：

> 基于管辖权的行为强调地方管理人员与来自不同政府部门的多个参与人员和参与机构一起采取战略行动……协商和谈判是基于管

辖权的重要管理手段。在纵向（州或联邦政府）或横向（大都市、区域或交叉部门）计划中，地方管理者的谈判提供了单方面妥协的方案，从而产生了一个"互利的解决方案"能够解决超出单一机构管辖范围的问题。(Agranoff and McGuire, 2003, 675)

总　结

国家基础设施——道路和桥梁、铁路、港口和机场、电力生产和分配设施，以及其他使大规模文明发展和经济增长成为可能的物质设施——的迅速衰败，这一问题属于公共管理领域，却没有得到公共管理界应有的关注。相反，这被认为是其他部门或其他人的问题，如州政府或联邦政府，或是一个最好留给工程师和规划师的公共管理领域的问题。

本章介绍了公共管理中公共基础设施这一关键领域正在进行的一些案例研究。正如本章提及的多案例例证所说明的那样，案例研究重点通常带有比较性质。此外，大量描述其他国家问题的案例研究报告表明，这一问题确实是全球性的，是世界各国必须共同解决的问题。

第十九章 公共交通的案例研究

> 美国的国家目标，是实现公共福利、经济增长和稳定以及国土安全。这就要求制定交通政策和计划，以最低的成本提供快速、安全、高效和便捷的交通。这也与有效利用和保护美国资源的其他目标一致。
>
> ——美国交通部（U. S. Department of Transportation, 2003）

美国联邦政府、州政府和地方政府在公共交通方面有着长期且成功的合作历史。它从上层开始，由美国交通部（U. S. Department of Transportation, DOT）制定政策和负责管理，旨在提高航空、公路、铁路和海上旅行与运输的安全性和效率。该部门成立于1966年，和它下辖的12个机构共同负责公路规划、开发和建设；负责城市轨道交通、铁路、航空，以及水路、公路和油气管道的安全。公共交通的许多方面都依赖于公共基础设施，包括公路、维护中的航道、空中交通管制、地下输送管线、大型水电站大坝和输电网以及其他相关的系统组成部分。

从2005年《安全、负责、灵活和高效的交通公平法案》（SAFETEA）的通过开始，美国联邦政府扭转了长期以来联邦政府对交通运输研究支持的下降趋势（Marshment, 2007）。这项法案之所以值得注意，主要有两个原因。第一，它是美国历次通过的法案中最大的水陆交通法案；第二，它包含的目标项目比之间的任何法案都要多。

政策和资金可能来自上级政府，但提供交通服务的责任落在地方政府身上。公共交通——客运公交系统、通勤与城市轨道交通系统——代表了一种混合治理形式。虽然大多数系统是由地方政府机构拥有和运营，但它们都要接受联邦和州监管机构的指导。甚至连运营系统，也代表着一种复杂的所有权结构，包括特区、城市系统、由特区或县管理的系统以及营利性组织。公共交通领域的公共管理案例研究并没有跟上行业的快速变化。早在三十多年前，纽约轨道交通官员路易·J. 甘巴西尼（Louis J. Gambaccini1）[①]就成功引起了人们对这个问题的关注：

> 我认为交通研究的主要问题……不在硬件设施、运营或生产率方面。它们涉及更为复杂的领域，包括机构互动、政府间协调、多式联运协调和市场分割、土地使用规划和控制以及未来经济和实体规划。而华丽辞藻？理想主义？空想理论？并不存在。（Gambaccini, 1977）

一 交通系统的有效性和结构

美国几乎所有的大城市和城镇以及大约60%的郊县都有一种或几种形式的公共交通系统（Brown, 2004）。大约2/3的农村交通系统在一个县或社区内运行；1/4的农村交通系统在多个县之间运行。农村公交系统中有60%是公共组织，30%是非营利组织，其余是私营公司或试点运营。许多农村交通系统由联邦交通法案资助，该法案是一项联邦拨付计划，它为居民少于5万人的地区提供设备和设施的资金及运营补助。

美国交通部通过联邦交通管理局（FTA）的活动来执行其运输任务。联邦交通管理局与公共和私营公共交通组织合作，发展交通设施、设备、技术和运营方法。该机构还与州和地方组织协调交通资金和运营，以形成公共交通系统；帮助州和地方政府为公共交通系统融资；向州和地方政府提供财政援助，以便利老年人、残疾人和穷人的交通出行。联邦交通管理局负责管理联邦资金，以支持美国各地规划、建设和运营的各种公共交通系统。其中包括公共汽车系统、地铁、轻轨、通勤铁路、有轨电车、单轨铁路、客运轮渡船、缆索铁路和旅客捷运（FTA, 2008）。

联邦交通管理局及其在州和地方各级的对口单位和合作伙伴的大范围活动为案例研究提供了丰富的材料。然而，出于某些原因，在主流的公共行政

[①] 在发表本声明时，甘巴西尼是港务局跨哈德逊河公司（the Port Authority Trans-Hudson Corporation, PATH）的副总裁兼总经理，这是一条由纽约和新泽西港务局运营的地下快速铁路，连接曼哈顿和新泽西。

与管理的学术文献中,只有限的已发表案例研究得以呈现。这可能是因为这一领域的大部分研究直接面向专业期刊,并没有针对这些案例进行综述的研究。

二 影响公共交通的最新立法

影响公共交通的两项重要的联邦立法是在小布什(George W. Bu)总统第二任期内提出或通过的。第一项是 2005 年 8 月 10 日签署成为法律的《安全、负责、灵活和高效的交通公平法案:对用户的遗赠》(SAFETEA-LU)。第二项是 2008 年的《公共交通节能法》,2008 年 6 月 26 日,美国众议院以 322 票对 98 票的表决通过了该法案。这项法案于 6 月 27 日送交参议院,经过两轮审查,并提交给参议院银行、住房和城市事务委员会。然而,参议院在国会第 110 届会议期间没有通过该法案。

《安全、负责、灵活和高效的交通公平法案:对用户的遗赠》确实通过了,并被签署为法律。该法案为公路建设安全和公共交通提供了 2441 亿美元的资金;当时它是美国历史上最大的水陆交通投资(DOT,2005)。2005 年立法中涉及的关键项目重点关注以下几个方面。

• 安全:新的核心公路安全改善计划旨在减少公路死亡人数,使用于基础设施安全和公路规划的资金几乎增加了一倍。

• 公平:州对公路信托基金的资助返还份额有所改善;无论基金资助情况如何,都保证了各州的资金增长率水平。

• 创新融资:私营部门更容易参与公路基础设施项目。

• 缓解拥堵:该法案赋予各州更大的灵活性以使用道路定价来管理交通拥堵,促进实时交通管理,并向旅行者和应急人员提供更有效的信息。

• 移动性和生产力:为核心联邦援助方案提供资金,为那些能够改善各地区运输状况、国际运输状况、满足地区需求,且具有区域和国家意义的高成本重要交通基础设施项目提供资金。

• 效率:该法案利用具有创新性的技术和做法,推进了使用寿命更长的公路建设,并加快了高效和安全的公路和桥梁的建设。

• 环境管理:为环境项目和新增的聚焦环境的项目保留并增加资金,包括非机动交通和安全上学路线的试点项目。

• 环境精简：该法案简化了交通项目的环保流程，同时为交通机构增加了一些重要步骤和要求。

2008年通过的《公共交通节能法》在2008年和2009财政年度获得授权拨款，用于城市化和其他地区的公共交通拨款。如前所述，该法案将从五个主要方面加强地方交通服务（Govtrack.us，2008）。

交通服务增强的五种方式

第一，交通部部长将授权提供补助金，用于（1）公共交通设备和设施的运营成本，由于费用削减（以提高公民的流动性），服务接收者将不再付款；（2）通过扩大交通服务，为接受方提供交通服务所需设备和设施的运营和资本成本。联邦政府将为这两类补助金提供100%的费用分摊。

第二，交通系统将有资格获得2008～2009财年的补助金，最高可达用于购买清洁燃料或替代燃料车辆相关设备或设施费用的100%，以符合《清洁空气法》的规定。

第三，新法案将修改《安全、负责、灵活和高效的交通公平法案：对用户的遗赠》法案，要求：（1）向美国城市地区的合格联邦雇员提供公共交通通行证作为附加福利，（2）发布关于国家实施交通附加福利计划的指导方针。

第四，该法案将要求在不超过三个市区和两个其他地区建立拼车示范项目的试点。

第五，对于涉及购买不动产的资本项目，或用于在线路末端固定车站设计、施工及修建额外停车设施的资本项目，将提供高达净成本100%的拨款。

公共交通在美国的地位无疑在上升。一些重要的公共管理问题，如日益严重的交通拥堵、使用矿物燃料造成的环境退化及其高昂的成本，以及需要找到其他替代方法来维持大量市民的流动性，都有助于确保交通系统在未来几十年内仍然是研究机会的丰富来源。下面几节将回顾这一领域的一些案例研究。

三　交通系统的多案例研究

公共机构是在既定的政府体系之外成立的专门组织，负责管理一项或一小部分相关的公共服务。许多公共机构的管理范围覆盖多个司法管辖区，它们提供的服务超越了单一中心的地理位置。因此，它们必须经常与各种正式政府的民选官员和任命的领导人打交道，以建立强有力的合作工作条件。

在所有这些自愿的、跨司法管辖的组织中，反复出现的问题是必须保持一个微妙的平衡，赋予各组织管理系统一定的权力，期望公共机构发挥一定的问责职能。如果一个或多个较小的司法管辖合作伙伴认为他们没有受到公平对待，他们可能会选择退出该系统并启动自己的本地交通系统。本节的第一个多案例研究着眼于五个地区交通当局如何处理这一问题。第二部分研究了一些州交通部门如何进行战略管理实践。

（一）城乡管理部门

史密斯（Smith，1987）在一项管理当局如何处理各部门平衡问题的多案例研究中，考察了五个城市和郊区交通当局。他研究了美国五个地区的公共交通管理部门：芝加哥、明尼阿波利斯—圣保罗、洛杉矶、纽约和波士顿。

1. 伊利诺伊州东北部

伊利诺伊州东北部地区交通管理局（RTA）刚刚被迫经历了组织变革，从一个运营的交通供应商转变为一个监督机构，其业务移交给了三个服务委员会：包含七名成员的芝加哥交通管理局、包含十二名成员的郊区公共汽车委员会和包含七名成员的通勤铁路委员会。

作为区域性组织，改革后的伊利诺伊州东北部地区交通管理局侧重于规划审查和运营监督。这一转变是为了响应郊区对区域交通决策权的要求。最初，这个系统的结构设计是为了在芝加哥市和系统中的六个县之间提供一个几乎均衡的权力。调整后的伊利诺伊州东北部地区交通管理局由13人组成董事会，董事会中微弱多数名额由芝加哥以外的司法管辖区占据。

2. 明尼阿波利斯—圣保罗

双子城明尼阿波利斯—圣保罗也在它的交通当局中将规划和运营两部分分开，但方式与芝加哥的伊利诺伊州东北部地区交通管理局不同。双子城的大都市委员会将它的大都市交通委员会（MTC）转变为一个运营机构，然后成立了一个综合规划单位，即区域交通委员会，它负责交通规划、与州立法机构联络并批准运营单位的预算。与芝加哥一样，这一变化是在地方政府合作伙伴要求紧缩开支的压力下产生的。但是，一些合伙人认为他们被忽视了，于是要求退出这个系统。

3. 洛杉矶县

洛杉矶县通过将公共交通基金的分配交给一个代表洛杉矶和郊区社区的通用目的政府，从而回归了特区模式的根基。洛杉矶县交通委员会（LATC）制定政策和优先事项，并制定交通系统计划。公共汽车运营商，如南加州快速交通区，以及该县的所有其他交通运营商，都与洛杉矶县交通委员会的规划者进行互动沟通。1980年，1%的附加销售税获得通过，1985年，该税种的35%被指定用于地区轨道交通系统，这一分配行为疏远了许多没有从该系统中受益的社区。洛杉矶县交通委员会通过将可自由支配的40%销售税资金拨给社区来补贴地方公共汽车费用，以抵消这种不满情绪。

4. 纽约MTA

1986年3月，纽约州州长马里奥·秋莫（Mario Caomo）提出立法，允许三个县退出纽约大都会交通管理局。在纽约大都会交通管理局的12个县中，这三个县的人口最少。除了附加费，12个县都为交通支付了特别税（如销售税、企业利润税或适当税收转让）。之所以需要州批准，是因为在交通管理局成立时，法律没有对退出行为作出规定。新的法律使得任何一个县都有机会退出，但也通过在治理委员会中增加郊区的成员资格的方式，使那些选择留下来的县拥有更大的发言权。

5. 马萨诸塞湾

总部设在波士顿的马萨诸塞湾交通管理局（MBTA）遭遇了糟糕的城郊关系，以至于在1980年几乎不得不完全关闭其公共汽车和铁路服务。管理局董事会提出，除非削减工会的权力和消除政治庇护，否则拒绝拨付超过年度预算的奖金。

当资金用完后，州长首先控制了这个系统，但当州法院宣布他的决定非法时，州议会通过了一项立法，设立了一个咨询委员会，并彻底改革了该系统的治理方式和资金来源。改革后州政府将支付系统运行成本的一半，而成员所在社区则支付另一半。然而，立法机关也要求在雇佣劳动的习惯做法、生产力标准和管理责任方面做出重大改变。

改革措施包括设立咨询委员会，该委员会赋予州长任命一名成员的权利，该成员的投票率将与拥有最多票数的波士顿市候选人相同。如果州长和波士顿市长在某个问题上意见不一致，他们的投票结果就会被取消。州长对另外两名成员的任命则更多地考虑了周边社区的代表性问题。其被提名为马萨诸塞湾交通管理局成员。州交通部部长将担任马萨诸塞湾交通管理局董事会主席,并聘请一名总经理负责管理当局的运营。

本案分析的五个特殊目的政府都是地区性的,都涉及公共交通。除此之外,它们也有实质上的不同。从案例中吸取的教训是,任何研究特殊机构的人都必须认识到,它们的结构和职责存在巨大的差异;它们不能被视为一个整体。因此,这是一个复杂的问题,它让识别共同特征或发展理论变得困难。因此,案例研究方法特别适合于对该组织的研究。

(二) 交通基础设施和城市发展

希腊塞萨利大学的阿斯帕·格斯泊蒂尼(Aspa Gospodini)在 2005 年做了一项多案例研究,该研究对 12 个欧洲城市的交通基础设施项目在城市发展和重建过程中的作用进行了探讨。研究中涉及的城市交通基础设施项目包括地铁系统、区域铁路和有轨电车轨道工程。所选案例由欧盟委员会资助。表 19-1 列出了案例项目的地点和类型以及系统投资的范围。

表 19-1 城市交通案例研究的地点和范围

案例研究的城市	交通项目类型	状态	交通系统项目范围
希腊雅典	地铁系统	新	扩建新线路和连接网络
斯洛伐克布拉迪斯拉发	缆车和无轨电车	新	现有线路的延伸
比利时布鲁塞尔	地铁系统	新	现有线路的延伸
芬兰赫尔辛基	地铁系统	新	扩建新线路和连接网络
法国里昂	地铁系统	新	扩建新线路和连接网络
西班牙马德里	地铁系统	新	现有线路的延伸
英国曼彻斯特	混合电车和市郊火车系统	部分是新的,部分现有的	扩建新线路和连接网络,改进现有线路
德国斯图加特	市郊火车	现有	改进现有线路和连接
英国泰恩-威尔郡	混合地铁和郊区火车	部分是新的,部分现有的	改进现有线路、新线路和连接网络
西班牙巴伦西亚	电车	部分是新的,部分现有的	改进现有线路和连接网络
奥地利维也纳	地铁系统	新	改进现有线路和连接网络
瑞士苏黎世	市郊火车	部分是新的,部分现有的	改进现有线路和连接网络

资料来源:格斯泊蒂尼(Gospodini,2005)。

这项多案例研究的目的是确定城市交通基础设施投资是否对欧洲城市地区的发展、再开发或再生产具有影响。众所周知，这些类型的投资需要大量的公共和/或私人投资资本。

研究所陈述的开发这些新的城市交通系统的主要目的是：（1）提高城市公共交通的速度、可靠性和有效性；（2）改善进入市区的通道；（3）减少城市地区的汽车使用；（4）改善环境状况。虽然在本案例中没有讨论，但阿莱西纳和贾瓦齐（Alesina and Giavazzi, 2006）确定了进行这些大型基础设施投资的另一个目的：在经济增长放缓时期进行凯恩斯主义理论的经济刺激投资，所以在公共基础设施项目上投入资金。

格斯泊蒂尼（2005）得出结论认为，无论在欧洲进行此类投资的目的是什么，交通基础设施方面的支出在城市社会经济和区域规划政策中只发挥了有限的作用。他的多案例研究是由欧盟资助的，目的是研究此类投资对城市地区可能产生的间接影响。表19-2列出了特定的调查结果。

表19-2 12个城市交通投资案例研究的部分研究结果

研究城市	选择的结果
希腊雅典	对中央走廊地区的城市发展和重建影响较大，对外围地区城市发展及重建的影响较小
斯洛伐克布拉迪斯拉发	硬数据（hard date，指实际算出的数据）显示，对新交通基础设施的影响并不明显，但在新电车通车后，对建设和重建的影响急剧加大
比利时布鲁塞尔	分析认为，这条新地铁线路对市区再开发及一些地方的重建产生了显著影响
芬兰赫尔辛基	并未发现地铁线路扩建对城市发展和重建具有显著的正影响。走廊区域的商业/零售及混合住宅/办公室用地有所下降
法国里昂	新线的建设对中央走廊区域的城市发展再开发产生了重大影响，其中包括新建和/或翻新的居民楼和城市开放空间
西班牙马德里	由于没有可用的硬数据，轶事证据（anecdotal evidence，指导自传闻、故事的证据）表明这条线路导致了走廊中的产权价值上升
英国曼彻斯特	基础设施的改善并未对城市发展或重建产生明显的影响。房地产价格保持不变（该地区所有地方的房价都在上涨）
德国斯图加特	硬性和软性数据均表明，新的基础设施对城市西南地区的发展产生了重大影响

续表

研究城市	选择的结果
英国泰恩-威尔郡	软数据显示,交通系统项目使得中央走廊被大幅重建,但这些影响在较少涉及的地区有所下降
西班牙巴伦西亚	新的有轨电车线路对所有走廊地区的城市重建产生了积极影响。土地使用方式发生了重大变化,包括住宅和商业用途的重新开发
奥地利维也纳	土地使用方式已得到显著改善,住宅和商业设施有了相当大的发展
瑞士苏黎世	走廊地区发生了城市更新,土地使用产生了变化和改善

资料来源:格斯泊蒂尼(Gospodini,2005)。

这项研究从两大角度考察了 12 个案例项目。第一是评估十二个交通基础设施项目对城市发展、再发展和/或市区重建的影响。第二是从以下几个经济尺度对城市交通状况进行了评估,即土地使用模式、城市地区的开发和投资更新、公共空间的开发和投资更新、房地产价格和经济租金。

四 交通部门的战略管理

本节第二个案例研究报告的目的是探讨州交通部在选定的组别中采取的战略管理方法。为了给随后的分析做好准备,波伊斯特和范斯莱克(Poister and Van Slyke,2002)断言州交通部门在"前所未有的变革"时期前行。然后,他们确定了州交通部门管理者面临变革的七个重要"驱动因素":

- 需要找到解决交通问题的多重模式解决方案
- 授权支持经济发展和可持续环境目标
- 现有技术的巨大进步
- 联邦、州和地方在规划方面的责任的重大变化
- 劳动力老龄化,难以找到和留住合格的人才
- 更多的"客户导向"的压力
- 公众对问责制的要求越来越高

为了应对这些压力,许多交通部门应用了各种战略管理工具。它们还改变了其组织、管理和决策系统,努力提高效率和效果。波伊斯特和范斯莱克(2002)对交通部首席执行官和部门人员进行了 21 人次的深度访谈,以了解他们正在采用哪些战略管理工具和做法。他们还对各部门提供的报告和其他文件进行了内容分析。这些文件包括战略计划、业务

和行动计划、绩效衡量和其他绩效数据、预算、调查结果、市场营销研究、年度报告和项目评估。

(一) 各州制定合适的战略计划

所有被检验的 21 个州交通部门都制定了战略计划。在制定计划的过程中，大多数部门已经完成了标准的战略规划过程：使命和价值陈述、机构的未来愿景、环境分析和优缺点、机构能力和过去绩效的分析、确定战略目标和如何实现这些目标。同时，创新的绩效衡量制度也已就位。本案例研究的附加要点包括以下几个。

• 最高管理层负责战略规划，并让一个由首席执行官和 10~25 名核心高管组成的小组参与这一过程。

• 一些州还让外部相关利益团体参与规划过程。

• 州交通部的战略规划比过去更加重视客户需求和期望。机构通过焦点小组、咨询委员会和客户调查来收集利益相关者数据。

• 战略计划通常与战略目标相联系，许多计划贯穿于该机构所有部门和单位。

• 新一代绩效衡量与整体战略相关联，许多州将绩效衡量作为前瞻性的管理工具。

• 监督绩效指标与战略目标关联在交通部门中很常见。佛罗里达州交通部被选为最具雄心的部门，是因为它去努力形成一套全面的交通结果衡量标准。

• 交通部门使用高可视性进度报告帮助形成员工对项目的所有权，让许多管理人员和员工参与规划过程也有助于建立所有权。

• 许多交通部门将预算与战略计划联系起来，并将目标资源与战略举措关联起来。结果导向的绩效预算机制正日益得到应用。

(二) 规划方法的差异

虽然所有被检验的州交通部门都参与了战略管理过程，但它们的方法和努力有很大不同。本案例报告的作者得出以下结论：

> 这项探索性的研究揭示了州交通部门在"管理能力曲线"中有关战略管理能力的扩散。虽然有几个部门从事战略规划多年，可能

已经完成了几轮战略计划，但其他一些部门最近才启动战略规划程序。许多在这方面经验丰富的部门在这一过程中抓住了更多机会来加强其战略管理能力……毫不奇怪，这是一个"不能一刀切"的领域。(Poister and Van Slyke, 2002, 71)

不过，他们很快补充说，他们在研究中确定的许多创新实践和工具可以加以修改，并适用于其他一些即将开始实施战略管理办法的公共机构。然而，这些实践不应被视为其他机构未来关注的灵丹妙药；相反，它们应被认为有助于理解政府如何通过制定战略和规划方案来实现这些目标，以及在计划和方案中如何建立员工所有权来提高方案的效力，从而将资源用于特定的政府目的和目标来提高效率。

五 一个可持续城市交通的案例

燃料成本的快速上涨、城市交通拥挤（更常见的是城市交通堵塞）和污染，以及保持高效运输大量人员与货物来实现和保持强劲的经济增长的种种需求，迫使城市政府对发展高效和可持续的交通部门表现出相当大的兴趣（Black、Paez and Suthanaya, 2002）。

本书对澳大利亚悉尼市城市交通绩效指标和相应的绩效分析方法进行了案例研究。这项研究是为了实施生态可持续发展交通集团（ESDTG）的建议，其中包括目的、目标和改变市民的价值体系。生态可持续发展交通集团报告中缺乏分析工具和度量，也没有可持续性指标。因此，布莱克、佩斯和苏桑安亚选择做案例研究，以纠正早期研究中存在的问题。

悉尼的案例研究首先回顾了城市可持续交通的文献。回顾的目的是：(1)按地理规模组织数据，(2)提出一个将可持续性的定义和目标联系在一起的框架，并与绩效指标和分析技术联系起来以便分析，(3)通过案例证明其建议的指标和分析技术的适当性。

由于研究的重点是可持续性，该研究首先参考了欧盟环境与可持续发展计划的一项未发表的研究成果，以确定什么是城市交通和土地利用系统的"可持续性"，他们首先确定可持续的城市交通系统是指：

- 确保服务区的所有居民有效地获得商品和服务；

● 保护为当代人服务的地区的环境、生态系统和文化遗产；

● 不限制后代获得与当代人相同福利水平的机会，包括他们从自然环境和文化遗产中获得的利益。

除了这一定义命题外，欧盟研究人员还增加了一份可持续交通系统的六个子目标清单，其中包括经济效率、宜居街道和社区、环境保护、全民公平和社会包容、安全以及为经济增长做出贡献的能力。这些都得到了参加欧盟研究的六个欧洲城市（"核心城市"）的同意：爱丁堡、赫尔辛基、马德里、奥斯陆、斯德哥尔摩和维也纳。

三个关键问题

根据他们对文献的分析，布莱克、佩斯和苏桑安亚得出的结论是，全球可持续交通目标集中在环境可持续性、经济效率和社会公平三个问题。然后，研究团队聚焦第一个问题，即环境可持续性，并将研究目标分为两个层次：（1）全球，（2）地方和区域。全球可持续发展目标是通过尽量减少温室气体的排放来减少燃料消耗和污染。地方和区域的主要目标是减少污染物，环境子目标包括减少噪声、减少交通事故和交通堵塞。

悉尼的案例被认为是一个很好的、一般性的研究案例，主要是因为它具有客观特性（一个巨大的、不断扩张的城市，有相当大规模的经济增长和经济区的迁移），类似于许多澳大利亚和北美洲的城市。研究核心是将悉尼和新南威尔士州的可用指标应用到分析结构中，该结构包括：

1. 描述性统计的探索性和图解法
2. 空间制图［使用地理信息系统（GIS）硬件和软件］
3. 空间统计（使用 GIS 硬件与软件）
4. 市民出行偏好函数（含线性规划等方法）
5. 回归分析

布莱克、佩斯和苏桑安亚的结论是，要实现和维持可持续的交通，就需要指标来呈现目标的进展情况。他们检验了分析模型以确定是否有可能从广泛的目的和目标中确定适当的指标，并为确定替代政策是否能够实现战略目标提供对策。

六 多案例交通规划组织研究

戈茨、登普西和拉森（Goetz, Dempsey and Larson, 2002）发表了一

项多案例研究，其中有趣的现象是大都会规划组织（MPO）。他们比较了四个快速发展的大都市地区的大都会规划组织的经验：得克萨斯州的达拉斯－沃思堡、科罗拉多州丹佛、亚利桑那州凤凰城、华盛顿州西雅图。

研究的目的是评估大都会规划组织在满足区域交通需求方面的成功。衡量其是否成功的要素包括需求满意度、资金来源、决策过程的质量和有效性。这些数据是通过对 378 名当地大都会规划组织参与者的个人访谈来收集的。

研究的参与者包括交通供给者（公路和铁路），以及工程师、规划师，以及联邦、州和地方政府任命和选举的官员。是否成功的其他标准是根据联邦、州法律和监管框架、大都市规划组织短期和长期计划、州资金规定、大都市规划组织的联邦资质证明，以及涉及大都会规划组织、交通规划和政府间关系的文献回顾所确定的。

（一）确定成功因素

这项研究还确定了成功因素，即区分了比较成功的和不太成功的大都会规划组织。这些因素包括有效的领导、工作人员的能力和信誉、公众参与的水平和质量以及地方风气的发展。其他因素包括精简和高效的规划流程、与州交通部的合作关系、土地使用协调以及对成员的问责。

在 1991 年《多模式地面交通效率法案》通过之前，除大都会规划组织外，其他机构在当地交通规划中发挥了更大的作用。在许多情况下，对交通规划和供应负有最大责任的机构是当地的州交通部。国会 1991 年颁布的《多模式地面交通效率法案》认为地方有责任提高都市交通规划的质量，有效加快了这一进程。因此，州和地方政府在规划过程中是平等的伙伴关系。

（二）3－C 计划

1962 年，联邦政府首次提出交通规划是各州接受联邦资金的条件。同时，规划是连续的（continuous）、全面的（comprehensive）和合作的（co-operative），即所谓的"3－C 计划"。"3－C 计划"中的合作部分是指联邦政府、州政府和地方政府之间以及地方政府多个机构之间的合作。当时，4.3 万英里的州际公路系统即将完工。国会领袖们正在寻找将单人驾车模式转移为能够防止已经开始或即将发生交通堵塞的交通方式。道路拥堵、城市扩张和污染——所有跨越司法界限的问题——都已成为政治问题。

1991年颁布的《多模式地面交通效率法案》就是这些影响的产物。在其发展和通过的过程中,最重要的一步是从标题中删除"高速公路"一词,所有早期的公路立法都包含了这个词。另一个关键的组成部分是大力提升大都会规划组织在交通规划中的作用,并赋予它们在州交通基础设施项目方面选择的权力。

《多模式地面交通效率法案》赋予大都市规划组织较大的地面交通项目(地铁资金)配置权力。在一些州,大都市规划组织与州交通部协商管理"缓解拥堵和空气质量 & 积极改善(自行车和行人)"项目基金。

然而,并非所有人都欢迎新法案带来的变化。一些交通部门反对,认为这会削弱它们的决策权。地方高速公路和道路建设联盟也做出了消极的反应,认为和国家机构相比,大都市规划组织将导致针对公路的态度和决策不那么友好。有趣的是,在大多数情况下,州交通部一直是指公路部门,它指代更广泛的"交通"和承担更多的交通责任是直到最近才开始的。

(三)《多模式地面交通效率法案》的后续条款

令人欣慰的是,1998年《21世纪交通公平法》(TERA-21)重申了《多模式地面交通效率法案》的许多规定。它还通过继续指定大都会规划组织的分配责任来提升它们的重要性。作者的结论是:

> 所有这些都给了交通规划一个新的视角。联邦政府和州政府各自的州际和区域间"自上而下"的公路规划过程,以及地方性的各市、县"自下而上"的街道和道路规划过程,都与第三个过程——区域过程相结合。这一区域性过程从公路、街道和道路拓展到综合交通规划过程中,该过程考虑了所有模式,以及一些相关的社会、经济和环境问题(Goetz, Dempsey and Larson, 2002, 90)。

在研究过程中,四个地区的大都市规划组织根据13项质量和有效性标准进行评分,使用6分量表,其中1分代表最低得分,6分代表最高得分。因此,表19-3中的文字摘要可作为简化工具来比较四个案例组织中的13项属性。

表 19-3 大都会规划组织（MPO）评分的质量和有效性变量

因素	达拉斯	丹佛	凤凰城	西雅图
1. 流程质量	4.51	3.98	3.73	4.35
2. 区域需求满足	5.11	4.25	3.96	4.37
3. 快速变化的需求满足	5.01	3.54	3.73	3.93
4. 与交通机构良好合作	5.09	4.09	4.55	4.3
5. 与州交通部门良好合作	5.03	4.00	3.93	4.46
6. 满足容量需求	4.48	3.29	3.59	3.92
7. 满足道路建设需要	4.52	3.46	3.65	3.93
8. 满足操作/安全需要	4.65	3.78	3.73	3.92
9. 满意公交服务投资	4.62	3.46	3.27	3.92
10. 满意自行车/步行设施投资	4.39	3.74	3.69	4.04
11. 大都会规划组织满足长期需求	5.02	3.83	3.63	4.15
12. 运输改进计划的标准是公平的（1~8分）	6.34	5.55	4.84	5.31
13. 大都会规划组织流程公平（1~8分）	6.71	5.43	4.76	4.15

资料来源：戈茨、登普西和拉森（Goetz, Dempsey and Larson, 2002, 93）。

很明显，尽管结果显示出四个大都会规划组织的得分有很大的差异，但受访者对他们所在社区的大都会规划组织给出中度的积极评价。达拉斯－沃思堡大都会规划组织的评分一直高于所有其他案例的评分。

定性评估（个人访谈中的开放式问题或自愿性评论）强调了其他大都会规划组织在其规划和实施过程中可能希望考虑的一些影响成功的因素。首先，最成功的大都会规划组织看上去拥有强大的领导者，他们有能力获得并保持合作和建立共识。达拉斯－沃思堡和西雅图大都会规划组织具有强大的领导能力，这两个组织的评分高于其他两个。在整个区域交通系统的规划和实施过程中，保持合作的重要性怎么强调都不为过。本研究的作者以这种方式强调了这一点：

> 大都会规划组织是协作结构。其创建是为了超越狭隘、短期的利益，促进合作，解决共同关心的问题。成功的合作需要一套不同于传统政治和职位权威的领导技巧和能力。领导态度、技巧和能力三者的正确组合可能是成功协作或有效的区域交通规则能够发生的最重要的决定性因素。（Goetz, Dempsey and Larson, 2002, 100）

小　结

公共交通领域的案例研究往往倾向于关注公共汽车、轻轨、无轨电车（有轨电车）和市郊往返列车系统的规划、建设、运营或管理问题，以及与水上和空中运输相关的问题。与许多公共管理案例研究一样，项目可以集中在联邦、州、县和/或市政府层面的问题上，并且可以涉及公共和私人融资、规划和运营问题。它在联邦层面上的重要性体现在一个重要的内阁职位和部门，即美国交通部的存在。正如包含案例研究示例的每个章节所遵循的同样做法，本章也涵盖了单案例和多案例研究设计。

第二十章　政府工作的案例研究

（在管理政府工作方面）改革现有的治理结构是一个特别重要的主题……随着生活中方方面面的变革步伐加快，国家（以及州和地方政府）面临着它们无法单独应对的、全新的、更为复杂的挑战。从这些长期发展趋势来看，如果要满足公众的希望和需求，美国和其他大多数国家的治理体系必须进行调整。在21世纪，有效的治理结构需要采取多边行动来应对越来越多的政策挑战。

——戴维·M. 沃克（David M. Walker, 2007）

公共管理案例研究中经常出现的一个主题是强调内部和外部的行政改革，以及改进政府工作人员的履职方式（deLeon and Denhardt, 2000; Fallows, 1992; Kamensky, 1996）。在推动政府公共服务递送更贴近绩效导向模式的行政改革过程中，组织变革管理的相关案例是其中最重要的组成部分之一。

内部运作改进有两个重要研究领域。首先集中在寻找提高公共部门工作人员生产力的方法，其次是让政府机构和工作人员对自己的行为更加负责。组织进行这些变革所经历的过程称为**转型**，它涉及以下问题。

1. **生产力**。对于许多立法和行政人员来说，提高政府生产力是一个核心问题。各国政府必须努力用更少的财政和其他资源做更多的事情。由于受地方增税限制的、最高水平的减税，以及快速上升的成本等影响，面对公众对服务持续需求，政府管理人员面临着决定保留哪些服务、增加哪些服务以及削减哪些服务的艰难处境。

2. **问责**。这是指促使政府管理人员对其机构的成功和失败负责的管理活动。它包括绩效测量和标杆管理等活动，以实现政府服务供给持续改进的目的。

3. **转型**。这是一个组织运作过程中实现根本性变化的过程。公共机构的真正转变表现为一个外在形式或内在性质发生变化，或转换到一种新的状态的过程（Geri and McNabb，2008）。它超越了简单的重组，需要对一个组织及其各种战略进行全面分析。这是一种相对罕见的现象。审计、评估和调查使机构能够纠正其计划和系统中一直存在的大多数问题，而利益团体结成关系网的行为则起到加强组织惯性的作用。

一 生产力提高的案例研究

经济学家将生产力定义为通过特定的财政、人力和（或）技术资源投入与完成的工作量之间的关系——产出除以投入。当工作（产出）增加，资源（投入）保持不变或下降时，生产力得到提高。投入是指为个人开展工作而投入的资源。它包括金钱、物质资源（包括技术）和人力资本。生产量是指处理并将资源转换为产出的工作活动。效果是产出对特定环境的影响。

其他作者的结论是，投入产出模型不能完全解释公共组织的生产力。除了衡量产出的生产力外，还需要以政府服务结果来衡量生产力，这是一个更加困难的过程（Bouchaert，1990，75）。乌普霍夫（Uphoff，1994）认为，经济学对生产力的定义过于机械化，无法理解和衡量政府组织的生产力损益。他认为，完全依赖投入产出模型的主要问题是无法解释诸如为什么政府产出的变化与投入的变化没有更明确和可靠的比例这样的悖论：

> 一个官僚机构单位所花费的资源与所产生的结果之间几乎没有关联，正如机械过程应该发生的那样（原文中强调）……官僚机构的成就应该大于其运作成本……可悲的是，这不是规则。（Uphoff，1994，9）

尽管乌普霍夫（1994）反对投入产出机制模型，但他认为绩效下降是系统"摩擦"的结果。所谓摩擦，他指的是阻碍生产力提高的因素。探寻公共组织为何在投入资源的情况下未能实现其计划，达到预期效果，一直是许多政府生产力案例研究背后想挖掘的问题。

生产力运动史

布夏尔（Bouchaert, 1990）在《公共生产力和管理评论》上发表的大量文章中追溯了生产力运动的历史和发展。他把这场运动分为四个不同阶段。从研究的角度来看，重要的是要认识到，所有计划轨迹仍然会影响生产力改进项目的某些方面。

第一阶段，从1900年到1940年，其特点是努力将科学管理原则应用于公共部门。目标是提高政府效率，从而使政府变得更好。这样做的方法是将政治和行政分开，以建立一个无党派的行政国家，政策由当选政治家制定，行动由政治中立的行政官员执行。

第二阶段，生产力改革是从1940年到1970年。这一时期的一个关键特征是确定公共行政应该扮演什么角色，这有两种观点。一种观点将公共行政等同于政治学；另一种观点认为公共行政是一门行政科学，并为随后不久的新公共管理（NPM）运动奠定了基础。然而，总的来说，努力提高生产力的主要目标从尽力产生更好的政府转向了控制政府开支。生产力等同于少花钱多办事。

第三阶段，是提高生产力，时间跨度从1970年到1980年。随着全球新公共管理运动的兴起，人们对生产力的兴趣开始下降。公共行政正在让位于公共管理；这种让位包括在政府运作中广泛引入私营部门管理方法。在那个时代，生产力的提高集中在如何从税收支出中获得更多的价值（即质量），从而"物有所值"。正如美国工业被迫应对来自德国和日本制造商的竞争那样，许多国家的各级政府机构设计并实施了全面的计划以提高服务质量（Rago, 1996）。

布夏尔认为这种变化影响到政府的政治和行政方面：

> 公共行政官员成了公共管理者。这种蜕变促进了一种具有专业性、创造性、创新性和战斗性的氛围和环境的生成，而这种氛围和环境本应是私营部门的典型特征。但是，行政部分并不总是局限于行政，管理部分也不总是局限于管理。因此，政治仍然是一个干扰因素。这就产生了行政和政治管理者。（Bouchaert, 1990, 55）

第四个阶段是在 1980 年之后，人们对提高生产力重新产生了兴趣。这一时期有两种趋势。一是继续强调提高政府绩效效益，这是通过迫使政府机构大幅削减预算来实现的。

二是提升私营部门生产力的方法。这是通过许多政府服务的私有化来减少政府开支来实现的。这种方法在提高生产力方面起到了主导作用，并一直持续到新世纪初。它在 2002 年布什总统的管理议程政策中得以成型。

二　生产力提高的障碍

在政府机构可用资源减少的时代，提高生产力对公共管理者来说变得越来越重要。而提高生产力有以下方式：一种是在资源水平相同的情况下，能够生产更多产品或输出更多的工作；另一种是使用较少的资源获得相同甚至更多的产量或更高水平的工作产出。

然而，提高政府生产力并不是一项简单的任务。联邦、州和地方政府不能像私营部门那样，以利润动机驱动来投资改善运营。除了缺乏这一激励因素外，还有许多因素阻碍或限制了政府机构的生产力改进措施。许多研究人员列出了提高生产力的障碍清单。1978 年政府问责办公室（GAO）确定的三个障碍可能是最短的障碍名单，政府问责办公室称之为内部变革阻力（惯性）、机构无法启动预算以改进计划所需的大量初始投资以及大多数政府机构的有限的工作能力。

考德尔（Caudle，1987，40）列出了联邦政府提高生产力的十大障碍：

1. 担心生产力指标会出于政治原因被滥用
2. 随着时间的推移，工作或新技术的变化使生产力测量出现问题
3. 管理者对如何采取措施帮助其工作或消除内部阻力缺乏有效的认识
4. 严格的人力资源管理流程、工资制度和管理规定
5. 预算限制、资源控制和短期拨款
6. 复杂的组织结构
7. 选举和任免官员管理技巧贫乏，流动性大
8. 关于政府工作人员表现不佳和私营部门业绩较好的假设

9. 新项目快速取得成果的压力和保留旧项目的压力
10. 生产力改进计划执行不力

地方政府的生产力问题

显然,地方政府的生产力提高问题更大。安蒙斯(Ammons,1984)在一项关于城市生产力的研究中列出了34个生产力提高的障碍。到1985年,他又发现了3个障碍,使他的清单增至37个障碍;有些障碍是技术性的,但大多数是政治性的。排在榜首的是凌驾于公共管理者理性决策之上的政治因素。由于当地社团组织的压力,未能拆除不必要的或摇摇欲坠的、不安全的城市建筑就是一例。因此,为生产力带来潜在收益的理性建议会输给政治决策。

安蒙斯编撰的冗长清单中,第二个问题是,许多费时费力的提高生产力的努力缺乏政治吸引力。虽然政治候选人通常承诺减税、减少繁文缛节、改善服务,但一旦上任,他们就把实现生产力增长所需的不易出彩的付出放在一边,转而关注其他更具政治魅力的地方问题或机遇。

三 关于问责的案例研究

政府问责意味着民选官员和公职人员有义务向他们服务的人解释他们的决定和行为。政府问责通过政治、法律和行政程序等各种方式行使。所有这类问责程序的根本目的是防止腐败,确保公职人员对其所服务的人负责并为其提供便利。当这种问责程序不可用时,往往会出现腐败和渎职(美国国务院,U.S. Department of State,2004)。

自20世纪70年代新公共管理运动开始扩散以来,问责变得越来越重要,但问题也随之而来。这一运动的一个主要趋势是权力下放、公私协作。这些活动是新公共管理运动的重要组成部分。

斯科特(Scott,2000)根据新公共管理方法带来的政府变革,指出维持传统政府问责计划可能产生的一些问题:

> 新公共管理运动锻造的公共行政变革,使得公共部门进一步支离破碎,这表明了问责的问题……问责的核心问题是通过立法、合同或其他机制将权力下放给广泛的公共部门和一些私营部门。关于

问责的争论在于必须设法解决一个令人不安的两难困境，即如何给予这些行动者足够的自主权，使他们能够完成任务，同时又能确保适当程度的控制。(Scott, 2000, 38 - 39)

新公共管理最突出特征是将市场竞争纳入政府服务管理。与此相关的是更大程度的政府分权趋势，包括通过网络和伙伴关系加强合作供给和服务管理。

（一）问责过程

在各级政府中，至少存在五种类型的问责过程和程序：对公民的政治忠诚和承诺、传统的官僚或等级关系、具有法律约束力的协议和义务、个人职业标准以及道德或伦理标准（Romzek and Dubnick, 1994; Dicke and Ott, 1999; Barker, 2000）。

1. 政治问责

政治问责是使政府负责的最重要机制。它的基础是公民有权通过自由和公正的选举来制约政府。通过公民理事会和委员会的志愿服务参与政府服务供给，政治问责得以进一步凸显。

2. 官僚问责

官僚问责过程涉及传统的等级结构，包括上下级关系正式化、对工作人员的密切监督以及明确界定操作程序。这些程序是通过在政府组织内设立内部办公室等方式来进行的，以确保政府官员的行动和决定是公正的并符合公众利益。这些问责行动包括设立机构监察专员、独立审计员、行政法院、监察长以及相关制度以保护举报人免遭报复。

3. 法律问责

法律问责是建立在政府组织和有权强制遵守合同义务的外部各方之间关系基础上的一种问责行为。法律问责的依据包括宪法、法律、法规、法院判决、陪审团裁决、规章、绩效要求、信息披露规定、司法审查，以及其他具体规定公职人员可以采取和不能采取行动的法律文书。

4. 个人问责

个人问责是建立在专家、顾问、律师以及代表其客户机构和组织的类似专业人士间关系基础上的一种问责行为。服务供给者可以对他们的决定、建议和行动予以回应。

5. 道德问责

道德或伦理问责是建立在社会认可的行为标准之上的。**伦理学**研究人类在社会中的道德行为；它是一套指导个人或群体行为实施的原则；简而言之，它是对道德或道德行为的研究（Velasquez，1998）。

道德是指政府内外的人对什么是对、什么是错、什么是好、什么是恶的标准，这些标准是一个社会的行为规范。**道德行为**是按照社会上存在的道德标准行事。

道德标准是一个社会运行的规则，它告诉我们什么行为是可以接受的，什么是"正确的"，什么是社会上的"好"以及它们的对立面。道德标准因社会而异，道德几乎没有绝对性。然而，世界上所有工业化国家的基本行为标准都很相似。

（二）推行问责的方法

迪克和奥特（Dicke and Ott，1999）确定了十种方法或技术，通过这些方法和技术，政府管理者、立法和行政决策者以及私人和公共利益相关者以与非营利组织和商业部门签订合同的方式，来履行对公共服务的责任。它们的清单同样适用于大多数其他政府合作活动（见表20-1）。目前来看，所有这些问责方法都进行了案例研究。

四 企业转型案例研究

转型是指为了提高生产力与责任，在内部和外部的经营活动中进行根本性的变革。战略转型需要一个过程，包括：建立或修订组织的愿景和使命；分析内部和外部环境因素；制定长期和短期目标；选择、实施和评估实现这些目标的战略。

无论基于少量数据粗略支撑的叙事多么令人信服，公共部门领导人的工作还是常常受到严格的限制，并且缺乏正式权力来实施变革。尽管存在这些制约因素，一些改革举措还是取得了成功。成功的案例及相关研究包括1995~1999年退伍军人健康管理局（VHA）和20世纪90年代中期博内维尔电力管理局的改革。

表 20 - 1　实行问责制的方法

方法	说明
1. 审计	对标准与实际情况之间的差异进行事后评估的系统过程。在财务审计中,它涉及对财务记录的正式验证。在项目审计中,审计员确定是否达到项目目标
2. 监督	持续监督检查是否符合合同规定。它涉及现场观察、访谈、对供给者记录的审查、进度报告以及对公民投诉的跟进
3. 许可	行政机关依法准予公民从事某一职业或开展特定活动的行为。公共机构可撤销不符合要求或标准的许可证
4. 市场	通过竞争合同和公民(客户)选择,可以最好地实现新公共管理机制假设的有效运作
5. 合同	两方或多方之间的正式的、有约束力的协议。它们包括做或不做某事的协议、绩效说明以及财务考量
6. 注册	集中的数据库,可以跟踪某个领域的专业人员。它们旨在防止虚假证明、特权滥用以及其他错误或不当行为
7. 法院	行使法律公正,提起违反合同或渎职的诉讼地点等
8. 举报	适用于披露违规、管理不善、资金浪费、滥用职权、危害公共卫生或福利、性虐待和其他腐败行为。揭发者可能是组织的成员,也可能不是
9. 道德规范	关于专业行为标准的声明,通常不具有法律约束力,但可用于识别不可接受的行为
10. 基于结果的评估(OBA)	OBA 是一种程序评估工具,旨在通过衡量和评估政府计划的最终结果来核实责任

资料来源:迪克和奥特(Dicke and Ott, 1999)。

五　退伍军人健康管理局的改革

退伍军人健康管理局是联邦政府最大的机构之一,从 1995 年开始,在为期五年的时间里经历了一场意义深远的变革。退伍军人健康管理局负责退伍军人的健康医疗体系,在 2000 年,它通过 172 家医院,132 家护理所,73 个家庭卫生医疗项目,40 个住院护理项目和 600 多个门诊部,为 360 万退伍军人提供服务。退伍军人健康管理局广泛赞助研究和教学活动,并与许多大学医学院和其他健康相关专业的学校有学术联系。它有超过 18 万名员工,年度运营预算超过 170 亿美元。

退伍军人健康管理局于 1995 年开始转型时,它在提供医疗服务方面远远落后于当时的普遍发展趋势。退伍军人健康管理局仍将其大部分资源和设备用于住院护理,而医疗行业正在将医疗服务从住院患者三级护理转移到门诊初级护理。

退伍军人健康管理局所属医院配置的都是大型的、高端的、使用率不高的设备。这些医院的医务人员大多是由缺乏初级护理经验或兴趣的医学专家组成。退伍军人健康管理局所属医院的主要服务市场是因兵役受伤的退伍军人和低收入退伍军人。

除了退伍军人健康管理局的这些变革力量外,尽管需要更多和更长时间护理老龄化客户群体的服务成本不断上升,国会仍表示将冻结退伍军人健康管理局的预算。退伍军人健康管理局被描述为"逐渐成为濒临灭绝的医疗恐龙"。

退伍军人健康管理局认识到,要想在新世纪生存下去,就必须在运作方式上做出重大改变。然而,振兴退伍军人健康管理局并不是一件容易的事,就像如下描述所揭示的那样:

> 像许多大型的、成熟的组织一样,退伍军人健康管理局不以灵活性和创新为导向。该机构崇尚军事化管理理念,采取指挥与控制的管理模式。决策高度集中,官僚主义盛行。退伍军人健康管理局总部喜欢干预其下属医院和其他运营单位的决策活动。这种决策结构妨碍了运营单位及时适应当地情况。此外,退伍军人健康管理局分配资源给运营单位……没有为有效地向病人提供医疗服务的机构提供激励。(Young,2000,69)

转型进展

退伍军人健康管理局五年转型计划取得重大进展。绩效指标在许多不同的操作领域得到了开发和认可。主要的改进目标是:

(1)门诊导向的初级护理;(2)护理的便利性和可及性;(3)运营效率;(4)患者满意度。从住院治疗转向门诊治疗后,改进情况如下:

- 每年住院人数下降了32%以上,门诊就诊增加了45%以上;
- 门诊手术从35%提升到70%以上;
- 近60%的病床被取消;
- 接受早期癌症筛查的患者比例从34%提升到74%。

- 接受预防或控制疾病治疗的患者百分比从74%提升到近100%。

另外三个衡量其绩效改善的指标如下。

- 在便利性和可及性方面：建立了300多个新的社区门诊部，并在所有医院建立了电话联系护理。
- 在运行效率方面：全职雇员人数减少了14%以上，而接受服务的病人数量增加了25%以上。
- 患者满意度方面：门诊服务满意度调查得分提高了15%以上。

退伍军人健康管理局转型期间吸取的教训

各类改革措施持续到1999年，尽管还存在这样或那样的问题，退伍军人健康管理局的转型努力仍被认为是成功的。这表现在从住院到门诊的转变大部分完成；医疗服务的效率和质量有了实质性的提升；退伍军人健康管理局在提升病人安全性方面成为全国领先的机构。退伍军人健康管理局提供了许多其他政府机构在管理自己的组织变革创新时可能会有用的经验教训（见表20-2）。

表20-2 退伍军人健康管理局五年转型计划的经验

经验1：任命背景和经验适合进行变革的领导者
经验2：遵循有重点且连贯的转型计划： • 为机构建立清晰而全面的愿景 • 采用新的组织结构 • 建立与绩效目标相关的责任体制 • 修改阻碍变更的机构规章制度
经验3：尽管存在不完善、争议和批评，但要坚持不懈；当发生技术问题时进行中途修正
经验4：将外部环境的变化与内部环境的变化相匹配；充分利用两者之间的相互依赖关系的变化可能会实质性地促进转型成功
经验5：开发和管理从组织最高层到最底层的沟通渠道；使一线员工了解情况
经验6：不要忽视培训和教育；这些工具可以提高员工适应新结构、组织、规则和程序的能力
经验7：在系统范围的统一性与操作单元的灵活性之间取得平衡。确定要赋予运营单位多少决策权以及应在总部保留多少决策权通常是转型的关键

六 邦纳维尔电力局的改革

与其他发达国家相比，美国在国家层面上的公共企业相对较少。主要包括美国邮政局和美国能源部的联邦电力市场管理局。电力市场管理局负责联邦所有水坝的市场营销。电力市场管理局向公众提供商品和服务；它们通常是自给自足的，其预算的大部分来自收入（McNabb，2005）。美国邮政局甚至被授权赚取利润以应对未来的变化和改进（Geri，1996；Geri & McNabb，2008）。

最大的电力市场管理局是邦纳维尔电力管理局，它负责销售太平洋西北部水坝系统和其他发电设施的电力。邦纳维尔电力管理局还负责协调西北部的电力供应，包括该地区3/4的主要输电线路。该部门年收入超过20亿美元，长期以来，由于其规模、复杂性和对其所在地区的影响，邦纳维尔电力管理局备受关注。

邦纳维尔电力管理局的低成本水能是该地区的能量供应支柱，它必须为美国哥伦比亚河电力系统的运行制定符合严格的环境和渔业标准的规则。西北部的水坝已经使三文鱼和虹鳟鱼数量锐减；在新的规定要求下，邦纳维尔电力管理局必须在提供电力的同时努力保护剩下的鱼类。

（一）管理挑战

管理邦纳维尔电力管理局的运营是一项挑战。它有多个具有政治影响力的利益相关者，这些利益相关者包括100多家公用事业单位和主要用户、铝厂、管理大坝的联邦机构，以及鱼类保护、野生动物保护和可再生能源的倡导者。此外，该机构可供出售的电力供应取决于每年的降水量。瀑布山（Cascade Mountains）年降雪量低于平均水平，意味着可利用的廉价水电将更少；任何需求缺口都必须通过购买更昂贵的煤炭、天然气或核电来满足。直到最近，风能和地热发电才变得重要起来，约占美国总发电量的1%。

到了20世纪90年代中期，国家电力市场的变化使得邦纳维尔电力管理局的业务模式与客户和整体运营环境严重脱节。该组织长期以来一直是一个专门的联邦机构。只要电力公用事业行业在固定地理区域内垄断服务，供给商就处于相对舒适的世界，这种方法就是有效的。然而，在20世纪90年代，当技术和监管环境的变化导致该行业放松管制时，电力生产和输配电领域在较小程度上的竞争成为可能。这些变化为大用户提供了真正的替代品，尤其是在工业领域。邦纳维尔电力管理局面临着大量客户转向其他供应商的可能性。这一可能的收入损失威胁到其每年向美国财政部支付款项的能力。

(二) 自上到下的变革需求

当邦纳维尔电力管理局的高层管理团队观察到这个过程的发展时，他们开始相信组织需要自上到下的变革来保持它的竞争力。1993年，他们发起了竞争力项目，其中包括对其结构、任务和运作的全面分析。这主要是一个自上而下的过程，还包括与利益相关者和员工的实质性商讨。

很多讨论都集中在与邦纳维尔电力管理局合作的困难程度上。由机构官员和利益相关者组成的团队审查了其产品、定价以及支持可再生能源和保护鱼类与野生动物的努力。该项目产生了一系列建议，包括一项战略业务计划和一项营销计划，旨在改变本组织的文化和习惯，以强调市场驱动的模式。

1995年的能源信息服务（EIS）记录了选择"市场驱动"商业计划模型的决策过程（Geri, 1996）。根据邦纳维尔电力管理局领导层的判断，这种模式是唯一的能够使其在新的竞争环境中实现具有挑战性目标的模式。新的商业模式包括关注客户类型而非地理区域、职责和权限明确的客户主管、对客户更有吸引力的非捆绑式电力产品以及简化合同流程。邦纳维尔电力管理局也大幅缩减规模，削减了1000多个机构和承包商职位。

这些变化使其每年的总预算减少了2.5亿美元，提高了邦纳维尔电力管理局倾听客户和委托人意见的能力。虽然在短期内，这改善了它的财务状况，提升了其整体竞争力，但变化无常的天气（特别是2001年的旱灾）和美国西部不稳定的电力市场使邦纳维尔电力管理局在2001年再次出现赤字。然而，值得一提的是，战略转型使邦纳维尔电力管理局避免了更极端的选择，包括私有化——尽管美国安然公司和加利福尼亚州政府随后在市场上耍花招——这使得该地区的整体电力市场比其原本的更加稳定。

七 实施地方政府改革

登哈特夫妇（Denhardt and Denhardt）在1999年进行了三个案例研

究，主要是关于领导在启动地方政府变革中的作用分析。作者描述了两位城市管理者和一位县行政领导，他们被认为是领导成功转型的典范。通过对管理者和一些行政人员进行的访谈，登哈特夫妇得以提炼出一系列步骤，其他公共管理者在其管辖范围内实施变革举措时可能会发现这些步骤的作用。

（一）弗吉尼亚费尔法克斯县的改革

第一个案例对罗伯特·奥尼尔（Robert O'Neill）进行了深描，他是费尔法克斯县新任命的行政官，费尔法克斯县是一个拥有100多万人口的县，位于大华盛顿特区的大都市区。由从不同地区选出的九名监事组成的选举委员会，再加上一名普选出的董事会主席共同管理费尔法克斯县。作为主导成功变革的领导者，奥尼尔在担任弗吉尼亚州汉普顿市市长一个任期后被聘用。

奥尼尔上任伊始，县政府雇员士气低落，市民对县政府信心不足。该县刚刚经历了一场财政危机。工作人员非常反对变革。政府在传统的自上而下的等级组织中运作，部门之间几乎没有跨职能的沟通或合作。

奥尼尔开始他的变革计划时，与所有部门、所有级别的员工进行了一系列密集的谈话、会议和便当午餐会，以了解他们对县政府问题的看法以及应该或可以采取哪些措施。从这些内部交流中，他开始让员工参与县政府的重大决策。随后，他会见了当地组织的公民领袖及其成员，包括商界领袖和其他社区团体。市民和当地公民团体的成员也被招募加入了志愿咨询小组。

大多数参与其中的工人和市民都喜欢他们所看到的一切；一种对变革持开放态度的新文化正在出现。政府工作人员得到的信息是，每个人都应该跨部门、跨级别进行相互沟通。当地市民谈到，县政府里的工作人员不仅接受他们的意见，还热切地征求人们的贡献和建议。

尽管在进行案例研究时，奥尼尔还处于担任县行政长官的早期阶段，但登哈特夫妇总结说，他成功地实现了组织文化从等级制、官僚式管理到开放、广泛参与和开放式沟通的必要变革。

（二）佛罗里达州阿尔塔蒙特斯普林斯的改革

阿尔塔蒙特斯普林斯是佛罗里达州奥兰多市的一个郊区，只有5万多居民。在登哈特夫妇（1999）进行这项研究时，菲尔·彭兰（Phil Penland）已担任了 16 年市长。在此期间，彭兰和他所在的城市因其创新、创造力和卓越的治理而赢得了赞誉。

从全面振兴市中心商业区开始，彭兰和他的团队致力于带领阿尔塔蒙特斯普林斯市成为佛罗里达州首批在所有城市部门实施全面质量改进项目的城市之一。鼓励员工参与类似于质量圈的活动，解决了从改进工作流程到提高工作生活质量方面的问题。彭兰还在城市管理者和工作人员中带头倡导强烈的职业道德。这些和其他相关努力带来了一种强大、敬业的新的公共服务组织文化，并形成了以下新的运作方式：

> 也许比个人优质服务所做的努力更重要的是（过去也是），彭兰和他的高层管理团队似乎在城市内部创造了一种创新"文化"，这种文化得到了市民、（城市）委员、（部门）经理和全市员工的认可和赞许。管理团队鼓励工作人员寻找创新的工作方式处理工作；鼓励他们尝试新的想法（即使他们真诚的努力失败了，他们也会得到支持），他们为提高城市政府质量和生产力所做的贡献会得到奖励。（Denhardt and Denhardt, 1999, 12）

（三）加利福尼亚州弗里蒙特市政府改革

1992 年，简·珀金斯（Jan Perkins）在担任加利福尼亚州摩根希尔市市长后，成为加利福尼亚州弗里蒙特市的助理市长。在弗里蒙特工作十个月后，市长被解雇了，珀金斯成为代理市长，不久之后又成为市长。20 世纪 90 年代初，由于加利福尼亚州正着手减少市政府对房产税的依赖，弗里蒙特市正面临财政困难。城市就业和城市服务大幅削减，与此同时，市民对优质服务的需求持续增长。结果，市民和城市雇员都对市政府履行其使命的能力失去了信心（Denhardt and Denhardt, 1999）。

在拒绝了市政府聘请顾问（需要收取 50 万美元费用）的建议后，珀金斯开始与各方合作，研究如何提升市政府的服务质量和数量。在与民选和任命的官员举行会议和研讨会后，工人和市民被邀请做出必要的改变，使城市成为一个快速、灵活、以客户为导向的组织，并且注重结果、合作伙伴关系和内外合作。

第二十章　政府工作的案例研究

在珀金斯担任市长的头五年里，弗里蒙特市政府以向市民提供高质量服务而闻名，这是由于建立了一种以员工为主导的、持续改进的组织文化；形成了一种协同决策和解决问题的方法；同时，在城市内部和附近社区之间建立了各种伙伴关系。

政府与公民保持着良好的关系。他们鼓励所有员工将自己视为城市的代表，并尽一切可能帮助市民解决他们的疑惑和问题。而且，政府不再简单地告诉市民城市计划做什么。相反，他们询问市民想要什么样的服务，并让市民参与解决方案的设计。各部门的管理人员将市民的需求和想法与整个城市的需求相平衡，同时确保受影响的人充分了解这一决定。

（四）结论：成功的变革管理者遵循同样的步骤

从以上领导者管理艺术和公共部门领导者的实践及其他案例研究中，登哈特夫妇确信所有对变革感兴趣的公共管理人员应遵循一系列步骤。

- 评估形成变革需求的环境。
- 研究中的三位管理者通过收集以下三个因素的信息来着手参与：（1）管理机构（当选的县或市议会成员）的态度和角色，（2）市政府，（3）社区。这是一个持续的过程。
- 为长期（战略性）和当下情况制定计划。
- 这三位行政官特别受人尊敬，因为他们能够铭记该地区的长期发展道路，同时致力于解决该市面临的紧迫问题。
- 让所有可能的人参与进来，同时确保变革过程反映出他们的行为，从而建立对变革的支持。
- 通过三位管理者各自主导的许多会面、会议和信息收集活动，支持变革，然后让员工参与变革设计和实施的每一步。
- 实施变革，同时强化接受变革和创新的组织文化。
- 带领组织完成变革不可能一蹴而就。领导者的真正目标应该是接受这样一个事实：为了生存，改变是绝对必要的。
- 使变革成为组织可接受的一部分，使其成为正常的运作方式。

登哈特夫妇强调变革必须成为组织的理念而不仅仅是管理者的个人行为。员工接受自己的想法通常被称为"入股计划"。在组织成功的发展大约五年之后，变革应该足够强大且适当，这样，如果管理者离开，这些变革很可能会继续推进。"一旦参与和沟通、质量和创新、协作和参与等理念融入组织文化，人们就会自动地寻找扩展这些价值观的方法。"（Denhardt and Denhardt，1999，21）

这篇关于地方政府领导力的案例研究报告具有说服力的结论是：管理者的学习能力是实现政府变革的最重要因素。下述四个方面的学习是产生变革所需的最关键因素：（1）了解你自己和你的价值，面对个人生活中必要的牺牲时，继续兑现这些价值；（2）了解社区以及是什么造就了这个社区；（3）了解组织，从最高管理者到最新员工（发展现有员工的技能通常比替换现有员工要好）；（4）了解管理机构。此外，一个关键的成功标准是让一个选举产生的董事会参与变革，或者至少对其保持中立。

小　结

本章探讨了政府努力的一些要素：通过内部改革提高生产力，通过组织变革强化问责制。我们讨论了两个重要的改进工作的标准：一是致力于找到提高员工生产力的方法，二是使政府机构和员工更负责任。为了达到这些目标，组织将经历重大变革。

本章所探讨的案例研究中，关于如何实现成功变革的七个重要经验教训包括：（1）任命一位具有与所寻求的组织变革相适应的背景和经验的领导者；（2）执行变革计划，首先要设计一个清晰的目标，以及新的组织结构、问责体系和规则；（3）不要让不完美扼杀努力；（4）改变外部和内部环境；（5）建立一个沟通系统，确保所有员工都了解该计划及其目标和目的；（6）确保培训和教育；（7）平衡整个系统的统一和执行单元的灵活性。

参考文献

Adler, Patricia A. and Peter Adler. 1998. "Observational Techniques." In Norman K. Denzin and Yvonna S. Lincoln, eds. *Collecting and Interpreting Qualitative Materials,* 79–109. Thousand Oaks, CA: Sage.

Agranoff, Robert and Michael McGuire. 2003. *Collaborative Public Management.* Washington, DC: Georgetown University Press.

Agyeman, Julian and Tom Evans. 2003. "Toward Just Sustainability in Urban Communities: Building Equity Rights with Sustainable Solutions." *Annals of the American Academy of Political and Social Science,* 590 (November): 35–53.

Alejandro, Roberto. 1993. *Hermeneutics, Citizenship, and the Public Sphere.* Albany: State University of New York Press.

Alesina, Alberto and Francesco Giavazzi. 2006. *The Future of Europe: Reform of Decline.* Cambridge, MA: MIT University Press.

Alford, Steve. 2002. "Transforming Public Administration: Realizing the Benefits of Technology for Government." Retrieved October 10, 2008, from http://unpan1.un.org/intradoc/groups/public/documents/APCITY/UNPAN011279.pdf.

Ammons, David N. 1984. *Municipal Productivity: A Comparison of Fourteen High-Quality Service Cities.* New York: Praeger.

———. 1985. "Common Barriers to Productivity Improvement in Local Government." *Public Productivity Review,* 9(4): 293–310.

Ammons, David N., Charles Coe and Michael Lombardo. 2001. "Performance-Comparison Projects in Local Government: Participants' Perspectives." *Public Administration Review,* 61(1): 100–110.

Ammons, David N. and William C. Riverbank. 2008. "Factors Influencing the Use of Performance Data to Improve Municipal Services: Evidence from the North Carolina Benchmarking Project." *Public Administration Review,* 68(2): 304–18.

Argyris, Chris, Robert Putnam and Diana M. Smith. 1985. *Action Science.* San Francisco, CA: Jossey-Bass.

Arneson, Pat. 1993. "Situating Three Contemporary Qualitative Methods in Applied Organizational Communication Research: Historical Documentation Techniques, the Case Study Method, and the Critical Approach to Organizational Analysis." In Sandra L. Herndon and Gary L. Kreps, eds. *Qualitative Research: Applications in Organizational Communications,* 159–73. Cresskill, NJ: Hampton Press.

Ash, Amin and Patrick Cohendet. 2004. *Architecture of Knowledge: Firms, Capabilities, and Communities.* Oxford, UK: Oxford University Press.

Astleithner, Florentina and Alexander Hamedinger. 2003. "Urban Sustainability as a New Form of Governance: Obstacles and Potentials in the Case of Vienna." *Innovation: The European Journal of Social Science Research,* 16(1): 51–75.

Bacot, Hunter and Jack Christine. 2006. "What's So 'Special' About Airport Authorities? Assessing the Administrative Structure of U.S. Airports." *Public Administration Review*, 66(2): 241–51.

Bailey, Mary T. 1994. "Do Physicists Use Case Studies?" In Jay B. White and Guy B. Adams, eds. *Research in Public Administration: Reflections on Theory and Practice*, 183–96. Thousand Oaks, CA: Sage.

Ball, Billy. 2006. "Rebuilding Electrical Infrastructure along the Gulf Coast: A Case Study." Retrieved August 10, 2008, from www.nae.edu/NAE/bridgecom.nsf/BridgePrintView/MKEZ-6MYS3U?OpenDocument.

Bangert-Drowns, Robert L. and Lawrence M. Rudner. 1991. "Meta-Analysis in Educational Research." *Practical Assessment, Research & Evaluation*, 2(8). Retrieved May 15, 2008, from http://PAREonline.net/getvn.asp?v=2&n=8.

Barker, Robert S. 2000. "Government Accountability and Its Limits." *Issues of Democracy*, 5(2). Washington, DC: U.S. Department of State, International Information Programs. Retrieved March 21, 2008, from http://italy.usembassy.gov/pdf/ej/ijde0800.pdf.

Barnes, Louis B., C. Roland Christensen and Abby J. Hansen. 1994. *Teaching and the Case Method*, 3rd ed. Cambridge, MA: Harvard Business School Press.

Bauman, Zygmunt. 1992. *Hermeneutics and the Social Sciences*. Aldershot, UK: Gregg Revivals.

Becker, Howard S., Herbert J. Gans, Katherine S. Newman and Diane Vaughan. 2004. "On the Value of Ethnography: Sociology and Public Policy." *Annals of the American Academy of Political and Social Science*, 595 (September): 264–76.

Behn, Robert D. 2007. *What All Mayors Would Like to Know About Baltimore's CitiStat Performance Strategy*. Washington, DC: IBM Center for the Business of Government.

Benbasat, Izak, David K. Goldstein and Melissa Mead. 1987. "The Case Research Strategy in Studies of Information Systems." *MIS Quarterly*, 11(3): 367–86.

Bengtsson, Lars, Rikard Larsson, Andrew Griffiths and Damian Hine. 2007. "Case and iCase: Facilitating Case Survey Methods for Creating Research and Teaching Synergies in Innovation and Enterprise." In Damian Hine and David Carson, eds. *Innovative Methodologies in Enterprise Research*, 101–23. Cheltenham, UK: Edward Elgar.

Bernard, Harvey R. 1995. *Research Methods in Anthropology*, 2nd ed. Walnut Creek, CA: AltaMira Press.

Black, John A., Antonio Paez and Putu A. Suthanaya. 2002. "Sustainable Urban Transportation: Performance Indicators and Some Analytical Approaches." *Journal of Urban Planning and Development*, 128(4): 184–209.

Blampied, Neville M. 2000. "Single-Case Research Designs: A Neglected Alternative." *American Psychologist,* 55(8): 960.

Blau, Sheridan, Peter Elbow and Don Killgallon. (1992). *The Writer's Craft: Ideas to Expression*. Evanston, IL: McDougal, Little.

Blyler, Nancy. 1998. "Taking a Political Turn: The Critical Perspective and Research in Professional Communications." *Technical Communications Quarterly*, 7(1). Retrieved January 10, 2009, from www.attw.org/TQCarticles/7.1/7.1Blyler/pdf.

Bogenschneider, Karen. 1995. "Roles for Professionals in Building Family Policy." *Family Relations*, 44(1): 5–12.

Bonoma, Thomas V. 1995. "Case Research in Marketing: Opportunities, Problems, and a Process." *Journal of Marketing Research,* 22(2): 199–208.

Borins, Sandford. 2001. "Innovation, Success and Failure in Public Management Research." *Public Management Review*, 3(1): 3–17.

Bouchaert, Geert. 1990. "The History of the Productivity Movement." *Public Productivity and Management Review,* 14(1): 53–89.

Bovens, Mark and Stravros Zouridis. 2002. "From Street-Level to System-Level Bureaucracies: How Information and Communications Technology Is Transforming

Administrative Discretion and Constitutional Control." *Public Administration Review*, 62(2): 174–84.

Bovitz, Gregory L. 2002. "Electoral Consequences of Porkbusting in the U.S. House of Representatives." *Political Science Quarterly*, 117(3): 455–77.

Breaux, David A., Christopher M. Duncan, C. Denise Keller and John C. Morris. 2002. "Welfare Reform, Mississippi Style: Temporary Assistance for Needy Families and the Search for Accountability." *Public Administration Review*, 62(1): 92–103.

Brinkerhoff, Jennifer M. 2002. "Global Public Policy, Partnership, and the Case of the World Commission on Dams." *Public Administration Review*, 62(3): 324–36.

Brown, Dennis M. 2004. "Public Transportation on the Move in Rural America." Rural Information Center, National Agricultural Library, U.S. Department of Agriculture. Retrieved July 30, 2008, from www.nal.usda.gov/ric/ricpubs/publictrans.htm.

Bruegmann, Robert. 1993. "Infrastructure Reconstructed." *Design Quarterly*, 158 (Winter): 7–13.

Bryman, Alan and R.G. Burgess, 1999. *Qualitative Research*. London: Sage.

Bushe, Gervase R. and Aniq F. Kassam. 2005. "When Is Appreciative Inquiry Transformational? A Meta-Case Analysis." *Journal of Applied Behavior Science*, 42(2): 161–81. Retrieved November 2, 2008, from www.gervasebushe.ca/aimeta.htm.

Camp, Robert C. 1989. *Benchmarking: The Search for Industry Best Practices That Lead to Superior Performance*. New York: ASQC Quality Press.

Campbell, Mary. 2004. "Improving Agency Performance and Service Delivery." *Journal for Quality and Participation*, 27(4): 43–49.

Caudle, Sharon L. 1987. "Productivity Politics: Gilding the Farthing." *Public Productivity Review*, 11(2): 39–51.

Chapman, Jeffrey I. 2008. "State and Local Fiscal Sustainability: The Challenges." *Public Administration Review*, 68 (Supplement): S115–31.

Charan, Ram. 2008. "A Goal We Can Believe In." *Fortune*, 158(10): 92–93.

Choi, Sang Ok. 2004. "Emergency Management Growth in the State of Florida." *State and Local Government Review*, 36(3): 212–26.

City of Chicago. 2006. *Office of Emergency Management and Communication*. Retrieved August 19, 2009, from http://webapps.cityofchicago.org.ChicagoAlertWeb/index.jsp?content=aboutOEMC.

City of Houston. 2009. *Office of Public Safety and Homeland Security*. Retrieved August 19, 2009, from http://houstontx.gov/publicsafety/index.html.

City of San Francisco. 2009. *Department of Emergency Management*. Retrieved August 19, 2009, from http://www.sfgov.org/site/dem_index.asp?id=95931.

Cohen, Steven, William Eimicke and Jessica Horan. 2002. "Catastrophe and the Public Service: A Case Study of the Government Response to the Destruction of the World Trade Center." *Public Administration Review*, 62 (September Special Issue): 24–32.

Comfort, Louise K. 1985. "Integrating Organizational Action in Emergency Management: Strategies for Change." *Public Administration Review*, 45 (Special Issue): 155–64.

Comstock, Donald E. and Russell Fox. 1993. "Participatory Research as Critical Theory: The North Bonneville, USA, Experience." In Peter Park, Mary Brydon-Miller, Budd Hall and Ted Jackson, eds. *Voices of Change: Participatory Research in the United States and Canada*, 103–24. Wesport, CT: Bergin & Garvey.

Cooper, Randolph B. 2000. "Information Technology Development Creativity: A Case Study of Attempted Radical Change." *MIS Quarterly*, 24(2): 245–76.

Crain, W. Mark and Lisa K. Oakley. 1995. "The Politics of Infrastructure." *Journal of Law and Economics*, 38(1): 1–17.

Czerwinski, Stanley J. 2008. *State and Local Fiscal Challenges: Rising Health Care Costs Drive Long-Term and Immediate Pressures*. Washington, DC: U.S. General Accountability Office. Report GAO-09–210T.

Dearstyne, Bruce W. 1993. *The Archival Enterprise*. Chicago: American Library Association.

deLeon, Linda and Robert B. Denhardt. 2000. "The Political Theory of Reinvention." *Public Administration Review*, 60(2): 89–97.

Denhardt, Kathryn and Eugene Miller. 2000. "Managing a City's Health Benefits." *Public Performance & Management Review*, 24(2): 195–99.

Denhardt, Robert B. and Janet V. Denhardt. 1999. *Leadership for Change: Case Studies in American Local Government*. Washington, DC: The PricewaterhouseCoopers Endowment for the Business of Government.

Denscombe, Martyn. 1998. *The Good Research Guide*. Buckingham, UK: Open University.

Devaraj, Sarv and Rajiv Kohli. 2003. "Performance Impacts of Information Technology: Is Actual Usage the Missing Link?" *Management Science*, 49(3): 273–89.

Denzin Norman K. and Yvonna S. Lincoln. 1998. *Collecting and Interpreting Qualitative Materials*. Thousand Oaks, CA: Sage.

DHS. See U.S. Department of Homeland Security.

Dicke, Lisa A. and J. Stephen Ott. 1999. "Public Agency Accountability in Human Services Contracting." *Public Productivity and Management Review*, 22(4): 502–16.

Dixon, Jill and Joan Buhrman. 2005. "America's Crumbling Infrastructure Eroding Quality of Life." American Society of Civil Engineers press release, March 9, 2005. Retrieved August 5, 2008, from www.asce.org/reportcard/2005/page.cfm?id=108.

DOT. See U.S. Department of Transportation.

Dubé, Line and Guy Paré. 2003. "Rigor in Information Systems Positivist Case Research: Current Practices, Trends and Recommendations." *MIS Quarterly*, 27(4): 597–635.

Dutton, William H. 1981. "The Rejection of an Innovation: The Political Environment of a Computer-Based Model." *Systems, Objectives, Solutions*, 1(4): 179–201.

Duveen, Gerard. 2000. "Piaget Ethnographer." *Social Science Information*, 39(1): 79–97.

Dysard, J.A. II. 2001. "How Competition Is Changing the Face of the Public Water Resources Industry—Trends in Privatization, Management Competition, and Other Alternative Delivery Systems." In W.C. Lauer, ed. *Excellence in Action: Water Utility Management in the 21st Century*, 85–90. Denver: American Water Works Association.

Eckstein, Harry. 2002. "Case Study and Theory in Political Science." In Roger Gomm, Martyn Hammersley and Peter Foster, eds. *Case Study Method: Key Issues, Key Texts*, 119–64. London: Sage.

Economist. 2008. "The Cracks Are Showing." The Economist.com (June 26). Retrieved August 5, 2008, from www.economist.com/world/unitedstates/PrinterFriendly.cfm?stpry_id=1136517.

Ellet, William. 2007. *The Case Study Handbook*. Cambridge, MA: Harvard Business School Press.

Eisenhardt, Kathleen M. 1999. "Building Theories from Case Study Research." In Alan Bryman and Robert G. Burgess, eds. *Qualitative Research*, 135–59. London: Sage.

Epstein, Paul D. 1982. "The Value of Measuring and Improving Performance." *Public Productivity Review*, 6(3): 157–66.

Este, David, Jackie Sieppert and Allan Barsky. 1998. "Teaching and Learning Qualitative Research with and without Qualitative Data Analysis Software." *Journal of Research on Computing in Education*, 31(2): 138–55.

Falleti, Tulia G. 2005. "A Sequential Theory of Decentralization: Latin American Cases in Comparative Perspective." *American Political Science Review*, 99(3): 327–46.

Fallows, James. 1992. "A Case for Reform." *Atlantic Monthly*, 270(2): 119–23.

Farmer, Paul. 2008. "Crumbling Bridges, Oil Imports, Rising VMT, More Roads . . . Oh My!" *Planning*, 74(3): 5.

Federal Emergency Management Administration (FEMA). 2008. *FEMA History*. Washington, DC: Federal Emergency Management Agency. Retrieved May 12, 2008, from www.fema.gov/about/history.shtm.

Federal Transit Administration (FTA). 2008. *Welcome to the Federal Transit Administration.* Retrieved July 30, 2008, from www.fta.dot.gov.

FEMA. See Federal Emergency Management Administration.

Fernandez, Sergio and Ross Fabricant. 2000. "Methodological Pitfalls in Privatization Research: Two Cases from Florida's Child Support Enforcement Program." *Public Performance & Management Review,* 24(2): 133–44.

Fetterman, David M. 1989. *Ethnography Step by Step.* Newbury Park, CA: Sage.

Fink, Arlene. 1998. *Conducting Research Literature Reviews.* Thousand Oaks, CA: Sage.

Fischler, Raphaël. 2000. "Case Studies of Planners at Work." *Journal of Planning Literature,* 15(2): 184–95.

Flick, Ewe. 1999. "Qualitative Research in Sociology in Germany and the U.S.—State of the Art, Differences and Developments." *Forum: Qualitative Social Research-Online,* 6(3): 1–19. Retrieved May 13, 2008, from www.qualitative-research.net/fqs-texte/3–05/05–3–23-e_p.html.

Fontana, Andrea and James H. Frey. 1998. "Interviewing: The Art of Science." In Norman K. Denzin and Yvonna S. Lincoln, eds. *Collecting and Interpreting Qualitative Materials,* 47–78. Thousand Oaks, CA: Sage.

Fox, Elaine R. and Lisa Roth. 1989. "Homeless Children: Philadelphia as a Case Study." *Annals of the American Academy of Political and Social Science,* 506 (November): 141–51.

Fox-Penner, Peter S. and Gregory Basheda. 2001. "A Short Honeymoon for Utility Regulation." *Issues in Science and Technology,* 17 (Spring), 51–57.

Franklin, Ronald D., David B. Allison and Bernard S. Gorman, eds. 1997. *Design and Analysis of Single-Case Research.* Mahwah, NJ: Erlbaum.

Frates, Stephen B. 2004. "Improving Government Efficiency and Effectiveness and Reinvigorating Citizen Involvement." *Perspectives on Political Science,* 33(2): 98–103.

Gadamer, Hans-Georg. 1990. *Truth and Method,* 2nd ed. New York: Crossroads.

Gais, Thomas and Lucy Dadayan. 2008. "The New Retrenchment: Social Welfare Spending, 1977–2006." Albany: State University of New York, Nelson A. Rockefeller Institute of Government. www.rockinst.org.pdf/workforce_welfare_and_social_services/2008–09–15-the_new_retrenchment_social_welfare_spending_1977–2007.pdf.

Gambaccini, Louis J. 1977. "University Research Programs." *Passenger Transport,* 35 (March): center spread.

GAO. See U.S. Government Accountability Office.

Gardiner, Kathryn L. 2003. "Fighting Terrorism the FATF Way." *Global Governance,* 13(2007): 325–45.

Garson, F. David. 2008. "Case Studies." North Carolina State University. Retrieved November 2, 2008, from http://faculty.chass.ncsu.edu/garson/PA765/cases.htm.

George, Alexander L. and Andrew Bennett. 2005. *Case Studies and Theory Development in the Social Sciences.* Cambridge, MA: MIT Press.

George, Anu. 2006. "Disaster Management in the Cuddalore District." In Rijiv Mishra, Vasudha Mishra and Chiranjiv Choudhary, eds. *Readings and Case Studies on Disaster Management, Vol. 1.,* 1–37. Mussoori, India: Center for Disaster Management, Lal Bahadur Shastri National Academy of Administration.

Geri, Laurance R. 1996. The impacts of user fees on U.S. government agencies. PhD diss., University of Southern California.

Geri, Laurance R. and David E. McNabb. 2008. "Strategic Management for Public Sector Transformation: A Model Approach." Paper presented at the Annual Meeting of the American Society for Public Administration, Dallas, TX, March 2008.

Gerring, John. 2004. "What Is a Case Study and What Is It Good For?" *American Political Science Review*, 98(2): 341–54.

Gerston, Larry N. 1983. *Making Public Policy: From Conflict to Resolution.* Glenview, IL: Scott Foresman.

Gibson, Robert B. 2006. "Sustainability Assessment: Basic Components of a Practical Approach." *Impact Assessment and Project Appraisal*, 24(3): 170–82.

Gillham, Bill. 2000. *Case Study Research Methods.* London: Continuum.

Glass, Gene V. 1976. "Primary, Secondary, and Meta-Analysis of Research." *Educational Researcher*, 11(18): 3–8.

———. 2000. "Meta-Analysis at 25." Retrieved December 22, 2008, from http://glass.ed.asu.edu/gene/papers/meta25.html.

Glick, Doris F., Bonnie Jerome-D'Emilia, Mary Anne Nolan and Pamela Burke. 2004. "Emergency Preparedness: One Community's Response." *Farm Community Health*, 27(3): 266–73.

Goetz, Andrew R., Paul S. Dempsey and Carl Larson. 2002. "Metropolitan Planning Organizations: Findings and Recommendations for Improving Transportation Planning." *Publius: Journal of Federalism*, 32(1): 87–105.

Golat, Mike. 2005. Series of personal interviews with David E. McNabb. Shelton, WA.

Gomm, Roger, Peter Foster and Martyn Hammersley, eds. 2000. *Case Study Method: Key Issues, Key Texts.* Thousand Oaks, CA: Sage.

Gomm, Roger, Martyn Hammersley and Peter Foster, eds. 2002. *Case Study Method: Key Issues, Key Texts.* London: Sage.

Goodale, James G. 1982. *The Fine Art of Interviewing.* Englewood Cliffs, NJ: Prentice-Hall.

Gordon, Greg. 2007. "Bridge Tragedy Sparks Scrutiny of Federal Inspection Program." McClatchy Newspapers Washington Bureau. Retrieved August 5, 2008, from www.mcclatchydc.com/homepage/v-print/story/18675.html.

Gordon, Jennifer and Franklin C. Shontz. 1990. "Representative Case Research: A Way of Knowing." *Journal of Counseling & Development*, 69(5): 62–69.

Gospodini, Aspa. 2005. "Urban Development, Redevelopment and Regeneration Encouraged by Transport Infrastructure Projects: The Case Study of 12 European Cities." *European Planning Studies*, 13(7): 1083–1122.

Govtrack.us. 2008. "H.R. 6052: Saving Energy Through Public Transportation Act of 2008." Retrieved July 30, 2008, from www.govtrack.us/congress/bill.xpd?tab=main&bill=h110-6052.

Greenwald, Abe. 2008. "Shameful Schumer." *Commentary Magazine, Contentions* (June 3), 63(6).

Grigg, Neil L. 2005. "Institutional Analysis of Infrastructure Problems: Case Study of Water Quality in Distribution Systems." *Journal of Management in Engineering*, 21(4): 152–58.

Gummesson, Evert. 1987. *Qualitative Methods in Management Research.* Newbury Park, CA: Sage.

Hall, Thad. 2008. "Steering Agencies with Short-Term Authorizations." *Public Administration Review*, 68(2): 366–79.

Hamel, Jacque, Stéphane Dufour and Dominic Fortin. 1993. *Case Study Methods.* Newbury Park, CA: Sage.

Handley, Donna M. 2008. "Strengthening the Intergovernmental Grant System: Long-Term Lessons for the Federal-Local Relationship." *Public Administration Review*, 68(1): 126–36.

Hansen, Philip and Alicja Muszyaki. 1990. "Crisis in Rural Life and Crisis in Thinking: Directions for Critical Research." *Canadian Review of Sociology and Anthropology*, 27(2): 1–23.

Hanson, Norwood R. 1958. *Patterns of Discovery: An Inquiry into the Conceptual Foundations of Science.* Cambridge, UK: Cambridge University Press.

Hartley, Jean F. 1994. "Case Studies in Organizational Research." In Catherine Cassell and Gillian Symon, eds. *Qualitative Methods in Organizational Research,* 208–47. London: Sage.

He, Xu, Liu Xiaoqin, Zhang Lei and Jin Guoping. 2006. "The Challenge of Managing Groundwater Sustainabily [sic]." *International Review for Environmental Strategies,* 6(2): 387–402.

Heimburger, Angela, Claudia Gras and Allessandra Guedes. 2003. "Expanding Access to Emergency Contraception: The Case of Brazil and Colombia." *Reproductive Health Matters,* 11(21): 150–60.

Heinrich, Carolyn J. 2003. "Outcomes-Based Performance Management in the Public Sector: Implications for Government Accountability and Effectiveness." *Public Administration Review,* 62(6): 712–25.

Heller, M., E.W. Von Sacken, and R.L. Gertsberger. 2001. "Water Utilities as Integrated Businesses." In W.C. Lauer, ed. *Excellence in Action: Water Utility Management in the 21st Century,* 274–300. Denver: American Water Works Association.

Henderson, Lenneal J. 2003. *The Baltimore CitiStat Program: Performance and Accountability.* Washington, DC: IBM Center for the Business of Government.

Hendrick, Rebecca. 2000. "Comprehensive Management and Budgeting Reform in Local Government: The Case of Milwaukee." *Public Productivity and Management Review,* 23(3): 312–37.

Hersen, Michel and David H. Barlow. 1976. *Single-case Experimental Designs: Strategies for Studying Behavior Change.* New York: Pergamon Press.

Hesse-Biber, Sharlene, Paul Dupuis and T. Scott Kinder. 1991. "HyperRESEARCH: A Computer Program for the Analysis of Qualitative Data with an Emphasis on Hypothesis Testing and Multimedia Analysis." *Qualitative Sociology,* 14(4): 289–306.

HHS. See U.S. Department of Health and Human Services.

Hill, Charles W.L. and Gareth R. Jones. 2001. *Strategic Management.* Boston: Houghton Mifflin.

Hodder, Ian. 1998. "The Interpretation of Documents and Material Culture." In Norman K. Denzin and Yvonna S. Lincoln, eds. *Collecting and Interpreting Qualitative Materials,* 110–29. Thousand Oaks, CA: Sage.

Holsti, Ole R. 1969. *Content Analysis for the Social Sciences and Humanities.* Menlo Park, CA: Addison-Wesley.

Holzer, Marc and Seop-Hwan Lee, eds. 2004. *Public Productivity Handbook,* 2nd ed. New York: Marcel Dekker.

Huber, Günter L. and Carlos M. Garcia. 1991. "Computer Assistance for Testing Hypotheses about Qualitative Data: The Software Package AQUAD 3.0." *Qualitative Sociology,* 14(4): 325–47.

ICMA. See International City/County Management Association.

International City/County Management Association (ICMA). 2008. *ICMA Center for Performance Management.* Washington, DC: International City/County Management Association. Retrieved July 28, 2008, from http://icma.org/main/bcv.asp?bcid=107&hsid=1*ssid1+50&ssid2=220&ssid3=297&t=0.

International Union for the Conservation of Nature (IUCN). 1991. *Caring for the Earth.* Gland, Switzerland: International Union for the Conservation of Nature.

IUCN. See International Union for the Conservation of Nature.

Jacques, Elliott. 1951. *The Changing Culture of a Factory: A Study of Authority and Participation in an Industrial Setting.* London: Tavistock Institute.

Jain, Abhijit, Munir Mandviwalla and Rajiv D. Banker. 2007. "Government as Catalyst: Can It Work Again with Wireless Internet Access?" *Public Administration Review,* 67(6): 993–1005.

Joas, Marko and Björn Grönholm. 2004. "A Comparative Perspective of Self-Assessment of Local Agenda 21 in European Cities." *Boreal Environment Research*, 9 (December): 499–507.
Johnson, Janet B., Richard A. Joslyn and H.T. Reynolds. 2001. *Political Science Research Methods*, 4th ed. Washington, DC: CQ Press.
Johnston, Jocelyn M. and Barbara S. Romzek. 2000. *Implementing State Contracts for Social Services: An Assessment of the Kansas Experience.* Washington, DC: PricewaterhouseCoopers Endowment for the Business of Government.
Jones, Russell A. 1996. *Research Methods in the Social and Behavioral Sciences,* 2nd ed. Sunderland, MA: Sinuar Associates.
Jun, Jong S. 1976. "Reviewing the Study of Comparative Administration: Some Reflections on the Current Possibilities." *Public Administration Review,* 36(1): 141–47.
———. 2000. "Transcending the Limits of Comparative Administration: A New Internationalism in the Making." *Administrative Theory and Praxis,* 22(2): 273–86.
Kaarbo, Juliet and Ryan K. Beasley. 1999. "A Practical Guide to the Comparative Case Study Method in Political Psychology." *Political Psychology,* 20(2): 369–91.
Kamensky, John M. 1996. "The Role of the Reinventing Government Movement in Federal Management Reform." *Public Administration Review,* 56(3): 247–55.
——— and Thomas J. Burlin, eds. 2004. *Collaboration: Using Networks and Partnerships.* Lanham, MD: Rowman and Littlefield.
———, Thomas J. Burlin and Mark A. Abramson. 2004. "Networks and Partnerships: Collaborating to Achieve Results No One Can Achieve Alone." In John M. Kamensky and Thomas J. Burlin, eds. *Collaboration: Using Networks and Partnerships,* 3–20. Lanham, MD: Rowman and Littlefield.
Kaplan, Robert S. and David P. Norton. 1996. *The Balanced Scorecard: Translating Strategy into Action.* Boston: Harvard Business School Press.
Katz, Bruce. 2007. "America's Infrastructure: Ramping Up or Crashing Down." Third Bernard L. Schwartz Forum on Competiveness, October 10, 2007, Washington, DC. In Bernard Katz, Robert Puentes and Christopher Geissier, eds. *Brooking Institution Conference Report 21.* Retrieved January 3, 2009, from www.brookings.edu/~/media/Files/rc/papers/2008/01_infrastructure_katz_puentes/01_infrastructure_katz_puentes.pdf.
Kaufman, Herbert. 1960. *The Forest Ranger: A Study in Administrative Behavior.* Baltimore: Johns Hopkins University Press.
Kawulich, Barbara B. 2005. "Participant Observation as a Data Collection Method." *Forum: Qualitative Social Research,* 6(43). Retrieved February 16, 2008, from www.qualitative_research.net/fqs-texte/2–05/05–2–43.pdf.
Kearnes, David T. 1986. "Quality Improvement Begins at the Top." *World,* 20(5)(May): 21.
Kelly, Janet M. and William C. Rivenbark. 2003. *Performance Budgeting for State and Local Government.* Armonk, NY: M.E. Sharpe.
Keohane, Robert O. and Joseph Nye. 2000. "Governance." In Robert O. Keohane and John D. Donahue, eds. *Governance in a Globalizing World.* Washington, DC: Brookings Institution Press.
Kettl, Donald F. 2005. *The Global Public Management Revolution.* Washington, DC: Brookings Institution Press.
Kettl, Donald F. and H. Brinton Milward, eds. 1996. *The State of Public Management.* Baltimore, MD: Johns Hopkins University Press.
Kim, Pan Suk 2000. "Administrative Reform in the Korean Central Government: A Case Study of the Dae Jung Kim Administration." *Public Performance & Management Review,* 24(2): 145–60.
Kincheloe, Joe L. and Peter L. McLaren. 1984. "Rethinking Critical Theory and Qualitative Research." In Norman K. Denzin and Yvonna S. Lincoln, eds. *Handbook of Qualitative Research*, 138–57. Thousand Oaks, CA: Sage.

King, Gundar J. and David E. McNabb. 2009. "Crossroads Dynamics in Foreign Policy: The Case of Latvia. *Problems of Post-Communism,* 56(3): 1–13.

Klein, Hans E., ed. 1992. *Forging New Partnerships.* Needham, MA: World Association for Case Method Research and Application.

Klein, Heinz K. and Michael D. Meyers. 1999. "A Set of Principles for Conducting and Evaluating Interpretive Field Studies in Information Systems." *MIS Quarterly,* 23(2): 67–98.

Klitgaard, Robert and Gregory F. Trenton. 2004. "Assessing Partnerships: New Forms of Collaboration." In John M. Kamensky and Thomas J. Burlin, eds. *Collaboration: Using Networks and Partnerships,* 21–59. Lanham, MD: Rowman and Littlefield.

Kornblum, William. 1996. "Introduction." In Carolyn D. Smith and William Kornblum, eds. *In the Field: Readings on the Field Research Experience,* 2nd ed., 1–7. Wesport, CT: Praeger.

Kull, Donald C. 1978. "Productivity Programs in the Federal Government." *Public Administration Review,* 38(1): 5–9.

Kydd, Sally A. 1999. A case study of program planning and evaluation in assisting Montserratian evacuees and British government officials in natural disaster planning. PhD diss., Rutgers University.

Lan, Zhiyong and Kathleen K. Anders. 2000. "A Paradigmatic View of Contemporary Public Administration Research." *Administration and Society,* 32 (May): 138–66.

Lane, Jan-Erik. 2000. *New Public Management.* London: Routledge.

Lang, Gerhard and George D. Heiss. 1994. *A Practical Guide to Research Methods,* 2nd ed. Lanham, MD: University Press of America.

Laws, Glenda. 1988. "Privatization and the Local Welfare State: The Case of Toronto's Social Services." *Transactions of the Institute of British Geographers, New Series,* 13(4): 433–48.

Lee, Allen S. 1989. "A Scientific Methodology for MIS Case Studies." *MIS Quarterly,* 13(1): 33–50.

Lee, Robert D. Jr. and Paul S. Greenlaw. 2000. "Employer Liability for Employee Sexual Harassmant: A Judicial Policy-Making Study." *Public Administration Review,* 60(2): 123–33.

Lee, Thomas W. 1999. *Using Qualitative Methods in Organizational Research.* Thousand Oaks, CA: Sage.

Lehti, Marko (2007). "Protege or Go-Between? The Role of the Baltic States after 9/11 in EU-US Relations." *Journal of Baltic Studies,* 38(2): 127–51.

Liebowitz, Jay. 2004. *Addressing the Human Capital Crisis in the Federal Government.* Amsterdam: Butterworth-Heinemann.

Linden, Russell M. 2002. *Working Across Boundaries: Making Collaboration Work in Government and Nongovernment Organizations.* San Francisco: Jossey-Bass.

Lipsey, Mark W. and David B. Wilson, 2001. *Practical Meta-Analysis.* Thousand Oaks, CA: Sage.

Lipsky, Michael. 1980. *Street-Level Bureaucracy.* New York: Russell Sage.

Los Angeles Sheriff's Department. 2009. *Homeland Security: Special Enforcement Bureau.* Retrieved August 19, 2009, from http://www.lasd.org/divisions/homeland_sec/seb/functn_ovrview.html.

Lucas, Edward (2008). *The New Cold War: Putin's Russia and the Threat to the West.* New York: Palgrave Macmillan.

Lundberg, Craig C., Peter Rainsford, Jeff P. Shay and Cheri A. Young. 2001. "Case Writing Reconsidered." *Journal of Management Education,* 25(4): 450–63.

Mahoney, James and Gary Goertz. 2004. "The Possibility Principle: Choosing Negative Cases in Comparative Research." *American Political Science Review,* 98(4): 653–69.

Manicom, Ann and Marie Campbell, eds. 2005. "Module 2: Participant Observation." In *Qualitative Research Methods: A Data Collector's Field Guide.* San Francisco: Family Health International, 13–27. Retrieved February 16, 2007, from http://www.fhi.org/en/index.htm.

Markman, Roberta H., Peter T. Markman and Marie L. Waddell. 1989. *10 Steps in Writing the Research Paper,* 4th ed. New York: Barron's Educational Series.

Markus, M. Lynn. 1981. "Implementation Politics: Top Management Support and User Involvement." *Systems, Objectives, Solutions,* 1(4): 203–15.

———. 1983. "Power, Politics, and MIS Implementation." *Communications of the ACM,* 26(6): 430–44.

Marshall, Catherine and Gretchen B. Rossman. 1999. *Designing Qualitative Research,* 3rd ed. Thousand Oaks, CA: Sage.

Marshment, Richard. 2007. "Benchmarking Transit Research in the United States." *Journal of Public Transportation,* 10(3): 95–118.

Masoner, Michael. 1988. *An Audit of the Case Study Method.* Westport, CT: Greenwood.

Matouq, Mohammed. 2000. "A Case Study of ISO 14001–Based Environmental Management System Implementation in the People's Republic of China." *Local Environment,* 5(4): 415–33.

McEntire, David A., Christopher Fuller, Chad W. Johnston and Richard Weber. 2002. "A Comparison of Disaster Paradigms: The Search for a Holistic Policy Guide." *Public Management Review,* 62(3): 267–81.

McLaughlin, Paul. 1992. *How to Interview.* Vancouver, Canada: Self-Counsel Press.

McMillan, James H. and Sally Schumacher. 1997. *Research in Education.* New York: Longman.

McNabb, David E. 2005. *Public Utilities: Management Challenges for the 21st Century.* London: Edward Elgar.

———. 2008. *Research Methods in Public Administration and Nonprofit Organization Management,* 2nd. ed. Armonk, NY: M.E. Sharpe.

McNabb, David E. and J. Thad Barnowe. 2008. "Innovations in Collaborative Governance of Public Utilities: Models for Interorganizational Relationship-Building." Paper presented at the IAM conference, Kauai, HI, November 2008.

McNabb, David E., Linda K. Gibson and Bruce W. Finnie. 2006. "The Case of the Vanishing Workforce." *Public Performance & Management Review* 29(3): 358–68.

McNabb, David E. and F. Thomas Sepic. 1995. "Culture, Climate and Total Quality Management: Measuring Readiness for Change." *Public Productivity and Management Review,* 18(4): 369–85.

Meacham, Shuaib J. 1998. "Threads of a New Language: A Response to Eisenhart's 'On the Subject of Interpretive Review.'" *Review of Educational Research,* 68 (Winter): 401–7.

Meier, Kenneth J. 1979. *Politics and the Bureaucracy.* North Scituate, MA: Duxbury.

Merriam, Sharan B. 1998. *Qualitative Research and Case Study Applications in Education.* San Francisco: Jossey-Bass.

Mertens, Donna M. 1998. *Research Methods in Education and Psychology.* Thousand Oaks, CA: Sage.

MetaStat. 2008. "The Meta Analysis of Research Studies." College Park: University of Maryland, Department of Measurement, Statistics and Evaluation. Retrieved December 22, 2008, from http://echo.edres.org:8080/meta/.

Miles, Matthew B. and A. Michael Huberman. 1994. *Qualitative Data Analysis: A Sourcebook of New Methods.* Beverly Hills, CA: Sage.

Milward, H. Brinton. 1996. "Conclusion: What Is Public Management?" In Donald F. Kettl and H. Brinton Milward, eds. *The State of Public Management,* 307–12. Baltimore: Johns Hopkins University Press.

Mohr, Lawrence B. 1992. "Causation and the Case Study." In Hans E. Klein, ed. *Forging Partnerships with Cases, Simulations, Games and Other Interactive Methods,* 79–90. Needham, MA: World Association for Case Method Research and Application.

Monopoli, John and Lori L. Alworth. 2000. "The Use of the Thematic Apperception Test in the Study of Native American Psychological Characteristics: A Review and Archival Study of Navaho Men." *Genetic, Social and General Psychology Monographs,* 126(1): 43–79.

Mühr, Thomas. 1991. "ATLAS/ti—A Prototype for the Support of Text Interpretation." *Qualitative Sociology,* 14(4): 349–71.

Mycoo, Michelle. 2005. "Shifting Paradigms in Water Provisioning Policies: A Trinidad Case Study." *Water Resources Development,* 21(3): 509–23.

NOAA. 2009. "Billion Dollar U.S. Weather Disasters." *National Oceanographic and Atmospheric Administration Satellite and Information Services, National Climatic Center, U.S. Department of Commerce.* Retrieved August 15, 2009, from http:www.ncdc,noaa.gov/oa/reports/billionz.html.

Nesterczuk, George. 1996. "Reviewing the National Performance Review." *Regulation: The Cato Review of Business and Government,* 19(3). Retrieved July 27, 2008, from www.cato.org/pubs/regulation/reg19n3b.html.

Neuman, W. Lawrence. 2000. *Social Research Methods*: *Qualitative and Quantitative Methods,* 4th ed. Boston: Allyn and Bacon.

Nevada Department of Health and Human Services. 2006. "From Director Mike Wilden." Retrieved March 30, 2008, from http://dhhs.nv.gov/.

Ni, Anna Ya and Alfred Tat-Kei Ho. 2008. "A Quiet Revolution or a Flashy Blip? The Real ID Act and U.S. National Identification System Reform." *Public Administration Review,* 68(6): 1063–78.

Nigro, Lloyd G. and J. Edward Kellough. 2008. "Personnel Reform in the States: A Look at Progress Fifteen Years after the Winter Commission." *Public Administration Review,* 68 (Supplement): S50–S57.

Norris, Donald F., Marvin B. Mandell and William E. Hathaway. 1993. "Volunteers in Emergency Medical Service: A Case Study from Rural America." *Public Productivity and Management Review,* 16(23): 257–69.

North Carolina Department of Health and Human Services. 2008. "NCDHHS: Who We Are." Retrieved March 30, 2008, from www.dhhs.state.nc.us/whoweare.htm.

North Dakota Department of Human Services. 2007. "About the Department of Human Services." Retrieved April 1, 2008, from www.nd.gov/dhs/about/.

O'Connell, Paul E. 2001. *Using Performance Data for Accountability.* Washington, DC: IBM Center for the Business of Government.

OECD. See Organisation for Economic Co-operation and Development.

Olson, Margrethe. 1981. "User Involvement and Decentralization of the Development Function: A Comparison of Two Case Studies." *Systems, Objectives, Solutions,* 1(2): 59–69.

Oosterman, Bas J. 2001. "Introduction to the research problem." In Improving product development projects by matching product architecture and organization. PhD diss., University of Groningen, Netherlands. Retrieved January 13, 2009, from http://dissertations.ub/rug.nl/FILES/faculties/management/2001/b.j.oosterman/ci.pdf.

Organ, Dennis W. and Thomas S. Bateman. 1991. *Organizational Behavior,* 4th ed. Homewood, IL: Richard D. Irwin.

Organisation for Economic Co-operation and Development (OECD). 2004a. "European Union Sustainable Development Indicators." OECD Statistics, Knowledge and Policy. OECD World Forum on Key Indicators. Retrieved November 8, 2008, from www.oecd.org/documentprint/0,3455,en-21571361_31834434_33637186_1_1_1_1_00.html.

———. 2004b. "OECD Check-List of Criteria to Define Terrorism for the Purpose of Compensation: Recommendation of the Council." Paris: OECD Directorate for Financial and Enterprise Affairs. Retrieved August 9, 2008, from www.oecd.org/dataoecd/55/2/34065606.pdf.

Orlikowski, Wanda J. 1991. "Integrated Information Environment or Matrix of Control? The Contradictory Implications of Information Technology." *Accounting, Management and Information Technology,* 1(1): 9–42.

———. 2000. "Using Technology and Constituting Structures: A Practical Lens for Studying Technology in Organizations." *Organizational Science,* 11(4): 404–28.

Osborne, David and Ted Gaebler. 1992. *Reinventing Government: How the Entrepreneurial Sprit Is Transforming the Public Sector.* Reading, MA: Addison-Wesley.

Ozoliņa, Žaneta and Airis Rikveilis. 2006. "Latvian and Russian Foreign Policy: Bound by a Post-Soviet Heritage." In Nils Muižnieks, ed. *Latvian and Russian Foreign Policy: Domestic and International Dimensions,* 87–97. Riga: University of Latvia Press.

Pagano, Michael A. and David Perry. 2008. "Financing Infrastructure in the 21st Century City." *Public Works Management & Policy,* 13(1): 22–38.

Pascal, Gerald R. 1983. *The Practical Art of Diagnostic Interviewing.* Homewood, IL: Dow Jones-Irwin.

PA Times. 2008. "Transportation Infrastructure Needs Overhaul." *American Society for Public Administration,* (September): 7.

Patton, Michael Q. 1980. *Qualitative Evaluation Methods.* Beverly Hills, CA: Sage.

Patusky, Christopher, Leigh Botwinik and Mary Shelley. 2007. *The Philadelphia SchoolStat Model.* Washington, DC: IBM Center for the Business of Government.

Pearson, Christine M. and Judith A. Clair. 1998. "Reframing Crisis Management." *Academy of Management Review,* 23(1): 59–76.

Pelfrey, William V. Jr. 2007. "Local Law Enforcement Terrorism Prevention Efforts: A State Level Case Study." *Journal of Criminal Justice,* 35(3): 313–21.

Pennings, Paul, Hans Keman and Jan Kleinnijenhuis. 1999. *Doing Research in Political Science.* London: Sage.

Perlich, Martin. 2007. *The Art of the Interview.* Los Angeles: Silman-James Press.

Perrow, Charles. 2006. "Using Organizations: The Case of FEMA." Retrieved November 27, 2008, from http://understandingkatrina.ssrc.org/Perrow/.

Phillips, Denis C. 1987. *Philosophy, Science and Social Inquiry.* Oxford, UK: Pergamon.

Piantanida, Maria and Noreen B. Garman. 1999. *The Qualitative Dissertation.* Thousand Oaks, CA: Sage.

Pina, Jamie. 2006. "Using Participant Observation for Organizational Discovery and Systems Analysis: Global AIDS Program Uganda." Paper presented at the symposium of American Medical Informatics Association. Washington, DC, November 11–22, 2006. AMIA 2006 Symposium Proceedings: 1064.

Platt, J. 1999. "What Can Case Studies Do?" In Alan Bryman and Robert G. Burgess, eds. *Qualitative Research,* 160–79. London: Sage.

Poister, Theodore H. and Richard H. Harris Jr. 2000. "Building Quality Improvement Over the Long Run: Approaches, Results, and Lessons Learned from the PennDOT Experience." *Public Productivity and Management Review,* 24(2): 161–76.

Poister, Theodore H. and David M. Van Slyke. 2002. "Strategic Management Innovations in State Transportation Departments." *Public Performance & Management Review,* 26(1): 58–74.

Prager, Jonas. 2008. "Contract City Redux: Weston, Florida as the Ultimate New Public Management Model City." *Public Administration Review,* 68(1): 167–80.

Pyburn, Philip J. 1983. "Linking the MIS Plan with Corporate Strategy: An Exploratory Study." *MIS Quarterly* 7(2): 1–14.

Ragin, Charles C. 1987. *The Comparative Method: Moving Beyond Qualitative and Quantitative Strategies.* Berkeley: University of California Press.

Rago, William V. 1996. "Struggles in Transformation: A Study in TQM, Leadership, and

Organizational Culture in a Government Agency." *Public Administration Review*, 56(3): 227–34.

Reid, Robert L. 2008. "Infrastructure 'Conversion' Focus on Investment Plan for Water, Energy, Transportation." *Civil Engineering*, (August): 35–39.

Rhode Island Department of Human Services. 2005. "Secretariat of Health and Human Services Will Target Coordination Among Agencies." Retrieved April 1, 2008, from www.ri.gov/press/view.php?id=539.

Richards, Thomas J. and Lyn Richards. 1998. "Using Computers in Qualitative Research." In Norman K. Denzin and Yvonna S. Lincoln, eds. *Collecting and Interpreting Qualitative Materials,* 211–45. Thousand Oaks, CA: Sage.

Risher, Howard and Charles H. Fay. 2007. *Managing for Better Performance: Enhancing Federal Performance Management Practices*: Washington, DC: IBM Center for the Business of Government.

Rist, Ray C. 1998. "Influencing the Policy Process with Qualitative Research." In Norman K. Denzin and Yvonna S. Lincoln, eds. *Collecting and Interpreting Qualitative Materials,* 400–24. Thousand Oaks, CA: Sage.

Rizzuto, Tracey E. and Laura K. Maloney. 2008. "Organizing Chaos: Crisis Management in the Wake of Hurricane Katrina." *Professional Psychology: Research and Practice,* 39(1): 77–85.

Roberts, Celia. 2005. "Case Studies." *Reflect Magazine Online,* 3 (June). London: National Research and Development Centre for Adult Literacy and Numeracy. Retrieved May 10, 2008, from http://www.nrdc.org.uk/content.asp?CategoryID=771.

Romzek Barbara S. and Melvin J. Dubnick. 1994. "Issues of Accountability in Flexible Personnel Systems." In Patricia W. Ingrahm and Barbara S. Romzek, eds. *New Paradigms for Government,* 263–94. San Francisco: Jossey-Bass.

Rosenwald, George C. 1988. "A Theory of Multiple-Case Research." *Journal of Personality,* 56(1): 249–64.

Sahely, Halla R., Christopher A. Kennedy and Barry J. Adams. 2005. "Developing Sustainability Criteria for Urban Infrastructure Systems." *Canadian Journal of Civil Engineering*, 32(1): 72–85.

Salkind, Neil J. 2000. *Exploring Research,* 4th ed. Upper Saddle River, NJ: Prentice Hall.

Savas, E. S. 2002. "Competition and Choice in New York City Social Services." *Public Administration Review,* 62(1): 82–91.

Schachter, Hindy L. 2008. "Lillian Borrone: Weaving a Web to Revitalize Port Commerce in New York and New Jersey." *Public Administration Review,* 68(1): 61–67.

Schaeffer, Peter V. and Scott Loveridge. 2002. "Toward an Understanding of Types of Public-Private Cooperation." *Public Performance and Management Review,* 26(2): 169–89.

Schneider, Kirk J. 1999. "Multiple-Case Depth Research: Bringing Experience-Near Closer." *Journal of Clinical Psychology,* 55(12): 1531–40.

Schwandt, Thomas A. 1997. *Qualitative Inquiry: A Dictionary of Terms.* Thousand Oaks, CA: Sage.

Scott, Colin. 2000. "Accountability in the Regulatory State." *Journal of Law and Society,* 27(1): 38–60.

Secret, Mary and Jennifer Swanberg. 2008. "Work-Family Experience and the Insights of Municipal Employees: A Case Study." *Public Personnel Management*, 37(2): 199–221.

Segal, Lydia. 2002. "Roadblocks in Reforming Corrupt Agencies: The Case of the New York City School Custodians." *Public Administration Review* 62(4): 445–60.

Seifert, Jeffrey W. 2008. *Federal Enterprise Architecture and E-Government: Issues for Information Technology Management.* Washington, DC: Congressional Research Service. Form RL33417. Retrieved November 27, 2008, from www.ipmall.info/hosted_resources/crs/RL33417_080410.pdf.

Sekhon, Jasjeet. 2004. "Quality Meets Quantity: Case Studies, Conditional Probability, and Counterfactuals." *Perspectives on Politics,* 2(2): 281–93.

Selznick, Philip. 1949. *TVA and the Grass Roots: A Study in the Sociology of Formal Organization.* Berkeley: University of California Press.

Shapiro, Benson P. 2007. *Hints for Case Teaching.* Cambridge, MA: Harvard Business School Press.

Shapiro, Jacob N. and Dara Kay Cohen. 2007. "Color Blind: Lessons from the Failed Homeland Security Advisory System." *International Security,* 32(2): 121–54.

Sindico, Francesco. 2005. "Ex-post and Ex-ante (Legal) Approaches to Climate Change Treats to the International Community." *New Zealand Journal for Environmental Law,* 9: 209–38.

Smith, Robert G. 1987. "Regionalization of Regional Transportation Authorities to Maintain Urban/Suburban Constituency Balance." *Public Administration Review,* 47(2): 171–79.

Smith, Wally and John Dowell. 2000. "A Case Study of Coordinative Decision-Making in Disaster Management." *Ergonomics,* 43(8): 1153–66.

Snyder, William M. and Xavier de Souza Briggs. 2004. "Communities of Practice: A New Tool for Government Managers." In John M. Kamensky and Thomas J. Burlin, eds. *Collaboration: Using Networks and Partnerships,* 171–272. Lanham, MD: Rowman and Littlefield.

Social Scientists Working Group (SSWG). 2000. "Learning About a Drug Use Problem: Session Guide." In Qualitative Methods to Learn About Drug Use. Retrieved August 19, 2009, from http://archives.who.int/PRDUC2004/RDUCD_2000_DROM/PRDU_course/session_Guides/5_LearningSG.doc.

Sociology Guide. 2006. "Design of Sociological Research." Retrieved January 14, 2009, from www.sociologyguide.com/research-methods&statistics/research-design.php.

Soni, Vidu. 2000. "A Twenty-First Century Reception for Diversity in the Public Sector: A Case Study." *Public Administration Review,* 60(5): 395–408.

Sorrels, Bobbye D. 1984. *Business Communications Fundamentals.* New York: Macmillan.

Sproull, Natalie L. 1988. *Handbook of Research Methods.* Metuchen, NJ: Scarecrow Press.

SSWG. See Social Scientists Working Group.

Stake, Robert E. 1994. "Case Studies." In N. K. Denzin and Y. S. Lincoln, eds. *Handbook of Qualitative Research,* 236–47. Thousand Oaks, CA: Sage.

———. 1995. *The Art of Case Study Research.* Thousand Oaks, CA: Sage.

———. 2006. *Multiple Case Study Analysis.* New York: Guilford Press.

State of Alabama. 2003. "Alabama Homeland Security: About the Alabama Department of Homeland Security." Retrieved March 29, 2008, from http://www.homelandsecurity.alabama.gov/department.htm.

State of Alaska. 2008. "Division of Homeland Security and Emergency Management: Welcome to the Office of Homeland Security Website." Retrieved March 29, 2008, from www.ak-prepared.com/homelandsecurity/.

State of Oklahoma. 2008. "Oklahoma Office of Homeland Security: OKOHS Objectives and Duties." Retrieved March 29, 2008, from http://ok-gov/homeland/About_Us/index.html.

State of Pennsylvania. 2007. "Pennsylvania Homeland Security: Mission." Retrieved March 29, 2008, from www.homelandsecurity.state.pa.us/homelandsecurity/cwp/view.asp?a=378&q=1752.

State of Tennessee. 2008. "The Office of Homeland Security Has Merged with the Department of Safety. Preserving Freedom, Protecting Tennessee." Tennessee Office of Homeland Security. Retrieved March 29, 2008, from www.state.tn.us/homelandsecurity/.

参考文献

Stein, Harold, ed. 1952. *Public Administration and Policy Development: A Case Book.* New York: Harcourt Brace.
Stokes, Robyn and Chad Perry. 2007. "Case Research about Enterprises." In Damian Hine and David Carson, eds. *Innovative Methodologies in Enterprise Research,* 137–51. Cheltenham, UK: Edward Elgar.
Strauss, Anselm and Juliet M. Corbin. 1998. *Basics of Qualitative Research,* 2nd ed. Thousand Oaks, CA: Sage.
Streib, Gregory, Bert J. Slotkin and Mark Rivera. 2001. "Public Administration Research from a Practitioner Perspective." *Public Administration Review,* 61(5): 515–25.
Stringer, Ernie, ed. 1997. *Community-Based Ethnography: Breaking Traditional Boundaries of Research, Teaching, and Learning.* Mahwah, NJ: Erlbaum.
Tabuns, Aivars. 2006. "Attitudes Towards the State and Latvian Foreign Policy." In Muižnieks, Nils, ed. *Latvian-Russian Relations: Domestic and International Dimensions.* Riga: University of Latvia Press.
Tak, Sunghee H., Margaret Nield and Heather Becker. 1999. "Use of a Computer Software Program for Qualitative Analyses—Part 1: Introduction to NUD*IST (N1)." *Western Journal of Nursing Research,* 31(1): 111–18.
Taylor, Jeannette. 2006. "Performance Measurement in Australian and Hong Kong Government Departments." *Public Performance & Management Review,* 29(3): 334–57.
Taylor, Steven J. and Robert Bogdan. 1998. *Introduction to Qualitative Research Methods,* 3rd ed. New York: Wiley.
Thompson, James R. 2000. "Reinvention as Reform: Assessing the National Performance Review." *Public Administration Review,* 60(6): 508–21.
Tirasirichai, Chakkaphan and David Enke. 2007. "Case Study: Applying a Regional CGE Model for Estimation of Indirect Economic Losses Due to Damaged Highway Bridges." *The Engineering Economist,* 52(4): 367–401.
Treņins, Dimitrij. (1998). "Krievija un Baltijas valstis: drošības aspekti." In Jundzis,Tālavs, ed. *Baltijas valstis liktengriežos.* Riga: Latvijas Zinātņu Akademija.
Trethanya, Suparb and L. A. S. Ranjith Perera. 2008. "Environmental Assessment for Non-Prescribed Infrastructure Development Projects: A Case Study in Bangkok Metropolitan." *Impact Assessment and Project Appraisal,* 26(2): 127–38.
Ulhöi, John P. 2004. "Policies for Sustainable Development: The Case of Government Agency." *Problems and Perspectives in Management,* 2(2004): 109–20.
Uphoff, Norman, ed. 1994. *Puzzles of Productivity.* San Francisco: Contemporary Studies Press.
U.S. Census Bureau. 2004. "Census of Governments: 2002 Public Employment Data, State and Local Governments, United States Total." Revised October 2004. Retrieved March 27, 2008, from http://ftp2.census.gov/govs/apes/02stlus.txt.
———. 2007. "Federal Government Civilian Employment by Function: December 2006." Retrieved March 27, 2008, from www.census.gov/govs/apes/06fedfun.pdf.
———. 2008a. "Federal Civilian Employment and Annual Payroll by Branch: 1970–2006." Retrieved March 27, 2008, from http://www.allcountries.org/uscensus/558_federal_civilian_employment_and_annual_payroll.html.
———. 2008b. "Federal, State and Local Governments: 2007 Census of Governments." Retrieved March 27, 2008, from www.census.gov/govs/www/cog2007.html.
U.S. Chamber of Commerce. 2008. "Fixing America's Crumbling Infrastructure." U.S. Chamber of Commerce Magazine (July). Retrieved August 5, 2008, from www.uschambermagazine.com/content/print.htm?page=0807_6.
U.S. Department of Health and Human Services (DHHS). 2008. "U.S. Department of Health and Human Services: What We Do." Retrieved March 30, 2008, from www.hhs.gov/about/whatwedo.html/.
U.S. Department of Homeland Security (DHS). 2008. "The United States Government's

National Threat Level Is Elevated or Yellow." Press release, August 25, 2008. Retrieved August 27, 2008, from www.dhs.gov/xinfoshare/programs/Copy_of_press_release_0046.shtm.

U.S. Department of State. 2004. *Principles of Democracy: Government Accountability.* Washington, DC: U.S. Department of State. Retrieved March 21, 2008, from http://usinfor.state.gov/products/pubs/principles/government.htm.

U.S. Department of Transportation (DOT). 2003. *Strategic Plan, 2003–2008.* Washington, DC: Department of Transportation.

———. 2005. "A Summary of Highway Provisions in SAFETEA-LU." Washington DC: U.S. Department of Transportation, Federal Highway Administration. Retrieved July 30, 2008, from www.fhwa.dot.gov/safetealu/summary.htm.

U.S. Government Accountability Office (GAO). 2007. "The Forces That Will Shape America's Future: Themes from GAO's Strategic Plan, 2007–2012." Washington, DC: U.S. Government Accountability Office. Report GAO-07-467SP.

———. 2008a. "Department of Homeland Security: Progress Made in Implementation of Management and Mission Functions, but More Work Remains." Testimony of Controller General David M. Walker before the U.S. House of Representatives Subcommittee on Homeland Security, Committee on Appropriations. Washington, DC: U.S. Government Accountability Office. Report GAO-08-457T.

———. 2008b. "Homeland Security: DHS Improved Its Risk-Based Grant Programs' Allocation and Management Methods, but Measuring Programs' Impact on National Capabilities Remains a Challenge." Testimony of William O. Jenkins Jr., Director of Homeland Security and Justice Issues, before the U.S. House of Representatives Subcommittee on Homeland Security, Committee on Appropriations. Washington, DC: U.S. Government Accountability Office. Report GAO-08-488T.

———. 2008c. "Strengthening Preparedness for Large-Scale Public Health Emergencies. GAO Key Reports: What Needs to Be Done." Retrieved November 9, 2008, from www.gao.gov/transition_2009/urgent/public-health.php.

Van Evera, Stephen. 1997. *Guide to Methods for Students of Political Science.* Ithaca, NY: Cornell University Press.

Velasquez, Manuel. 1998. *Business Ethics: Concepts and Cases,* 4th ed. Upper Saddle River, NJ: Prentice Hall.

Wachterhauser, Brice. 1986. "History and Language in Understanding." In Brice Wachterhauser, ed. *Hermeneutics and Modern Philosophy,* 5–61. Albany: State University of New York Press.

Walker, David M. 2007. "Foresight for Government." *The Futurist,* 41(2): 18–22.

Ward, Robert, Gary Wamsley, Aaron Schroeder and David B. Robins. 2000. "Network Organizational Development in the Public Sector: A Case Study of the Federal Emergency Management Administration (FEMA)." *Journal of the American Society for Information Science,* 5(11): 1018–32.

Wasko, Molly M. and Samer Faraj. 2005. "Why Should I Share? Examining Social Capital and Knowledge Contribution in Electronic Networks of Practice." *MIS Quarterly,* 29(2): 35–57.

Waugh, William L. 1994. "Regionalizing Emergency Management: Counties as State and Local Government." *Public Administration Review,* 54(3): 253–58.

WCED. See World Commission on Environment and Development.

Webb, Eugene J., Donald T. Campbell, Richard D. Swartz and Lee Sechrest. 2000. *Unobtrusive Measures.* Rev. ed. Thousand Oaks, CA: Sage.

Weiss, Robert S. 1994. *Learning from Strangers: The Art and Method of Qualitative Interview Studies.* New York: The Free Press.

Weitzman, E. and Michael Miles, 1995. *Computer Programs for Qualitative Data Analysis: A Software Sourcebook.* Thousand Oaks: Sage.

Westgren, Randall and Kelly Zering. 1998. "Case Study Research Methods for Firm and Market Research." *Agribusiness*, 14(5): 415-23.

Wheeler, Edward T. 1993. *Government That Works: Innovation in State and Local Government.* Jefferson, NC: McFarland.

Whelan, Robert K. 1989. "Data Administration and Research Methods in Public Administration." In J. Rabin, W.B. Hildreth and G.J. Miller, eds. *Handbook of Public Administration*, 657–82. New York: Marcel Dekker.

White, Jay D. 1999. *The Narrative Foundations of Public Administration Research.* Washington, DC: Georgetown University Press.

White, Jay D. and Guy B. Adams, eds. 1994. *Research in Public Administration.* Thousand Oaks, CA: Sage.

Whiting, Beatrice and John Whiting. 1973. "Methods for Observing and Recording Behavior." In Raoul Naroll and Ronald Cohen, eds. *A Handbook of Method in Cultural Anthropology.* 282-315. New York: Columbia University Press.

Wineburg, Robert J. 1994. "A Longitudinal Case Study of Religious Congregations in Local Human Services." *Nonprofit and Voluntary Sector Quarterly*, 23(2): 159–69.

Wise, Lois R. 2002. "Public Management Reform: Competing Drivers of Change." *Public Management Review*, 62(5): 555–67.

World Commission on Environment and Development (WCED). 1987. *Our Common Future.* Oxford, UK: Oxford University Press.

Yager, William F. 1992. "The Use of Structured Comparative Case Studies as a Research Methodology in International Technology Transfer." In Hans E. Klein, ed. *Forging Partnerships with Cases, Simulations, Games and Other Interactive Methods,* 43–52. Needham, MA: World Association for Case Method Research and Application.

Yeager, Samuel J. 1989. "Classic Methods in Public Administration Research." In Jack Rabin, W.B. Hildreth and G.J. Miller, eds. *Handbook of Public Administration*, 683–793. New York: Marcel Dekker.

Yin, Robert K. 1994. *Case Study Research: Design and Methods,* 2nd ed. Thousand Oaks, CA: Sage.

Young, Gary J. 2000. "Managing Organizational Transformations: Lessons from the Veterans Health Administration." *California Management Review,* 43(1): 66–82.

索 引

Abstract section of research report, 127–128, *128*
Abstraction, 33
Accountability
 bureaucratic, 272
 case research in, 271–273, *274*
 defining, 268
 ethical, 273
 legal, 272
 methods of exercising, 273, *274*
 personal, 273
 political, 272
 processes, 272–273
Administrative reform, 154, 165–167
Administrative sciences case research, 42–43
Advanced life support (ALS), 230–231
AFDC, 225–226
AI method of effecting transformation, 86–88
Aid to Families with Dependent Children (AFDC), 225–226
AIDS treatment organization case research, 95
Airport authorities case research, 34–35
Alert system of Department of Homeland Security, 199–202, *201*
ALS, 230–231
Altamonte Springs (Florida) transformation, 280
American Psychological Association (APA) style guidelines, 134
American Society of Civil Engineers (ASCE), 239
Analysis. *See* Data analysis; Document analysis methods
Analytical organization point of view, 125
Antecedents, 19, 22–23
APA style guidelines, 134
Appendix section of research report, 134–135
"Apples and oranges" problem, 84
Application cases, 8
Appreciative inquiry (AI) method of effecting transformation, 86–88
Archival data and studies, 109, 114
Argentina decentralization case research, 61

Army Corps of Engineers, 37
ASCE, 239
ATLAS/ti network system, 119–120
Australia case research
 government performance, 160
 Sydney transportation, 261–263
 technology in government, *183*

Baltimore CitiStat case research, 23
Basic life support (BLS), 230
Benchmarking, 156–159, *157*
Benchmarking projects case research, 59
Betancur, Belisario, 61
Bibliography of research report, 133–134
BLS, 230
Blue Cross/Blue Shield (BCBS) of Kansas, 233
Bonneville Power Administration (BPA) transformation, 276–279
Bureaucracies, 188–189
Bureaucratic accountability, 272
Burk, Mike, 163
Bush, George W., 205, 212–213, 253, 270

Carter, Jimmy, 21, 210
Case, 4
Case data. *See* Data analysis; Data collection
Case management, 226
Case Management Entities (CMEs), 226
Case research. *See also* Research design; *specific area*
 causality in, 11–14
 classic, 4
 content analysis in, 115–116, *117,* 118–119
 critical
  example, 37–38
  overview, 35–36
  structural themes in, 36–37
 defining, 3–5, *5*
 design of, 8–9
 explanatory
  on additional topics, 30–31
  example, 29–30

282

Case research
  explanatory *(continued)*
    overview, 28–29
    selection of, *29*
  as fieldwork, 94–95, 98, *99*
  focus of, 11
  function of, 3
  historical perspective of, 3–4
  interpretive, 11–12, 31–35
    example, 34–35
    function of, 11–12
    multicase research designs, 57, 59–62
    overview, 31–32
    principles, 32–34
  issues, *18*
  labels in, 42–43
  literature review in, 110–111
  overview, 3, 14–15
  point of view for, 125
  reliability, 38–39
  as social science, 12–13
  teaching, 6–8
  validity, 38–39, 114
Case research method. *See* Case research; Research design
Case research reports. *See* Research reports
Case studies, 4–5, 8–9, 42
Case study method, 4–5. *See also* Case research; Research design
Causal explanations, 28
Causal inference, 13–14
Causality, 11–14
CBR, 93
CFTC case research, 146–147
Chamber of Commerce, 240
Change management in organizations. *See* Transformation
Charlottesville disaster management case research, 213–214
Chicago public school custodial system case research, 150
Chicago School Reform Act, 150
Chicago security and preparedness case research, 196
Chicago Social Security Office case research, 67–68
Chicago style guidelines, 134
China groundwater case research, 176–177
Chronological pattern point of view, 125
CitiStat case research, 23
Client eligibility, 226
Clinton, Bill, 21–22, 66–67, 205, 212
CMEs, 226
Coding data, 72–73, 84–85
Collaboration
  networks, 162–164, *162*
  partnerships, *162*, 164–165, 194–196
Collecting data. *See* Data collection

Collective case studies, 41, 50
Colombia decentralization case research, 61
Color-coded levels of terrorist threats, 199–202, *201*
Commodities Futures Trading Commission (CFTC) case research, 146–147
Communities of practice case research, 162–164
Community-based ethnography (CBR), 93
Community Development Block Grant program case research, 10
Community of interest case research, 162–163
Comparative multicase designs, 57–59
Comparative pattern point of view, 125
Comprehensive employment preparation master contract, 233
CompStat case research, 23
Computer analysis of textual material, 118–119
Conclusions section of research report, 132–133
Conditions, contributing and previous, 19, 22–23
Congestion pricing, 242
Content analysis
  advantages of, 115
  in case research, 115–116, *117*, 118–119
  defining, 75
  disadvantages of, 115–116
  as document analysis method, 115–116, *117*, 118–119
  function of, 116
  process, 75
  selecting, 116, 118
  steps in, *117*
Context laden case, 32
Contextual nature of case, 33
Contextual richness of data, 93
Contextualist approach to analysis of case studies, 86
Contributing condition, 22–23
Corporate comparative model of benchmarking, 157
Courts and policy, 148
Critical case research
  example, 37–38
  overview, 35–36
  structural themes in, 36–37
Cuddalore tsunami case research, 219–221
Cuomo, Mario, 256

Data analysis. *See also* Document analysis methods
  in meta-analysis research process, 85
  in multicase research process, 75–76
  phases of, 75
  process, 75–76
  triangulation and, 114
  written records, 109–115, *113*
Data cases, 8

283

Data collection
  ethnographic, 91–95
  evidence analysis and, 75
  by interviews, 98–103, *102, 104*
  in multicase research process, 74–75
  by observation, 74–75, 95–98, *97*
  overview, 91, 103, 105
  in single-case research process, 69
  triangulation and, 74
DDS, 191
Debt financing, 243
Decentralization case research
  Latin America, 59–61
  U.S. programs, 161–162
Decision cases, 7
Decision support systems (DDS), 191
Deductions, controlled, 45
Democratization in workforce reform, 165–166
Denmark case research, 176
Department of Finance and Administration (Australia) performance case research, 160
Department of Health and Human Services (HHS), 223–224
Department of Homeland Security (DHS)
  agencies in, *194*
  alert systems of, 199–202, *201*
  bureaucratic obstacles facing, 195–196
  creation of, 193
  in holistic multicase research designs, 51
  management functions of, 194, *195*
  partnerships, collaborative, 194–196
  program delivery of, 194–196, *195*
  risk and, definition of, 200
Department of Human Services (DHS), 226
Department of Transportation (DOT), 251
Desk research, 107
DHS. *See* Department of Homeland Security; Department of Human Services
Dialogical reasoning, 33–34
Dialogue cases, 7
Digital divide, 186
Direct pattern point of view, 125
Document analysis methods
  content analysis, 115–116, *117,* 118–119
  material culture and, 107
  overview, 107–108, *108,* 120
  textual materials
    categories of, 107–108, *108*
    computer analysis of, 118–119
  written record data analysis
    archival data and studies, 109, 114
    episodic record, 109–110
    literature review, 109–112, *113,* 114
    meta-analysis research design, 109
    overview, 109
    running record, 109–110
Dominant coalition, 149–150
DOT, 251

Drug use intervention research, 101
DTE Energy Services, 86–87, *87*

Earthquake damage assessment case research, 244–245
Ecologically Sustainable Development Transport Group (ESDTG), 261–263
Effectiveness of services, 155–156
Efficiency of services, 155–156
Embedded designs, 42, 51
Emergency and disaster management case research. *See also* Federal Emergency Management Administration (FEMA)
  examples
    Charlottesville, 213–214
    Florida counties emergency spending, 217–218
    Hurricane Katrina, 22, 51–52, *212,* 214–217
    interagency coordination failure, 218–219
    LA/SPCA emergency preparedness, 214–216
    Montserrat volcano eruption preparedness, 48–50
    public utilities and hurricane disaster management, 216–217
    San Francisco security and preparedness, 196, 198
    tsunami, 219–221
  multicase research design, 217–219
  overview, 209–210, 221
  paradigm of emergency management and, 210, *211*
  theory of emergency and disaster management and, 210
Emergency medical service (EMS) in rural areas, 229–231
Environmental Protection Agency diversity case research, 9, 46–47
Episodic record, 109–110
ESDTG, 261–263
Ethical accountability, 273
Ethnographic data collection, 91–95
Ethnographic research, 92–93, 98
Ethnology, 93
Ethnomethodology, 92–93
Ethology, 93
European Union case research
  cities public transportation, 257, 258, 259
  sustainability, *178*
Evaluation, 7
Evidence analysis, collecting data by, 75
Executive summary of research report, 127–128, *128*
Existing theories, 20–22
Explanatory case research
  on additional topics, 30–31
  example, 29–30

Explanatory case research *(continued)*
overview, 28–29
selection of, *29*
External validity, 39

FAA, 34–35
Fairfax County (Virginia) transformation, 279–280
Faith-based organizations case research, 62–63
Family health research, *97*
Faragher v. City of Boca Raton, 148
FATF (United Natins), 202–203
Federal Aviation Administration (FAA), 34–35
Federal Emergency Management Administration (FEMA)
bureaucratic obstacles facing, 195–196
Bush (George W.) and, 212–213
Carter and, 21, 210
Clinton and, 21–22, 212
creation of, 21, 210
earthquake damage assessment case research, 244–245
in emergency and disaster management case research, 209
existing theory case research, 20–22
Hurricane Katrina and, 22, *212*
missions of, 210–211
Reagan and, 21, 210–211
technology and, 20–22
Federal government. *See also specific agency and department*
grants-in-aid case research, 10–11
national security case research, 193–196, *194*
public infrastructure and, 240–241
social and health services case research, 224
Federal Highway Administration (FHWA) and technology case research, 163
Federal Transit Act, 252
Federal Transit Administration (FTA), 252
FEMA. *See* Federal Emergency Management Administration
FHWA and technology case research, 163
Fieldwork, 94–95, 98, *99*
Financial Action Task Force (FATF) (United Nations), 202–203
Findings section of research report, 132
Fischler approach to developing theory, 19–20
Florida case research
counties emergency spending, 217–218
performance management, 160–161
Formal documents, 107, *108*
Format of research report, 135–136
Fremont (California) transformation, 281
FTA, 252

GAO, 169–170, 193, 270
General-purpose analysis software, 118

General Services Administration (GSA) diversity case research, 9, 48
Generalization, 33, 45
Gerser v. Lago Vista Independent School District, 148
Giuliani, Rudolph, 30
Glacier Metal Company (London) analysis case research, 42–43
GNES, 176
Gore, Al, 66–67
Government. *See also specific department and level;* Sustainable government case research; Work of government case research
accountability case research, 271–273, *274*
collaboration in
networks, 162–164, *162*
partnerships, *162,* 164–165
decentralization programs in, 161–162
defining, 268
forces pressuring, 174–175
humanization-related reform, 165–167
improvement in services of, 154–156
policy and services of, 143–144
productivity case research on improving, 268–271
technology in, 182–186, *183, 185*
Government Accountability Office (GAO), 169–170, 193, 270
Government Performance and Results Act (GPRA) of 1993, 156
Grants-in-aid research, federal, 10–11
Green National Enterprise strategy (GNES), 176
Grounded theory study, 72
GSA diversity case research, 9, 48

Head cases, 7
Head Start case research, 146–147
Health and human services management case research, 231–234. *See also* Social and health services case research
Health maintenance organizations (HMOs), 232–233
Hermeneutic analysis, 85–86
Hermeneutic circle, 32–33
HHS, 223–224
HMOs, 232–233
Holistic designs, 42, 51, 86
Homeland Security Advisory System (HSAS), 199–202, *201*
Homeland Security Presidential Directives (HSPDs), 198
Hong Kong Efficiency Unit (EU) case research, 160
HSAS, 199–202, *201*
HSPDs, 198
Humanization of government reform, 165–167

Hurricane Katrina case research, 22, 51–52, *212*, 214–217
Hurricane Rita case research, 214–216
HyperRESEARCH program, 119

Iceberg cases, 7
ICMA case research, 62, 158–159
IG case research, 158
Illustrative cases, 7
Incident cases, 7
Indirect pattern point of view, 125
Informal documents, 107, *108*
Information technology (IT). *See* Technology
Infrastructure. *See* Public infrastructure case research
Innovation Group (IG) case research, 158
Instrumental case studies, 41, 48–50
Integrative summary of case study, 69–70
Inter-University Case Program (IUCP) case research, 3–4
Intermodal Surface Transportation Efficiency Act (ISTEA) of 1991, 264–265
Internal validity, 39
International City/County Management Association (ICMA) case research, 62, 158–159
International security case research
  Latvia's security threat, 203–206
  overview, 202
  terrorism, fighting new wave of, 202–203
Interpretation of data, 75–76
Interpretive case research
  example, 34–35
  function of, 11–12
  multicase research designs, 57, 59–62
  overview, 31–32
  principles, 32–34
Interrelationships between researchers, 33
Interruption of data, 76
Interstate 35W bridge collapse, 237–238
Interviews
  advantages of, 101, 102
  art of interviewing and, 100–101, *102*
  data collection by, 98–103, *102*, *104*
  defining, 98–99
  disadvantages of, 101
  forms of, 99–100
  getting beneath surface and, 102–103
  learning effect and, 101
  multisubject, 99–100
  note taking during, 103
  process, 103, *104*
  purposes of, 100–101
  question examples, *102*
  recording, 103
  single-subject, 99–100
  stages in, *102*
Intrinsic case studies, 41, 46–48

Introduction section of research report, 128–129
IRM, 21
Issue cases, 8
ISTEA of 1991, 264–265
IT. *See* Technology
Item dictionary, 115
IUCP case research, 3–4

Job placement contractors (JPCs), 226

Kansas Foundation for Medical Care (KFMC), 233
Kansas human services case research, 231–234, *235*

Labels in case research, 42–43
Latin America decentralization case research, 59–61
Latvia's security threat, 203–206
Learning effect, 101
Legal accountability, 272
Library research, 107
Literature review
  analysis process, 112, *113*, 114
  in case research, 110–111
  pitfalls of, avoiding, 111
  in written record data analysis, 109–112, *113*, 114
Local government
  case research, 159
  employment in, 155
  financing public infrastructure and, 241–242
  improvement in services of, 155
  innovation case research, 30–31
  national security case research, 196, 198–199
  productivity problems in, 271
  social and health services case research, 227–229
  sustainability in, 174–175
  transformation in, 279–282
Locke, Gary, 47–48
Logical causality, 12–13
Longitudinal multicase designs, 57, 62–63
Los Angeles County Transportation Commission (LACTC), 256
Los Angeles security and preparedness case research, 198
Louisiana Society for the Prevention of Cruelty to Animals (LA/SPCA) emergency preparedness case study, 214–216

Management information systems (MIS) implementation failures, 45
Manager's ability to change, 282
Mass transit case research, 146–147. *See also* Public transportation case research
Massachusetts Bay Transportation Authority (MBTA), 256–257

286

索 引

Material culture, 107
Medicaid case management services, 232–233
Medicaid spending, 174
Memorandum of agreement, 164
Memorandum of understanding, 164
Meta-analysis research designs
　advantages of, 80–81
　"apples and oranges" problem and, 84
　collective case studies and, 50
　disadvantages of, 81
　focus of, 79–80
　function of, 109
　meta-analytic schedule and, 86, 87
　overview, 79, 88–89
　scale of, 46
　scope of, 46
　of transformation, 86–88
　in twenty-first century, 88
　written record data analysis and, 109
Meta-analysis research process
　data analysis, 85
　describe statistical process used, 85
　hermeneutic analysis, 85–86
　identify problem, 82
　literature search for cases, 84
　overview, 81–82, 83, 88–89
　prepare and present research report, 85
　select coding scheme, 84–85
　set criteria for selecting cases, 82
　standardize analysis procedure, 84
　standardize points for analysis, 84
　tabulate and analyze data, 85
Meta-analytic schedule, 86, 87
MetaStat software, 85
Methodology section of research report, 130–131
Metropolitan planning organizations (MPOs), 263–265, 266
Metropolitan Trans Commission (MTC) of Minneapolis-St. Paul, 255
Mississippi Department of Economic Development, 226
Mississippi welfare reform, 225–227
Modern Language Association (MLA) style guidelines, 134
Montserrat volcano eruption preparedness case research, 48–50
Moral standards, 273
Morality, 273
MPOs, 263–265, 266
Multicase research designs
　advantages of, 56–57
　comparative, 57–59
　disadvantages of, 57
　elements in, applying, 60
　embedded, 42, 52
　emergency and disaster management, 217–219

Multicase research designs *(continued)*
　examples
　　decentralization in Latin America, 59–61
　　faith-based organizations and human services delivery, 62–63
　　technology transfer, 58–59
　function of, 55–56
　holistic, 42, 51
　interpretive, 57, 59–62
　key to success in, 24
　longitudinal, 57, 62–63
　overview, 55, 63–64
　policy and management case research example, 146–147
　public transportation case research, 254–257, 258
　scale of, 45–46, 46
　scope of, 45–46, 46
Multicase research process
　analyze and interpret data, 75–76
　collect data, 74–75
　define key constructs and units of analysis, 72–74
　frame research question, 70–71
　overview, 65, 70, 71, 77
　prepare and present research report, 76–77
　select cases to include, 71–72
Multiple interpretations of case, 34
Multisite qualitative research, 41, 50
Multisubject interviews, 99–100
Municipal wireless network (MWN) case research, 185–186
Mutuality, 145

Narrowing of relevant data, 73
NASA, 87, 87
National Historical Publications and Records Commission, 114–115
National Performance Review (NPR) Act of 1993, 66
National security case research
　alert systems, 199–202, 201
　examples
　　Latvia's security threats, 203–206
　　terrorism, fighting new wave of, 202–203
　　University of South Carolina Department of Criminology, 198–199
　federal government, 193–196, 194
　international level
　　Latvia's security threat, 203–206
　　Overview, 202
　　terrorism, fighting new wave of, 202–203
　local government, 196, 198–199
　overview, 193–194, 206–207
　state government, 196, 197, 198–199
Naturalistic observation, 74
Netherlands bureaucracy case research, 188–189
Networks, collaborative, 162–164, 162

287

Nevada Department of Health and Human Services, 224–225
New public management (NPM), 153, 165. *See also* Public administration and management case research
New York City Police Department performance case research, 23
New York City public school custodial system case research, 149–150
New York Metropolitan Transportation Authority (MTA), 256
NGOs, 220
9/11 terrorist attacks, 193, 202, 213
Nongovernment agencies (NGOs), 220
Nonverbal signs and symbols, 108, *108*
Nonwritten communications, 107–108, *108*
North Bonneville (Washington) demolition case research, 37–38
North Carolina Department of Health and Human Services, 224
North Carolina local government case research, 159
North Dakota Department of Health and Human Services, 24425
Northeastern Illinois Regional Transportation Authority (RTA), 255
Note taking during interview, 103
NPM, 153, 165. *See also* Public administration and management case research
NUD*IST (Non-Numerical Unstructured Data Indexing, Searching, and Theorizing), 119–120

Objectivity, 76
Observation
　advantages of, 96–97
　by anthropologists, early, 95–96
　data collection by, 74–75, 95–98, *97*
　disadvantages of, 97–98
　in family health research, 96, *97*
　forms of, 96
　naturalistic, 74
　process, 95
　simple, 74–75
　steps in guiding, 96, *97*
Office of Domestic Preparedness, 198
Office of Information Resources Management (IRM) case research, 21
Office of Management and Budget, 181
Operationalizing activities, 72
Organizational identity, 145

Partnerships
　collaborative, *162,* 164–165, 194–196
　Public-Private, 164, 243
Patten, Chris, 160
Pennsylvania Department of Transportation (PDT) TQM case research, 47

Pension spending, 174–175
Perception, selective, 93–94
Performance management case research
　benchmarks for process improvement, 156–159, *157*
　collaboration in government
　networks, 162–164, *162*
　partnerships, *162,* 164–165, 194–196
　decentralization of government programs, 161–162
　drivers for reform, other, 165–167
　examples
　　Australian Department of Finance and Administration performance, 160
　　Federal Highway Administration, 163
　　Florida comparisons between private and public services performance, 160–161
　　Hong Kong Efficiency Unit program, 160
　　Innovation Groups, 158
　　International City/County Management Association, 62, 158–159
　　North Carolina local government, 159
　framework for performance management and, 153–154
　government services improvement, 154–156
　measurement of performance improvement, 159–161
　new public management and, 153, 165
　overview, 153, 167
　technology and, 191
Performance management framework, 153–154
Performance statistics model of benchmarking, 157
Personal accountability, 273
Personal Responsibility and Work Opportunity Reconciliation Act (PRWORA), 225, 232–233
Phenomenology, 93–94
Philadelphia case research
　homeless, 22
　SchoolStat, 23
　wireless technology, 185–186
Physical causality, 12–13
PMAs, 276–277
Point of view for case research, 125
Policy
　courts and, 148
　dominant coalition and, 149–150
　government services and, 143–144
　implementation, 141–142
　　failure of, 149–150
　implications of, short- and long-term, 144
　orientation, 143
Policy and management case research
　courts and, 148
　examples
　　Chicago public school custodial system, 150

索 引

Policy and management case research examples *(continued)*
    Commodities Futures Trading Commission, 146–147
    Head Start, 146–147
    mass transit, 146–147
    New York City public school custodial system, 149–150
    three-case analysis, 150–151, *151*
    World Commission on Dams, 144–146
  factors influencing, 142–143, *142*
  focus of, 147–148
  global
    multicase research example, 146–147
    single-case research example, 144–146
  government services and, 143–144
  implementation of policy and, 141–142
    failure of, 149–150
  overview, 141–143, *142,* 151–152
  reform and, three-case analysis of, 150–151, *151*
  themes in, 143–144
Political accountability, 272
Port authorities case research, 9–10
Post-Katrina Emergency Reform Management Act of 2006, 195
Power marketing administrations (PMAs), 276–277
Prediction cases, 8
Previous condition, 19, 22
Primary data, 131
Privatization in public service, 225, 228–229
Problem cases, 7
Productivity
  barriers to improving, 270–271
  case research on improving, 268–271
  defining, 267
  historical perspective, 269–270
  Lock's improvement case research, 47–48
  problems in local government, 271
PRWORA, 225, 232–233
Public administration and management case research. *See also specific area of*
  core activities of new public management and, 153–154
  defining, 5–6
  examples, 9–10
  overview, 139
  reform, three-case analysis of, 150–151, *151*
  research report guidelines, 136–137
  teaching, 6–8
  theory, traditional, 141
Public infrastructure case research
  examples
    collaboration, 245–248
    damage, 244–245
    development, 243–244
    earthquake damage assessment, 244–245

Public infrastructure case research examples *(continued)*
    Interstate 35W bridge collapse, 237–238
    Shelton (Washington), 246–248
    urbanization, unplanned, 243–244
  federal government and, 240–241
  financing of infrastructure, 241–243
  financing tools available to states, 242–243
  importance of infrastructure to economy, 240–241
  infrastructure spending, physical, 174–175
  overview, 237–238, 248–249
  policy makers and engineers, 238
  problems
    expanding, 239–240
    long-standing, 238
Public policy. *See* Policy
Public-private partnerships, 164, 243
Public transportation case research
  availability of transit systems, 252
  examples
    European Union cities, 257, *258,* 259
    Los Angeles County Transportation Commission, 256
    Massachusetts Bay Transportation Authority, 256–257
    Metropolitan Transit Commission of Minneapolis-St. Paul, 255
    New York Metropolitan Transportation Authority, 256
    Northeastern Illinois Regional Transportation Authority, 255
    state governments, 258, 260–261
    Sydney (Australia), 261–263
  legislation affecting transit systems, recent, 253–254
  metropolitan planning organizations, 263–265, *266*
  multicase research design, 254–257, *258*
  overview, 251–252, 265–266
  state government, 260–261
  strategic management in transportation departments, 258, 260–261
  structure of transit systems, 252
  suburban managing authorities, 255–257
  sustainable transit systems, 261–263
  urban development and transportation infrastructure, 257, *258,* 259
  urban managing authorities, 255–257
Public utilities and hurricane disaster management, 216–217
Public utility districts (PUDs), 246
Published texts, 107, *108*
PUDs, 246

Qualitative research methods, *97,* 101
Quantitative survey research design, 9
Quintain, 59. *See also* Multicase research designs, interpretive

Ranked method point of view, 125
Reagan, Ronald, 21, 210–211
Recommendations section of research report, 132–133
Recording interview, 103
References section of research report, 133–134
Reform
   administrative, 154, 165–167
   democratization of workforce, 165–166
   drivers of, other, 165–167
   efficiency versus effectiveness, 155–156
   government services, 154–156
   humanization of government, 165–167
   process improvement, benchmarking, 156–159, *157*
   of public management
      administrative, 154, 165–167
      three-case analysis of, 150–151, *151*
   social equity, 165–166
Reliability, 38–39
Replicability, 45
Representative case research process. *See* Single-case research process
Research design. *See also* Multicase research designs; Single-case research designs
   case study, 8–9
   classes of, 27, *28*
   contributing condition and, 22–23
   distinguishing type of, 8–9
   existing theories and, 20–22
   function of, 17–19, *19*
   other examples and, establishing importance of case to, 23
   overview, 17, 25, 27, *28*, 39–40
   previous condition and, 22
   selection of, 17–19, 24–25
   theory from cases and, 19–20
Research question/questions, 124
Research reports
   case as individual or group of individuals and, 124
   case studies and, 9
   components of
      abstract, 127–128, *128*
      appendix/appendices, 134–135
      bibliography, 133–134
      conclusions, 132–133
      executive summary, 127–128, *128*
      findings, 132
      introduction, 128–129
      methodology, 130–131
      overview, 126, *126*
      recommendations, 132–133
      references, 133–134
      review, 131–132
      review of literature, 130
      title, 126–127, *128*
   elements of, key, 124

Research reports *(continued)*
   format of, 135–136
   goal of, fundamental, 124
   logic and, 124
   in meta-analysis research process, 85
   in multicase research process, 76–77
   overview, 121–122, 137
   point of view for case research, establishing, 125
   principles in, key, 121–122
   public administration guidelines for, 136–137
   recommendations for, universal, 123–124
   research question/questions and, 124
   in single-case research process, 70
   steps in, 123–124
   study propositions and, 124
   style guidelines for, 134
   style of writing, 135–136
   survey, 9
Retention, selective, 94
Review-generated evidence, 84
Review of literature section of research report, 130
Review section of research report, 131–132
Running record, 109–110
Russian Baltics strategy, 205–206

Safe, Accountable, Flexible, and Efficient Transportation Equity Act: A Legacy for Users (SAFETEA-LU), 253–254
Safe, Accountable, Flexible, and Efficient Transportation Equity Act (SAFETEA), 251
SAFETEA-LU, 253–254
San Francisco security and preparedness case research, 196, 198
Saving Energy Through Public Transportation Act of 2008, 254
SchoolStat case research, 23
Science and sustainability, 170
Scientific method and theory, 43, 45
Screen-level bureaucracies, 188
Secondary data, 131
Selective perception, 93–94
Selective retention, 94
September 11, 2001, terrorist attacks, 193, 202, 213
Shelton (Washington) public infrastructure improvement case research, 246–248
Simple observation, 74–75
Single-case research designs
   case study versus, 42
   collective case studies and, 41, 50
   defining, 42
   embedded, 42, 51–52
   examples
      Environmental Protection Agency diversity, 9, 46–47

Single-case research designs
  examples *(continued)*
    Glacier Metal Company analysis, 42–43
    Locke's productivity improvement, 47–48
    management information systems implementation failure, 45
    Montserrat volcano eruption preparedness, 48–50
    Pennsylvania Department of Transportation TQM, 47
  factors affecting, 52–53
  holistic, 42, 51
  instrumental case studies and, 41, 46–48
  intrinsic case studies and, 41, 46–48
  labels in case research and, 42–43
  overview, 41–42, 53
  policy and management case research example, 144–146
  problems and possible solutions in, 43, *44,* 45
  scale of, 45–46, *46*
  scientific method and theory and, 43, 45
  scope of, 45–46, *46*
  significance of, 43, 45
  two-level case classification system and, 51–52
Single-case research process
  collect case data, 69
  define reason for doing case study, 67
  define role of researcher, 68
  establish case unit qualifications, 68–69
  introduce project to study unit, 68
  overview, 65–67, *66,* 77
  prepare integrative summary, 69–70
  select unit to be studied, 67–68
  write research report, 70
Single-subject interviews, 99–100
Social and health services case research
  example of contracting human services in Kansas, 231–234, *235*
  federal government, 224
  local government, 227–229
  overview, 223–224, 234
  privatization and, 225, 228–229
  rural areas, 229–231
  state government, 224–227
Social equity reform, 165–166
Social science research, 12–13
Social Scientists Working Group (SSWG) (Boston University), 101
Social Security Administration (SSA) case research, 66–70
Spatial pattern point of view, 125
Special-purpose analysis software, 118
SSA case research, 66–70
State government
  employment in, 155
  financing public infrastructure and, 242–243
  improvement in services of, 155

State government *(continued)*
  innovation case research, 30–31
  national security case research, 196, *197,* 198–199
  public transportation case research, 260–261
  social and health services case research, 224–227
  sustainability in, 174–175
  Washington, 47–48
Statistical processes, 85
Strategic management, 153–154, 258, 260–261
Street-level bureaucracies, 188
Student loan system case research, 189
Study-generated evidence, 84
Study propositions, 124
Style of writing research report, 135–136
Survey protocol, 81
Survey research reports, 9
Suspicion, 34
Sustainable government case research
  assessment tools, 171–173, *172*
  examples
    China's groundwater resources, 176–177
    Denmark's Green National Enterprise strategy, 176
    European Union's sustainability, *178*
    Toronto's urban water system, 171–173
    Vienna (Austria) sustainability, 176–178
  human side of sustainability, 173–174
  international sustainability, 176–178, *178*
  in local government, 174–175
  overview, 169–170, 179
  science and achievement of sustainability, declining faith in, 170
  in state government, 174–175
  technology and achievement of sustainability, 170
  wireless, 185–186
Sustainable urban transportation case research, 261–263
Sydney (Australia) transportation case research, 261–263
System-level bureaucracies, 188–189

TANF, 225–226
Target performance objectives model of benchmarking, 157
Teaching cases, 6–8
Technology
  computer analysis software, 118–120
  decision support systems, 191
  digital divide and, 186
  failure of, 186–190
  Federal Emergency Management Administration case research and, 20–22
  in government, 182–186, *183, 185*
  performance management case research and, 191

Technology *(continued)*
  stovepipe software systems, 189
  sustainability and, 170
  transfer case research, 58–59
  transformation and, 182
Technology management case research
  examples
    Australia, *183*
    early, 184–185
    Netherlands bureaucracy, 188–189
    Philadelphia wireless technology, 185–186
    student loan system, 189
    traffic regulation enforcement, 189–190
  failure of technology, 186–190
  measurement of technology's input on performance, 191
  overview, 181–182, 191–192
  technology in government, 182–186, *183, 185*
Temporary Assistance for Needy Families (TANF), 225–226
Terrorism, fighting new wave of, 202–203
Textual material
  categories of, 107–108, *108*
  computer analysis of, 118–119
Theory
  developing, from cases, 19–20
  testing existing, 20–22
Thick description of data, 96
3-C planning, 264
Title of research report, 126–127, *128*
Toronto's urban water system case research, 171–173
Total quality management (TQM) case research, 47
Traffic regulations enforcement case research, 189–190
Transformation
  appreciative inquiry method of effecting, 86–88
  defining, 267–268
  enterprise case research, 273–279, *277*
  examples
    Altamonte Springs (Florida), 280
    Bonneville Power Administration, 276–279
    Fairfax County (Virginia), 279–280
    Fremont (California), 281
    Veterans Health Administration, 275–276, *277*

Transformation *(continued)*
  in local government, 279–282
  meta-analysis research design, 86–88
  steps of successful managers, 281–282
  technology and, 182
Transit systems case research. *See* Public transportation case research
Triangulation, 74, 114
Tsunami case research, 219–221

Uganda AIDS treatment case research, 95
United Religions, 87, *87*
Units of analysis, defining, 73–74
University of Chicago style guidelines, 134
University of South Carolina Department of Criminology case research, 198–199
Urban Development Area Zone, 247
Urban Mass Transit Act, 147
Urbanization, unplanned, 243–244
U.S. House of Representatives case research, 109–110
U.S. Supreme Court, 148

Validity, 38–39, 114
Variables, 24–25, 43, 45
Vehicle miles travel tax, 242
Veterans Health Administration (VHA) transformation, 275–276, *277*
Vienna (Austria) sustainability case research, 176–178

Washington State government, 47–48
Welfare reform, 225–227
Westin (Florida), 9–11
Wireless technology, 185–186
Women in port authorities case research, 9–10
Work of government case research
  accountability, 271–273, *274*
  local, 279–282
  overview, 267–268, 282–283
  productivity, 268–271
  transformation, 273–279, *277*
World Commission on Dams (WCD) case research, 144–146
World Trade Center case research, responses to destruction of, 29–30
Written records. *See* Document analysis methods

译后记

《公共管理案例研究方法》是国内第一本专门从公共管理学角度探讨案例研究方法的译著。之所以说是第一本，主要是因为国内学界已经翻译了非常多的案例研究方法论指导书籍，典型的如罗伯特·殷所著的《案例研究：设计与方法》以及李平、曹仰锋主编的《案例研究方法：理论与范例》，但遍访国内诸多出版社，没有一本以公共管理命名的案例研究书籍，殊为可惜，所幸戴维·E. 麦克纳布（David E. McNabb）博士的《公共管理案例研究方法》一书填补了这一空白。如何尽快地将本书付梓，以飨读者，是作为公共管理学人的一大重担。

翻译不是一件容易的事情。能够把山川异域的他者文化准确传递给本乡本土人，需要的是时间、耐心以及日复一日的校对。幸而我们有一个值得称赞的团队。团队分工明确，各负其责，相互补位，是推动本书顺利出版的第一动力。在此，我要感谢张岿博士，张岿博士耐心细致的精神值得我学习，我们经常会为一个词的用法争执不下，之后翻阅前辈们已经译出的各类案例研究方法书籍，查阅英文辞典，得到确凿证据后，才放心修订，如此反复。我要感谢曹义恒、岳梦夏编辑高超的沟通能力、敏捷的编辑触觉以及出色的编辑技巧，最终促成了本书的出版。

本书能够得以顺利出版，还要感谢西南政法大学政治与公共管理学院领导的支持，学院领导一直支持我们的译著出版！入职西南政法大学以来，学校、学院蒸蒸日上，我们对西南政法大学"发轫"发展尤其充满期待，也一定砥砺前行！

本书的顺利付梓，是集体汗水的结晶。部分研究生和本科生，如朱晓燕、何敏、唐敬、李远志、王鑫、刘恒、郭青青、赵琴、罗尼宇、欧倩、何枚红、张小楠、张兴、张霖、陈雯等参与了本书翻译初稿的工作。

本书适合公共管理专业研究生、本科生、专业研究者及政府工作人员阅读。当然，基于个体的"有限理性"，本书一定会存在各类谬误，恳请各位读者不吝批评，这也是对我们团队的最大鼓励。

译者谨识

2021.11.20

图书在版编目(CIP)数据

公共管理案例研究方法 /（美）戴维·E. 麦克纳布（David E. McNabb）著；郭春甫，张岚译.--北京：社会科学文献出版社，2021.12

书名原文：Case Research in Public Management

ISBN 978 - 7 - 5201 - 8530 - 1

Ⅰ.①公… Ⅱ.①戴… ②郭… ③张… Ⅲ.①公共管理 - 案例 - 研究方法 Ⅳ.①D035 - 0

中国版本图书馆 CIP 数据核字（2021）第 132118 号

公共管理案例研究方法

| 著　　者 / [美]戴维·E. 麦克纳布（David E. McNabb）
| 译　　者 / 郭春甫　张　岚

| 出 版 人 / 王利民
| 责任编辑 / 岳梦夏　张建中
| 责任印制 / 王京美

| 出　　版 / 社会科学文献出版社·政法传媒分社（010）59367156
| 　　　　　 地址：北京市北三环中路甲29号院华龙大厦　邮编：100029
| 　　　　　 网址：www.ssap.com.cn
| 发　　行 / 市场营销中心（010）59367081　59367083
| 印　　装 / 三河市尚艺印装有限公司

| 规　　格 / 开　本：787mm × 1092mm　1/16
| 　　　　　 印　张：19.25　字　数：300千字
| 版　　次 / 2021年12月第1版　2021年12月第1次印刷
| 书　　号 / ISBN 978 - 7 - 5201 - 8530 - 1
| 著作权合同登记号 / 图字01 - 2021 - 6930 号
| 定　　价 / 118.00 元

本书如有印装质量问题，请与读者服务中心（010 - 59367028）联系

▲ 版权所有 翻印必究